河南省哲学社会科学规划年度项目（2023BTY027）
河南省高等学校重点科研项目（24A890004）
郑州大学体育学院创新团队项目（2023A1002）

生态文明与我国城市休闲体育

单凤霞◎著

人民体育出版社

图书在版编目（CIP）数据

生态文明与我国城市休闲体育/单凤霞著. -- 北京：人民体育出版社，2024
ISBN 978-7-5009-6294-6

Ⅰ.①生… Ⅱ.①单… Ⅲ.①城市—休闲体育—研究—中国 Ⅳ.①G812.4

中国版本图书馆CIP数据核字（2023）第055415号

*

人 民 体 育 出 版 社 出 版 发 行
北京建宏印刷有限公司印刷
新 华 书 店 经 销

*

710×1000　16开本　13.25印张　250千字
2024年2月第1版　2024年2月第1次印刷

*

ISBN 978-7-5009-6294-6
定价：60.00元

社址：北京市东城区体育馆路8号（天坛公园东门）
电话：67151482（发行部）　　邮编：100061
传真：67151483　　　　　　　邮购：67118491
网址：www.psphpress.com

（购买本社图书，如遇有缺损页可与邮购部联系）

序 言
FOREWORD

长期以来，我国城市建设背后的逻辑是先生产后生活，我国在经历了快速的城市化进程后陷入了"城市病"危机，因此在城市转型发展中"生态、休闲、健康"成为关键"要素"。《雅典宪章》中提出游憩是城市的四大功能之一，《世界人权宣言》中提到人人有休闲的权利。城市休闲体育是城市居民应对"城市病"的方式之一，迎合了当下城市以优化居民生活为核心的价值诉求，顺应了"城市，让生活更美好"的发展趋势。本书基于辩证唯物主义由个别到一般、由个性到共性的认识原理，选取三个案例城市进行研究，旨在探寻城市休闲体育发展的内在规律和运行路径，其理论意义在于拓宽城市休闲体育的研究广度，其实践意义在于提升城市居民的生活优度。

本书综合运用文献研究、比较研究、系统分析、田野工作、问卷调查及个案研究等方法，探讨以下内容：第一，城市休闲体育研究的理论部分，包括重要核心概念的厘定、城市休闲方式的变迁与城市传统休闲文化的透视、城市生态文明下的休闲体育实践；第二，城市休闲体育的实践调查，包括城市居民的需求表达与行为限制、城市休闲体育的供给反馈，并对其存在的问题及原因进行分析；第三，城市休闲体育供递系统的构建，包括构建原则、构建依循、构成要素和联动动力；第四，城市休闲体育的发展理念和发展建言。本书通过比较演绎与实证调研，得出如下结论。

（1）文化是城市休闲延续的"遗传密码"，不同地域文化孕育了不同的城市休闲传统，如处于吴越文化下的杭州休闲传统、处于荆楚文化下的江城休闲传统和处于巴蜀文化下的蓉城休闲传统。各具特色的地域休闲文化为城市休闲体育发展提供了"动力因"和"滋养源"。

（2）生态文明与城市休闲体育发展是一个互动的过程，生态文明是城市休闲体育蓬勃开展的外在推力，城市休闲体育是生态文明建设的践行手段。杭州、武汉和成都是生态文明建设的典范，并利用地域生态环境形成了城市休闲体育发展特色。

（3）当前城市休闲体育发展中面临的问题有"三生"（生产、生活、生态）空间协调不畅、结构制约突出、有效供给不足、供给结构失衡、供给机制不畅、产业发展滞后等，究其原因在于不够重视发展规律、发展体制存在障碍、治理体系尚不健全、运行机制缺乏联动等。

（4）城市休闲体育是城市系统（City System，CS）下的一个子系统工程，由三个要素子系统（供给、需求、环境）和一个动力子系统（运行）组成。供给子系统具有引领与保障作用，需求子系统是内源与动力，环境子系统是支持与依托，运行子系统具有协调与驱动作用，各子系统之间相互作用、协调配合，共同促进城市休闲体育供递系统的良性循环发展。

（5）根据城市圈层结构，科学布局城市休闲体育空间范围并合理开展城市休闲体育活动，依此构建城市休闲体育活动圈层结构，具体如下：内圈层—社区休闲体育空间—核心性休闲体育活动；中圈层—城市休闲体育空间—发展性休闲体育活动；外圈层—城市圈休闲体育空间—平衡性休闲体育活动。

（6）城市休闲体育发展没有通用模式、统一标准，类似城市之间可以互相借鉴。在发展中以"创新、协调、绿色、开放、共享"为理念，强化生态文明，改善城市休闲体育发展环境；重视城市规划，优化城市休闲体育空间结构；探究发展规律，因地制宜地发展城市休闲体育；推进公共服务，破解城市休闲体育发展矛盾；坚持市场主导，增强城市休闲体育发展活力；鼓励社会参与，建立有效的需求表达机制。

目 录

第一章 导论 … 1

第一节 研究背景 … 1
一、生态文明已成为我国发展中的重点战略目标 … 1
二、我国将迎来全民休闲时代 … 2
三、我国城市发展已经进入新的发展时期 … 3
四、休闲体育是城市生态文明的实践手段 … 4

第二节 研究目的与意义 … 5
一、研究目的 … 5
二、研究意义 … 6

第三节 文献综述 … 7
一、国外城市休闲体育相关研究 … 7
二、我国城市休闲体育相关研究 … 10

第四节 基础理论与理论基础 … 18
一、基础理论 … 18
二、理论基础 … 21

第五节 研究对象与方法 … 23
一、研究对象 … 23
二、研究方法 … 23

第六节 个案说明 … 29
一、杭州、武汉、成都是我国休闲城市的代表 … 29
二、杭州、武汉、成都是我国东、中、西部城市的典型代表 … 29
三、杭州、武汉、成都是我国最具休闲传统的城市代表 … 30
四、杭州、武汉、成都是生态建设和全民健身的典范 … 31

第二章 城市变迁中的休闲印迹找寻 … 33

第一节 城市：永不停息的发展脚步 … 33

一、回溯：城市发展的历史回忆……………………………………33
　　二、危机：城市发展的理性思考……………………………………38
　　三、转变：城市发展的方向选择……………………………………39
第二节　休闲：城市发展中的文化记忆…………………………………41
　　一、城市文化中的休闲………………………………………………41
　　二、城市生长中的休闲变迁…………………………………………47
第三节　透视传统文化：杭州、武汉、成都休闲特色呈现……………51
　　一、吴越文化特质与杭州休闲表达…………………………………51
　　二、荆楚文化特质与武汉休闲表达…………………………………54
　　三、巴蜀文化特质与成都休闲表达…………………………………56

第三章　生态文明建设与城市休闲体育发展的互动……………………60

第一节　生态文明：托起美丽城市之基…………………………………60
　　一、生态文明：人类文明转型的历史必然…………………………60
　　二、美丽城市：生态文明建设之指向………………………………61
第二节　生态文明与城市休闲体育的互动发展…………………………63
　　一、生态文明：城市休闲体育发展的外在推力……………………64
　　二、休闲体育：生态文明建设的践行手段…………………………66
第三节　杭州、武汉、成都生态文明建设与休闲体育特色呈现………67
　　一、杭州生态文明建设与休闲体育特色呈现………………………67
　　二、武汉生态文明建设与休闲体育特色呈现………………………71
　　三、成都生态文明建设与休闲体育特色呈现………………………74

第四章　城市居民休闲体育的需求表达与行为限制……………………79

第一节　城市居民休闲体育的需求表达…………………………………79
　　一、城市居民休闲体育的需求内涵…………………………………79
　　二、城市居民参与休闲体育的时空特征……………………………82
　　三、城市居民参与休闲体育的行为需求……………………………84
第二节　城市居民休闲体育的行为限制…………………………………86
　　一、城市居民休闲体育的个人限制…………………………………86
　　二、城市居民休闲体育的人际限制…………………………………87
　　三、城市居民休闲体育的结构限制…………………………………88

第五章　城市休闲体育的供给反馈 ····· 90

第一节　城市休闲体育供给的内容聚类 ····· 90
第二节　城市休闲体育供给的服务反馈 ····· 92
一、服务反馈的基本呈现 ····· 92
二、服务反馈的差异分析 ····· 93
第三节　城市休闲体育供给的环境反馈 ····· 97
一、环境反馈的基本呈现 ····· 97
二、环境反馈的差异分析 ····· 97
第四节　城市休闲体育供给的场所反馈 ····· 101
一、场所反馈的基本呈现 ····· 101
二、场所反馈的差异分析 ····· 102
第五节　城市休闲体育供给的设施反馈 ····· 105
一、设施反馈的基本呈现 ····· 105
二、设施反馈的差异分析 ····· 106
第六节　城市休闲体育发展的问题呈现与困因分析 ····· 109
一、城市休闲体育发展的问题呈现 ····· 109
二、城市休闲体育发展的困因分析 ····· 119

第六章　生态文明视域下城市休闲体育供递系统的构建 ····· 122

第一节　系统构建的基本原则 ····· 122
第二节　系统构建的逻辑依循 ····· 123
一、经验借鉴：美国和加拿大的休闲供递系统 ····· 123
二、国家文件：休闲体育系统构建的有力支撑 ····· 129
三、他山之石：旅游与休闲系统构建的借鉴 ····· 129
四、城市休闲体育供递系统的生成 ····· 130
第三节　城市休闲体育供递系统的构成 ····· 131
一、城市休闲体育供递系统的内涵 ····· 131
二、城市休闲体育供给子系统：引领与保障 ····· 132
三、城市休闲体育需求子系统：内源与动力 ····· 140
四、城市休闲体育环境子系统：支持与依托 ····· 146
五、城市休闲体育运行子系统：协调与驱动 ····· 154

第七章 生态文明视域下城市休闲体育发展建言 … 161

第一节 城市休闲体育发展理念 … 161
一、新发展理念，助推城市生态文明建设 … 161
二、新发展理念，实现城市休闲体育发展的实践超越 … 162

第二节 城市休闲体育发展建言 … 167
一、强化生态文明，改善城市休闲体育发展环境 … 167
二、重视城市规划，优化城市休闲体育空间结构 … 170
三、探究发展规律，因地制宜地发展城市休闲体育 … 174
四、推进公共服务，破解城市休闲体育发展矛盾 … 178
五、坚持市场主导，增强城市休闲体育发展活力 … 182
六、鼓励社会参与，建立有效的需求表达机制 … 185

参考文献 … 189

附录 … 197

附录一 调查问卷 … 197
附录二 专家访谈提纲 … 202

第一章 导 论

第一节 研究背景

一、生态文明已成为我国发展中的重点战略目标

人类发展历史的更迭演绎了一部绚丽的人类文明史，人类文明在走过了原始文明、农业文明、工业文明之后，正在迈向一个崭新的文明时代——生态文明。回眸人类文明的发展进程，实则是一部人与自然的关系史（表1-1）。工业文明是人类文明进阶的高级阶段，带来了物质文明和精神文明的极大丰富，但人类对自然的过度索取，导致了大自然的无情报复，环境污染、生态破坏等问题已经从根本上威胁到人类的生存和发展。"天人"关系全面不协调，"人地"矛盾迅速激化[1]。沉痛的现实警示人类，工业文明的模式是不可持续的。生态兴则文明兴，生态衰则文明衰，在人类文明的历史长河中，古埃及文明、古巴比伦文明、古地中海文明和古印度文明等都由繁荣走向衰败甚至消亡，这都与生态环境的变化相关[2]。我国改革开放40余年，在经济社会发展方面取得天翻地覆成就的同时也付出了沉重的生态、环境和资源代价。为此，我国在资源节约和环境保护方面做出了不懈努力。在党的十七大报告中，明确提出"建设生态文明"；在党的十八大报告中将生态文明建设列入国家"五位一体"发展战略总布局，并提出"美丽中国"建设的宏伟目标，这标志着我国已从国家战略高度认识生态文明。同时，生态文明被写入《中国共产党章程》，并首次被列入我国五年规划中。党的十八大以来，国家两办（中共中央办公厅和国务院办公厅）陆续发布《中共中央 国务院关于加快推进生态文明建设的意见》《生态文明体制改革总体方案》《中共中央办公厅、国务院办公厅关于设立统一规范的国家生态文明试验区的意见》《国家生态文明试验区

---

[1] 贾卫列，杨永岗，朱明双. 生态文明建设概论[M]. 北京：中央编译出版社，2013.
[2] 王春益. 生态文明与美丽中国梦[M]. 北京：社会科学文献出版社，2014.

（福建）实施方案》等政策法规，为完善生态文明制度体系探索路径、积累经验。一系列顶层设计与战略部署，体现了我国进行生态文明建设的决心和具体实践。"绿水青山就是金山银山"，只有扎实有序地推进生态文明建设，全方位、全地域、全过程加强生态环境保护，才能达到"青山"和"金山"的"双赢"，实现美丽中国梦。在生态文明战略布局下，我国将迎来生态政治、生态文化、生态经济、生态社会的全面发展，为城市休闲体育的发展构建健康、积极的环境。

表 1-1　人类在不同文明发展阶段与自然关系的特点[①]

人类文明发展阶段	人与自然关系的特点
原始文明	人的适应，自然的选择
农业文明	人的顺从，自然的恩赐
工业文明	人的索取，自然的报复

二、我国将迎来全民休闲时代

美国学者约翰·凯利（John Kelly）曾提出，休闲是展示自己价值的重要舞台。休闲，让人循着内心指引自由地生活，是一种超然境界，是一种心灵行为和生存智慧，它让生活变得更纯粹，让生命变得更加美好[②]。工业革命催化了休闲的飞跃式发展，到了 20 世纪，人们掀开了崭新一页，进入了普遍有闲的社会，休闲已逐渐成为人们生活中不可缺少的一部分。《世界人权宣言》第二十四条提到，人人享有休息和休闲的权力，包括合理限制工作时间、定期享有带薪假期[③]。《休闲宪章》中规定，休闲同健康、教育一样对人们的生活至关重要。休闲思想源远流长，早在古希腊时期和中国的先秦时期就产生了休闲思想和休闲文化，但回顾古代和近代历史，并没有出现真正意义上的休闲时代。随着社会科技的不断进步和经济的快速增长，人们的生活水平得到了极大提高，闲暇时间也逐渐增多。根据马斯洛（Maslow）的需求层次理论，人们在基本需求得到满足之后会追求更高层次的需求，如情感需求、自我实现需求等，而休闲正好能满足人们这一需求，因此休闲成为世界范围内普遍关注的问题。休闲成为一种时代风尚，其主要标志是有闲、有钱、有心情[④]。改革开放以来，中国经济快速增长，物质的丰富和社会的进步使

[①] 陈家宽，李琴. 生态文明：人类历史发展的必然选择[M]. 重庆：重庆出版社，2014.
[②] 郭鲁芳. 休闲学[M]. 北京：清华大学出版社，2011.
[③] 联合国.《世界人权宣言》全文[EB/OL].（2018-12-10）[2023-06-15]. https://www.sohu.com/a/280748284_100934.
[④] 胡小明. 小康社会体育休闲娱乐理论的研究[J]. 体育科学，2004，24（10）：8-12.

人们的生活发生了巨大变化。《2021年国民经济和社会发展统计公报》显示，我国国内生产总值（Gross Domestic Product，GDP）逐年递增（图1-1），2021年人均GDP达到80976元，人均可支配收入为35128元[1]。我国的休假制度也在不断调整，目前每年的假日（含周末）已达到100余天。随着我国居民闲暇时间的增多和生活水平的不断提高，提高生活质量、享受生活、充分体验人生的观念越来越受到推崇，这标志着我国社会即将迎来休闲时代。在休闲时代，随着人们健康意识的增强和自我体验、自我挑战精神需求的增长，休闲体育将成为人们善度闲暇时间的主流方式。

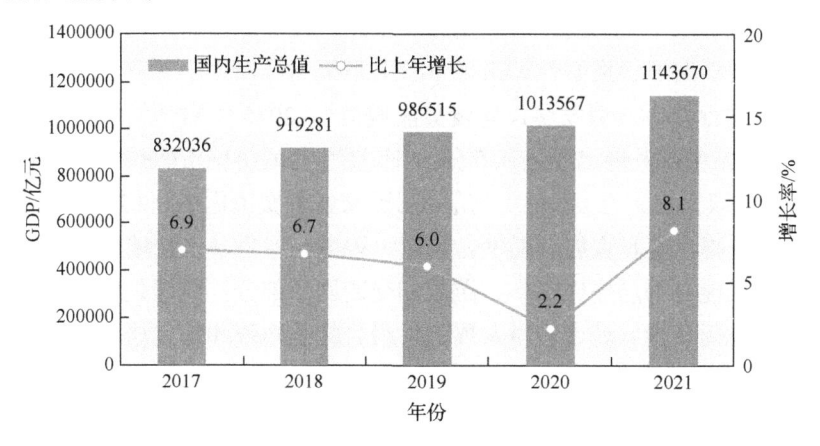

图1-1 我国2017—2021年GDP及其增长速度

三、我国城市发展已经进入新的发展时期

在《辞源》一书中，城市被解释为人口密集、工商业发达的地方。城市是一个国家政治、经济、文化的发展和交流中心，代表着社会的进步与文明的发展。如今，60%以上的人已经居住在城市，人类社会进入了城市时代。城市化是社会发展的必然结果，它带来了资源的集中、经济的增长、生活的便利和公共服务的发展，但在城市化过程中也出现了一系列的问题，如环境污染、资源短缺、交通拥堵、巨大的生活和工作压力、人际关系淡漠、犯罪率提升等"城市病"日益严重[2]。第二次世界大战后，德国境内的莱茵河的水被工业污水染得像墨汁，河里的鱼绝迹；以重工业为主的鲁尔区煤炭粉尘铺天盖地，严重影响居民的健康与安全[3]。

---

[1] 国家统计局. 2021年国民经济和社会发展统计公报[R]. 北京：国家统计局，2022.
[2] 仇保兴. 国外城市化的主要教训[J]. 城市规划，2004，28（4）：8-12.
[3] 樊阳程，邬亮，陈佳，等. 生态文明建设国际案例集[M]. 北京：中国林业出版社，2016.

1952年，英国伦敦的一场浓雾带来了灾难，在四天内约有4000人因浓雾而丧命[1]，在两个月中累计有超过1.2万人因空气污染而死亡[2]。2013年，联合国决定从2014年开始将每年的10月31日定为"世界城市日"。由此可见，城市转型与发展已成为全世界努力的目标。

改革开放以来，我国经历了有史以来速度最快的城镇化进程，常住人口城镇化率从1978年的17.92%上升到2021年的64.72%。城市发展带动了整个经济社会的发展，城市建设成为我国现代化建设的重要引擎。同样，城市快速发展衍生的"城市病"问题成为限制城市可持续发展的桎梏，给人们的工作和生活带来了许多不便，并降低了人们的生活质量和幸福感。在"城市病"问题日益凸显的今天，城市的转型发展已成必然。习近平总书记提出，在"十三五"期间决心根治"城市病"，进行城市转型发展，建设美丽城市[3]。2015年召开的中央城市工作会议上指出，我国城市发展已经进入新的时期，要着力解决城市病等突出问题[4]。《"十四五"新型城镇化实施方案》是贯彻落实《国家新型城镇化规划（2021—2035年）》的重大举措，提出建设宜居、韧性、创新、智慧、绿色、人文城市。《雅典宪章》中将城市的功能分为居住、工作、游憩和交通四个部分，休闲是城市的共性，城市应该具有休闲功能。城市转型发展的终极目的是建设和谐宜居城市、提升居民的生活质量和幸福指数。城市转型发展将为城市休闲提供更好的环境和保障。

四、休闲体育是城市生态文明的实践手段

在现代工业文明中，现代科技的飞速进步和经济的快速发展激起了现代人极度不安分的心理。他们认为自己无所不能，于是肆无忌惮地征服自然；他们昼夜不停地"大量生产，大量消费"；他们忙着创新、忙着创造工作业绩，在追求金钱、权利、名誉和地位的过程中"忘记了自己""忽略了生命的价值和意义"；他们在不断满足自己的欲望中不知道如何"关心自己"[5]。只有在生态文明中，人才可能

---

[1] 叶海英. 1952年伦敦烟雾事件4天内4千人丧生[EB/OL]. （2009-01-04）[2023-08-03]. http://www.weather.com.cn/climate/qhzw/01/11676.shtml.

[2] DAVIS D, BELL M, FIETCHER T. A look back at the London smog of 1952 and the half century since[J]. Environment health perspectives, 2002,110(12):A374-A375.

[3] 佚名. 习近平为"城市病"开良方[EB/OL]. （2015-12-24）[2023-06-08]. http://politics.people.com.cn/n1/2015/1224/c1001-27973347.html.

[4] 佚名. 2015中央城市工作会议公报全文[EB/OL]. （2015-12-23）[2023-06-08]. http://www.planning.org.cn/news/view?id=3482.

[5] 卢风. "关心自己"与诗意的栖居[C]//中国自然辩证法研究会休闲哲学专业委员会·中国休闲研究学术报告2013. 北京：旅游教育出版社，2014.

真正找到生命的价值和意义，从而达到"诗意的栖居"。随着休闲时代的到来，休闲体育作为时尚健康的休闲方式和体育行为越来越受到青睐。休闲体育的出现是时代进步的标志，是人们心理更高层次追求的体现。《国民经济和社会发展第十二个五年规划纲要》中首次提出"发展健身休闲体育"，休闲体育概念第一次进入了国家发展规划中[①]。休闲体育是休闲和体育的结合，休闲是一种生活态度、生存境界和生命智慧；体育是一种生存手段、自我认知和人生信念。

注重生态是休闲体育发展的至高理念，而休闲体育是使生态更具文明气息的实践手段。生态文明作为人类文明发展历程中更高级的一种形态，是一种绿色生活方式；城市休闲体育是纯绿色项目，它的开展对环境要求极高，能促使体验者心态达至畅爽，更能促进人与人的相互交流，以打破城市间邻里的陌生与尴尬局面。因此，生态文明的顶层决议与休闲体育的具体执行相辅相成、彼此交融，生态文明成为休闲体育的至高境界，而休闲体育确保生态文明行稳致远[②]。"请人吃饭，不如请人流汗""远离手机，走进自然"等观念已成风尚，休闲体育使人们的健康休闲观发生了转变。休闲体育改变了人自身及人与人、人与自然、人与社会之间的关系，是城市生态文明深入建设的驱动力。

第二节 研究目的与意义

一、研究目的

休闲体育作为一种生活元素独具魅力，是美好生活的重要组成部分，是针对人与人、人与社会、人与自然关系的社会实践。休闲体育作为时代产物，对个体而言，能达至"畅"的"真我状态"，是生命的解放和对心理至境的追求；对社会而言，具有促进社会和谐、健康、发展的功效；对城市而言，具有促进城市体育、旅游、经济、文化、娱乐、生态等联动发展的作用。如何发挥休闲体育的现实价值？以城市为场域的休闲体育实践如何发展？深入研究城市生态文明建设、地域文化、经济建设与休闲体育之间的互动关系，探寻休闲体育发展的背后逻辑和内在规律，是推动城市休闲体育实践发展的一条途径。

---

① 郭修金. 休闲体育与休闲城市建设互动关系研究——以杭州、上海、成都为例[J]. 南京体育学院学报（社会科学版），2011，25（5）：28-31.

② 郭修金，单凤霞，陈德旭. 生态文明视域下城市休闲体育发展研究——以上海、成都、杭州为例[J]. 武汉体育学院学报，2016，50（4）：40-45.

二、研究意义

（一）理论价值：延展我国休闲体育研究的领域和范围

在休闲时代，休闲和休闲体育理论研究成为热点，但相关研究在我国起步相对较晚。20世纪80年代，学界开始关注休闲理论研究，进入21世纪后休闲理论研究迎来了高潮，随着对休闲研究的深化和休闲体育行为的兴起，休闲体育的理论研究逐渐进入学者的视野。我国学者于1995年开始进行休闲体育的理论研究，2008年相关研究显著升温，成为学界研究热点，从最初对基础理论的研究拓展到多视角、多维度的学科交叉研究，主要涉及哲学、社会学、经济学、心理学等学科领域。城市作为休闲体育发生、发展的主要场域，是休闲体育研究无法回避的部分。在城市化进程衍生"城市病"的当下，城市休闲体育研究既是时代的主题，又是城市和休闲发展的应然；既是对休闲体育研究深度和广度的延展，又是对城市建设高度和温度的展现。

（二）实践意义：城市休闲体育研究关乎民之所需和城市发展

党的十八届五中全会提出了"推进健康中国建设"的任务，这表明全民健康愿景的升腾。健康中国的内涵与城市休闲体育的根本目标一脉相承，即优化居民生存环境、提升居民生活质量、推行健康生活方式、促进社会和谐发展。近年来，杭州、成都的休闲发展证实了城市休闲发展对于改善居民生活方式、提高居民生活质量具有重要的作用。随着居民可自由支配收入的提高和闲暇时间的增多，如何使居民生活从"有闲"向"优闲"过渡，成为提升居民休闲生活质量的重点。城市休闲体育是休闲方式的深化发展，是人们追求健康生活的最终选择。

我国城市的快速发展在带来文明进步、经济腾飞的同时，也使越来越多的城市患上了严重的"城市病"，环境污染、交通拥堵、房价虚高等问题给居民工作和生活带来了诸多不便，降低了人们的幸福感。为根治"城市病"问题，城市转型发展成为现实所需，生态文明建设成为必由之路。只有贯彻新发展理念和推行"绿色发展"模式，才能实现城市生产、生活、生态空间的融合发展，达到"城市，让生活更美好"的目标。城市休闲体育创造了一种城市闲暇生活模式及城市体育发展模式[①]，是一种对绿色生活方式的宣扬和生态文明的实践。城市休闲体育延展了城市功能，奠定了城市规划设计、生活布局、公共服务的基准，促进了城市社会、

---

① 周爱光. 体育休闲本质的哲学思考——兼论体育休闲与休闲体育的关系[J]. 体育学刊, 2009（5）: 1-7.

经济、文化、生态等方面的可持续发展，在城市转型发展中扮演着重要的角色。

第三节 文献综述

一、国外城市休闲体育相关研究

（一）国外休闲体育研究的演进

1. 起源与萌芽

国外有关休闲体育的研究，最早可追溯到古希腊时期的哲学理论。柏拉图（Plato）认为理想的统治者应该是哲人，应摆脱世俗杂事，通过休闲活动来完善自我、统治社会。亚里士多德（Aristotle）则把休闲誉为"一切事物环绕的中心"。1952年，瑞典哲学家约瑟夫·皮珀（Josef Pieper）出版了《闲暇：文化的基础》一书，认为休闲是思想与灵魂自由的条件，可促进文化的发展[1]。杰弗瑞·戈德比（Geoffrey Godbey）在《你生命中的休闲》一书中指出，休闲是人存在过程的一部分，休闲价值观将使人们从改造世界逐步转向改造自身[2]。

2. 发展与繁荣

20世纪60年代，社会学家将休闲纳入研究视野，并取得了丰富的研究成果。美国学者卡普兰（Kaplan）于1960年撰写的《美国的休闲——社会调查》中从美国的社会制度等方面剖析休闲。法国学者杜马兹迪埃（Dumazedier）在1967年出版的《走向休闲的社会》一书中探讨了休闲与家庭、工作、社会政策等的关系及意义，并指出休闲包括放松、娱乐和个性发展三个层次。约翰·凯利在《走向自由：休闲社会学新论》一书中强调休闲是一种"成为人"的过程。随后，陆续有学者将休闲与心理学相结合，着重研究休闲动机、休闲行为和休闲心理等方面。克劳福德（Crawford）等提出了休闲限制理论，并据此建构了休闲限制阶层模型[3]。

---

[1] PIEPER J. Leisure: The basis of culture [M].New York: Pantheon Books,1952.
[2] 郭鲁芳. 休闲学[M]. 北京：清华大学出版社，2011.
[3] CRAWFORD D W, JACKSON D W, GODBEY G.A hierarchical model of leisure constraints[J]. Leisure science,1991,13(4):309-320.

3. 融合与创新

从 20 世纪 80 年代开始，随着休闲产业的快速发展，西方学者开始关注休闲与管理学、经济学的融合研究。在休闲管理学领域，德莱弗（Driver）首次提出基于效益的管理，并指出休闲服务项目的管理应从能给有关各方带来的益处着眼，从整体上进行规划和管理；哈维茨（Hurwiez）认为，树立休闲服务营销的观念至关重要，通过休闲营销来改变休闲者的需求偏好。在休闲经济学领域，美国学者沃格（Vogel）对美国的娱乐产业进行研究，注重对休闲、体育、文化、游乐等核心部分进行分析[①]。澳大利亚学者沃贝特（Wobet）指出，城市休闲产业在许多地方与城市旅游业和娱乐业相互关联[②]。

（二）国外休闲体育发展的呈现

1. 政策保障：英国和德国

德国是世界上最早建立完善社会福利制度的国家，这些制度使德国人有足够的休闲时间和享受社会公共资源的权利。德国传统节假日和法律赋予的带薪休假权利，让德国人一年拥有 178 天的休闲时间[③]。在环境保护方面，德国已颁布大约 8000 部联邦和各州的环境保护法律法规[④]，为休闲体育活动环境提供有效保障。体育是德国人主要的休闲方式，德国"黄金计划"的实施，推动了大批体育场馆设施的建设，为休闲体育活动的开展提供了物质保障。英国是最早兴起户外运动的国家，英国在 1857 年成立了登山俱乐部，在 1885 年成立了帐篷俱乐部。英国政府在 1975 年发布的《体育运动和娱乐白皮书》中，明确表示休闲体育是国家福利的一部分，并突出了休闲体育在提高民众健康和维护社会安定等方面的作用[⑤]。此后，英国政府相继在 2000 年、2002 年颁布了《大众的体育未来》和《游戏计划》[⑥]，在一定程度上推动了休闲体育的发展。

---

① HAROLD L V. Book review of entertainment industry economics: A guide for financial analysis [M].Cambridge: Cambridge University Press,1994.
② WOBER K W. City tourism 2002 Austria [M]. Wien: Springer Verlag,2002.
③ 缪佳. 德国休闲体育发展的基础、特征及启示[J]. 上海体育学院学报, 2017, 41（5）: 24-27.
④ 刘岩. 德国《循环经济和废物处置法》对中国相关立法的启示[J]. 环境科学与管理, 2007（4）: 25-28.
⑤ 胡军. 英国休闲体育政策的演进特点与启示[J]. 成都体育学院学报, 2012, 38（1）: 40-43.
⑥ 李丽, 杨小龙. 英国体育公共服务财政保障经验及启示[J]. 西安体育学院学报, 2022, 39（6）: 544-551.

2. 项目多元：法国和澳大利亚

休闲体育对法国人来说已经成为一种生活方式，法国人不仅喜欢体育运动，还不断对传统项目进行创新发展。法国人日常参与的休闲体育项目多达300项，并且其大众休闲体育运动呈现出参与方式多样化的特点[1]。澳大利亚被誉为"体育运动的天堂"，对澳大利亚人来说，体育具有重要的地位。在澳大利亚普及的休闲体育项目种类繁多，除球类、健身、赛车、海上和空中运动外，还有其本土特有的休闲体育项目，如澳式足球、橄榄球、板球、丛林探险、气健运动等[2]。澳大利亚人热爱运动的民族天性促进了休闲体育项目的多元和产业的繁荣，休闲产业占到了其国民生产总值的7%[3]。

3. 公园导向：美国和加拿大

公园是美国和加拿大文化的重要组成部分，国家公园、野生动物保护区或荒野能激发当地人和旅游者的旅游热情。公园在美国和加拿大的休闲领域扮演着非常重要的角色[4]。美国公园体系主要包括城市公园、地区公园、州立公园、联邦公园/森林保护区/保留地等；加拿大公园体系包括城市公园、地区公园、省级公园、国家公园和野生动植物保护地等。公园内设有步道、露营地、野餐地、划船区、骑马道、越野车点、环境教育中心等，是美国和加拿大人运动休闲的主要去处。

4. 体育旅游：瑞士和意大利

瑞士是全球闻名的滑雪胜地，全境有200多个高级雪场，总人口800多万的瑞士每年接待的滑雪游客达1500万人次，瑞士阿尔卑斯地区每年更是吸引了全球43%的滑雪者[5]。滑雪是瑞士最普及的冬季户外运动，很多瑞士的小孩子从三四岁就开始学习滑雪，在瑞士冬季游客中，有50%为瑞士国内游客[6]。足球作为意大利的一项全民运动，已成为意大利的文化符号。在意大利，足球迷占总人口的3/4。在意大利各城市的公园、广场，甚至是一小片局促的空地上，都能看见踢足球的孩子，每个街区都有一块设施完善的足球场。意大利大城市和大部分中等城市都

---

[1] BODET G. The current trends of leisure sports in France[J]. 成都体育学院学报，2017，43（4）：10-12.
[2] 胡笑寒，毛雅萍. 澳大利亚体育消费研究[J]. 体育文化导刊，2010（2）：155-158.
[3] DAVID H. Living and working in Australia [M]. London: Survival Books, Ltd., 2001.
[4] 于文谦，牛静. 中美休闲体育的比较研究[J]. 中国体育科技，2005，41（4）：32-35.
[5] 陈雨芫. 瑞士"冰雪经济"规模巨大 占旅游收入半壁江山[EB/OL].（2017-01-19）[2023-06-08]. http://www.sohu.com/a/124764151_114960.
[6] BUCKLEY R. Adventure tourism products: price, duration, size,skill,remoteness[J]. Tourism management, 2007,28(6):1428-1433.

拥有自己的球队，商业化发达的职业足球联赛促进了交通、旅游、餐饮、住宿等行业的发展，对国家经济的发展起到很大的推动作用[①]。

二、我国城市休闲体育相关研究

（一）量的呈现：我国城市休闲体育研究的学术关注

1. 休闲体育研究成为热点

在中国知网，以"篇名"为检索条件，以"休闲体育"为检索词，对起点时间不做限定，设置截止日期为2021年12月31日，然后进行检索，发现我国学者于1995年开始涉足休闲体育研究，经过20余年的持续研究，可谓硕果累累。从最直观的数据——文献刊发数量上看，共有期刊论文3190篇、硕博士论文399篇，其中博士论文14篇。通过进一步的高级检索，发现其中核心期刊论文共有633篇。纵览发文时间（1995—2021年）与发文数量（图1-2），从事物发展规律的生命周期来分析，我国学者对休闲体育的关注度呈现以下阶段性变化特征：①1995—2005年，发文量从1篇平缓增至42篇，属于研究导入期；②2005—2011年，发文量从42篇快速递增至247篇，处于研究成长期；③2011—2021年，发文量呈上下波动态势，在2015年以271篇达至波峰后呈现下降趋势，到2017年下滑至216篇，这一阶段开始进入研究成熟期。核心期刊发文量的年度分布也出现了波浪式的变化，在2010年达到年度最高值（69篇），这成为一个分水岭，前后变化差异显著，2009年以前核心期刊发文量与整体发文量的变化保持一致，呈现逐渐增长趋势，2009年以后核心期刊发文量持续下降，2015年仅有28篇，之后略有回升。由此可见，休闲体育研究达到了量的饱满，有待质的进一步突破。

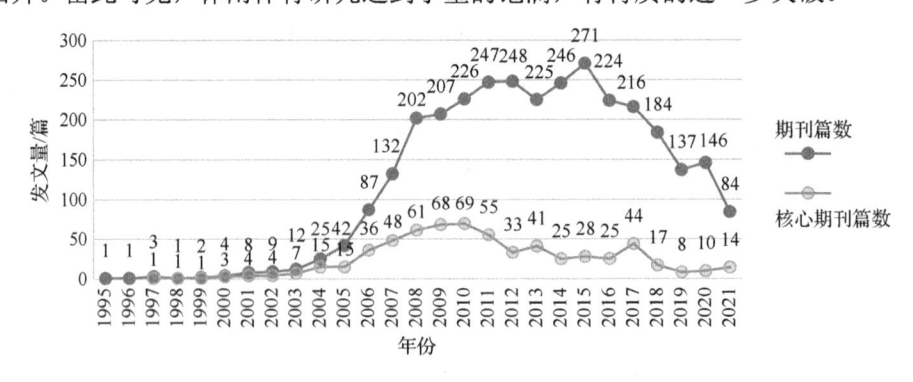

图1-2 1995—2021年我国休闲体育文献数量趋势

---

① CHALIP L. Towards social leverage of sport events [J].Journal of sport&ourism,2006,11(2):109-127.

从图 1-2 中可以看出,我国学者对休闲体育的研究从 2005 年开始骤增,在 2012 年和 2015 年两次达到高峰,休闲体育研究的兴起与发展与当时的社会背景和顶层设计是分不开的。2005 年是我国《全民健身计划纲要》颁布 10 周年,全民健身工程取得了一定成效,时尚的休闲体育项目受到了人们的青睐,与此同时,全国上下处于 2008 年北京奥运的筹备中。2011 年山东省颁发全国首个国民休闲发展纲要,2013 年国务院办公厅颁布《国民旅游休闲纲要(2013—2020 年)》,2014 年全民健身上升为国家战略。一系列顶层设计的引领带动与休闲体育实践发展对理论研究的倒逼效应促使休闲体育研究高峰的出现。博士是目前国家人才培养的最高级别,已有 14 篇对休闲体育进行深入研究的博士论文(表 1-2),从学位授予单位来看,上海体育学院和北京体育大学是休闲体育高级人才培养的主要阵地。从期刊论文发文量整体情况来看,休闲体育研究表现出多层次、多领域、多视角、多维度等特征,渗透到社会、经济、文化、生态、生活等层面。

表 1-2　休闲体育博士论文发文量分布

学位授予单位	篇数/篇	学位授予单位	篇数/篇
上海体育学院	6	辽宁工程技术大学	1
北京体育大学	4	南京师范大学	1
苏州大学	2		

2. 城市休闲体育研究引起关注

进入 21 世纪以后,随着休闲体育研究热度的持续升温和范围的不断拓展,城市作为国家政治、经济、文化、社会、生态建设的中心和枢纽,成为休闲体育研究的重要场域,受到了诸多学者的关注,这成为休闲、体育领域研究的新风向。在中国知网,以"主题"为检索条件,以"城市休闲体育"为检索词,为扩大检索范围,在"城市"与"休闲体育"之间进行空格处理,设定为模糊检索,搜索结果显示截至 2021 年 12 月 31 日共有期刊论文 521 篇(核心期刊论文 105 篇)、硕博士论文 257 篇,其中对城市休闲体育的研究最早见于 2003 年。综观发文时间(2003—2021 年)与发文量趋势图(图 1-3),我国城市休闲体育研究呈现两个阶段特征:①2003—2009 年属于城市休闲体育研究的初始阶段,2003 年城市休闲体育研究作为一个新生事物似乎并没有引起外界关注,经过几年的酝酿发酵,在 2007 年(9 篇)才略见成果,随后在 2009 年(32 篇)有了突破性进展,其中核心期刊发文量也达到了年度最高值(13 篇);②2009—2021 年属于城市休闲体育研究的成长阶段，研究成果数量不断攀升，至 2015 年达到了高峰（74 篇），随后不断下降，研究态势不稳定，与此相反，核心期刊发文量一直不温不火，在 2009 年达到最高值（13 篇）后呈现下降趋势，由此可见城市休闲体育研究空间很大。

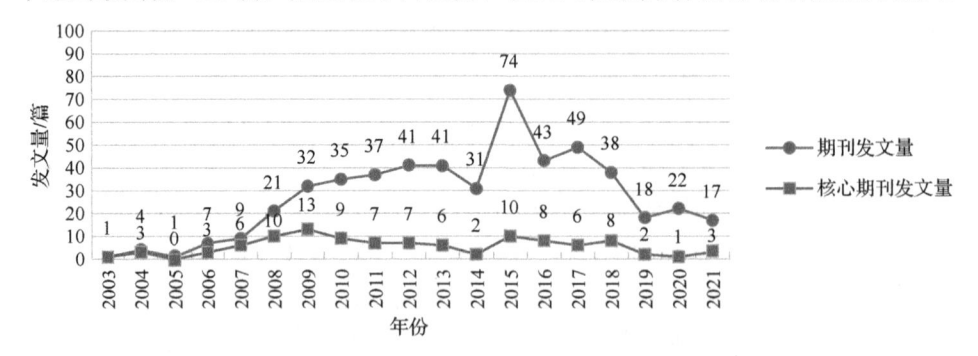

图 1-3　2003—2021 年我国城市休闲体育发文量趋势

（二）内容梳理：我国城市休闲体育研究的维度扫视

对 2003—2021 年城市休闲体育研究内容进行分析，发现学者们基于不同视角、不同理论对城市休闲体育进行了多维度研究，主要可概括为以下几种。

1. 时空之维——基于环境供给的描述

杰弗瑞·戈德比针对中国城市发展，从休闲角度提出"要回街道"，街道、城市绿地系统、"休闲街"和商业游憩区（Recreational Business District，RBD）等是供人们日常休闲生活的重要空间。时空概念包含时间和空间两个维度，时空之维延展了城市休闲体育的时间和空间。休闲体育活动已逐渐成为城市居民日常生活的重要内容，城市为休闲体育活动提供了时间与空间条件。城市生活空间是城市居民开展休闲体育活动的基本条件[1]，但目前我国城市休闲体育空间还存在"缺乏合理规划、场所严重不足、社区体育生活空间严重缩水等问题"[2]，因此"要充分挖掘休闲体育的自然、人文资源，积极拓展休闲体育空间"[3]，"将工作重心转移到休闲体育消费升级、中产阶级家庭和青少年的需求上来"[4]。人们通过环境供给构建了城市休闲体育的时空结构模式，通过休闲体育场所可以释放社会阶层不

---

[1] 郑华. 后奥运时代我国城市休闲体育空间发展趋势探讨[J]. 体育与科学，2009，30（2）：18-21.
[2] 常乃军，乔玉成. 社会转型视域下城市休闲体育生活空间的重构[J]. 体育科学，2011，31（12）：14-20.
[3] 郭修金. 休闲城市建设中休闲体育时空的调控设计与规划整合——以杭州、上海、成都为例[J]. 上海体育学院学报，2013，37（2）：30-33.
[4] 周毅刚，王孟. 城市休闲体育发展空间研探[J]. 体育文化导刊，2017（5）：1-4，10.

同的生活方式、价值观与休闲体育行为[1],不同阶层之间的文化模式决定了人们在休闲体育活动中时空选择的差异[2]。随着人们生活需求的不断变化(从"吃得饱"到"吃得好"再到"活得好"),女性可以通过休闲体育活动"挑战原有的空间性别秩序"[3]。时间是制约城市居民休闲体育活动的另一个重要因素,存在"居民支配利用休闲时间不合理,消极休闲生活方式占据了主要闲暇时间"[4][5]的现象。如何从时空概念上规划城市10分钟/30分钟/1小时休闲体育生活圈成为时代议题。

2. 社会之维——基于价值取向的探究

约翰·凯利在《走向自由:休闲社会学新论》中强调,休闲应被理解为一种"成为人"的过程,是一个完成个人与社会发展任务的主要存在空间[6]。克里斯多夫·爱丁顿(Christopher Edginton)和陈彼得(Velu Peter Gana)认为,休闲是一种动态的、积极的生活体验[7]。休闲体育作为一种健康、积极、文明的生活方式,是构筑"美好城市""和谐社会"的一支"润滑剂"。城市休闲体育发展能够促进"社会的和谐"[8],"城市可持续发展"[9],其价值取向展现为个人、城市和社会三个层面。具体表现为:"促进身心和谐,提高生命质量"[10],"促进城市家庭的和谐稳定"[11],"改善城市宜居环境、塑造城市形象、提升城市品位"[12],"促进社会经济的发展及人与人、人与社会、人与自然的和谐发展,从而促进社会的进步"[13]。在城市化进程中,休闲体育能起到"消除居民不良情绪、舒缓压力、改善健康状况等"[14]积极效果,此外"对于提升城市文化品位有着非凡的意义"[15]。中国在2025

---

[1] 王茜,苏世亮.社会地理学视域下的城市休闲体育空间重构[J].广州体育学院学报,2009,29(1):65-69.
[2] 许凤,柏慧敏.城市不同社会阶层的休闲体育文化模式[J].上海体育学院学报,2012,36(6):33-38.
[3] 熊欢.论休闲体育对城市女性社会空间的建构与影响因素[J].北京体育大学学报,2012,35(8):11-16.
[4] 喻坚,孙有智.我国城市休闲体育的现状、问题与对策[J].山东体育学院学报,2007,23(4):29-31.
[5] 石振国,孙冰川,田雨普,等.我国五城市居民休闲体育现状的调查分析[J].武汉体育学院学报,2007,41(4):84-90.
[6] 约翰·凯利.走向自由:休闲社会学新论[M].赵冉,译.昆明:云南人民出版社,2000.
[7] 克里斯多夫·爱丁顿,陈彼得.休闲:一种转变的力量[M].李一,译.杭州:浙江大学出版社,2009.
[8] 吕建海,蔡宏生.论休闲体育在构建和谐社会中的作用[J].体育与科学,2006,27(3):42-44.
[9] 陈岳东.休闲体育的社会价值分析[J].体育与科学,2008,29(4):56-58.
[10] 肖焕禹.休闲体育的演进、价值及其未来发展取向[J].上海体育学院学报,2010,34(1):6-11.
[11] 于联志.休闲体育对促进城市家庭和谐稳定的作用研究[J].成都体育学院学报,2010,36(10):20-23.
[12] 焦敬伟,郑丹衡.休闲体育对上海城市发展的文化价值[J].体育文化导刊,2014(8):186-189.
[13] 陈岳东.休闲体育的社会价值分析[J].体育科学,2008,29(4):56-58.
[14] 曹竟成,杨培super,王严严.透视社会转型期休闲体育的价值与历史使命[J].南京体育学院学报(社会科学版),2010,24(4):71-73.
[15] 陈一星.休闲体育与城市文化品位的研究[J].武汉体育学院学报,2006,40(12):27-30.

年将进入深度老龄化社会,届时休闲体育将扮演更重要的角色,因为休闲体育在"提高老年人社会交往的技能,完善老年人自我观念,以及促进老年人的社会角色调适等方面"[①]有着重要的价值。但开展城市休闲体育"有赖于政府、学校、社区、家庭、社会等多方的共同努力"[②]。

3. 体验之维——基于行为参与的研究

"畅(Flow)",是心理学家奇克森米哈伊(Csikszentmihalyi)于1990年在《畅:最佳体验心理学》中提出的在"休闲"过程中感受到的一种最佳体验[③]。美国学者提出,休闲体验是由两个基本的维度——自由与内在动力结合而产生的[④]。基于此,城市休闲体育的发展离不开休闲体育主体的参与和体验。行为动机是休闲体育行为产生的关键,但在动机转化为行动的过程中会出现各种阻力,从而限制休闲体育行为的发生。研究表明,休闲体育行为各发展阶段存在不同的动机,同时会遭遇不同的限制,如自身限制、人际限制、结构限制和体验限制[⑤]。不同社会阶层在休闲体育行为上具有明显差异,具体表现为:随着阶层等级的上升,"休闲体育的参与意识随之提升,休闲频率日益增强"[⑥],"社会中上层女性参与休闲体育更为活跃,休闲体育消费水平相对较高"[⑦]。对大学生而言,休闲体育参与程度与身体意象之间关系密切,休闲体育参与的费力程度有助于提高身体意象的满意度[⑧]。休闲体育活动是城市居民善度余暇的最佳方式,在人们生活中的地位日益重要。休闲体育活动是"提高生活质量的一个重要因素"[⑨],"对改善身心健康、工作状态、生活状态作用较大"[⑩],"与'畅'、休闲满意度、生活满意度均存在显著的正相关

---

① 莫再美,何江川,李荣源.休闲体育行为对老年人的社会化价值研究[J].广州体育学院学报,2009,29(1):74-77.
② 郭琴.和谐社会与休闲体育之关系[J].上海体育学院学报,2006,30(1):49-51,55.
③ 宋瑞,杰弗瑞·戈德比.寻找中国的休闲——跨越太平洋的对话[M].北京:社会科学文献出版社,2015.
④ 郭鲁芳.休闲学[M].北京:清华大学出版社,2011.
⑤ 邱亚君.休闲体育行为发展阶段动机和限制因素研究[J].体育科学,2009,29(6):39-46.
⑥ 刘芬.基于社会分层理论的城市居民体育休闲行为探讨[J].体育与科学,2012,33(3):95-100.
⑦ 张蕾.转型期社会阶层视域下城市女性休闲体育行为差异比较——以成都市为个案[J].成都体育学院学报,2016,42(4):27-32.
⑧ 杜会霞.大学生休闲体育参与程度对身体意象的影响研究[J].沈阳体育学院学报,2010,29(6):76-81.
⑨ 李睿恒,张学雷,张宝荣.城市中青年人群休闲体育活动与生活质量关系的实证研究[J].现代预防医学,2010,37(4):706-708.
⑩ 张宝荣,葛艳荣,常彦君,等.城市居民休闲体育活动与生活质量关系[J].中国公共卫生,2008,24(7):869-870.

关系"①。

4. 经济之维——基于产业消费的探讨

杰弗瑞·戈德比在《你生命中的休闲》一书中提到，如今城市经济模式已经开始转变，越来越依赖休闲活动的兴旺发达了②。沃贝特指出，城市休闲产业是与城市旅游业和娱乐业相互关联的③。2020年，我国体育产业总产出为27372亿元，占GDP的1.06%④，而发达国家的体育产业产值在GDP中的占比为3.5%。如何优化体育产业结构，破解体育产业发展的瓶颈？发展休闲体育是破解之道。休闲体育是集健康、娱乐、文化、休闲等于一体的时代新生物，休闲体育消费将成为新时代体验经济的主要组成部分。"拉动消费需求、带动休闲体育产业发展"是休闲体育的功能之一，是未来城市经济发展的重要驱动力，必须"深挖休闲体育消费的'再创造'价值，从横向和纵向两个维度上拓展休闲体育消费的经济文化功能"⑤。休闲体育消费存在明显的阶层差异，"高收入阶层以商业交往型为主，中产阶级将成为支撑我国休闲体育消费市场的主体"⑥。目前，城市休闲体育产业还处于起步阶段，存在"消费规模小、产品雷同、价格偏高、企业缺乏竞争力"⑦等问题。因此，休闲体育产业的健康发展需要"加强环'中心城市'休闲体育产业发展，以缓解'中心城市'休闲体育设施场地紧张的问题"，"因地制宜，结合当地经济发展水平和资源特色进行"⑧，"与当地体育、文化、健康、旅游产业融合发展"⑨。

5. 发展之维——基于路径规划的思寻

发展是事物变化的客观规律，城市休闲体育的健康有序发展是城市发展实践的目标，也是学者理论研究的目标。研究表明，城市休闲体育发展实践中仍存在

---

① 金青云. 休闲体育参加者的休闲动机与主观幸福感的关系[J]. 体育学刊，2011，18（5）：31-37.
② 杰弗瑞·戈德比. 你生命中的休闲[M]. 康筝，译. 昆明：云南人民出版社，1994：160.
③ WOBER K W. City tourism 2002 Austria[M].Wien: Springer Verlag,2002.
④ 王辉，王世让. 中国体育产业扬帆起航凌云志[EB/OL]. （2022-09-30）[2023-08-03]. https://www.sohu.com/a/589358397_121106991.
⑤ 郑立新，张德荣. 都市体验经济与休闲体育消费略论[J]. 广州体育学院学报，2008，28（6）：60-62.
⑥ 胡春旺，郭文革. 我国城市休闲体育市场的消费阶层分析及发展对策[J]. 北京体育大学学报，2004，27（11）：1461-1463.
⑦ 凌平，童杰. 杭州市休闲体育产业发展透视[J]. 上海体育学院学报，2010，34（1）：29-33.
⑧ 黄亮，徐明. 成都市休闲体育产业发展研究[J]. 成都体育学院学报，2013，39（4）：45-47.
⑨ 钟菊华. 四川省休闲体育产业与旅游产业融合模式研究[J]. 西南师范大学学报（自然科学版），2015，40（8）：147-151.

"政府组织薄弱、基础设施不足、休闲体育动力不够及休闲体育市场活力不强"[1]等困境。实践是理论的基础，实践现实为理论研究指明了方向。如何破解城市休闲体育的发展困境，实现科学、健康、充满活力的发展目标？在生态文明视域下，城市休闲体育的发展应从"基本规约、价值导向、内源驱动、外在保障和动力支撑"出发，"尊重城市发展规律、强化生态伦理渗透、挖掘城市休闲文化、推动城市公共服务、倡导全民健身运动"[2]。在城市群生成视角下，城市群休闲体育生成模式的设计，可以"提高城市群体育资源的整体利用率，满足城市群不同居民的体育需求"[3]。在五大理念语境下，城市休闲体育发展可遵循"创新发展以培育新动力、协调发展以谋求新格局、绿色发展以构建新模式、开放发展以开拓新空间、共享发展以分享新成果"[1]的路径。简而言之，城市休闲体育的发展没有固定模式、固定思维、固定策略，需要遵循城市发展的内在规约，结合每个城市的实际情况。城市休闲体育是城市居民的基本需求之一，是满足人们美好生活的公共服务的重要内容。目前，城市休闲体育公共服务供给在政策、组织、经费、设施和人才方面还存在不足[4]。因此，城市休闲体育公共服务体系的构建和运营是提供亲民、便民、利民的休闲体育公共服务的保障。

（三）我国城市休闲体育研究述评

1. 宏观研究环境利好，学术关注稍显不足

城市休闲体育迎来发展契机，为相关学术研究提供了绝好的环境和空间。城市发展进入新时期，为城市休闲体育注入了发展活力。全面建成小康社会为城市休闲体育奠定了坚实的根基，全民健身的蓬勃开展为城市休闲体育提供了内生动力，顶层设计的全面发力为城市休闲体育构筑了支撑保障。从2011年"休闲体育首次出现在国家发展规划中"、2013年《国民旅游休闲纲要（2013—2020年）》的颁布，到2014年"全民健身上升为国家战略"，2016年《体育发展"十三五"规划》《"十三五"旅游业发展规划》《国家旅游局 国家体育总局关于大力发展体育旅游的指导意见》等一系列利好政策的出台，为城市休闲体育研究提供了良好的

---

[1] 单凤霞，郭修金，陈德旭."五大发展理念"语境下城市休闲体育发展：机遇、困境与路径[J]. 上海体育学院学报，2017，41（6）：59-65.
[2] 郭修金，单凤霞，陈德旭. 生态文明视域下城市休闲体育发展研究——以上海、成都、杭州为例[J]. 武汉体育学院学报，2016，50（4）：40-45.
[3] 钟丽萍，范成文，刘亚云. 基于城市群生成视角的都市休闲体育发展研究——以长株潭为例[J]. 广州体育学院学报，2008，28（5）：79-82.
[4] 陈新生，楚继军. 城市社区休闲体育公共服务的现状与对策[J]. 西安体育学院学报，2011，28（1）：29-33.

外部环境和政策保障。在利好的宏观研究环境下，城市休闲体育研究的学术关注相对不足，不但在研究量的呈现方面显得薄弱，而且在关注视野方面不够开阔。由此可见，城市休闲体育有待更多学者关注和研究。

2. 理论问路步伐稳健，学科融合有待加强

城市休闲体育研究是基于城市发展背景，涉及城市文化、经济、旅游、娱乐、休闲、体育等领域，集多学科、多领域于一体的新兴领域。理论问路是城市休闲体育研究的基础，目前有诸多学者进行城市休闲体育研究，他们借鉴社会学、心理学、经济学理论较多，而鲜少涉猎城市学和生态文明相关理论，如城市规划学、行为地理学、社会生态学等。在我国经济腾飞和快速城市化进程中，生态文明建设是现实需要，同时也是城市休闲体育实现可持续发展的需要。城市是一个庞大复杂的系统，城市休闲体育的发展不是孤立的，只有遵循城市发展规律，结合城市经济、文化、政策、生态和社会发展等方面，才能实现城市休闲体育发展的突破和飞跃。同样，城市休闲体育研究必须与多学科相融合，不仅与社会学、经济学、心理学相融合，还要与城市学、地理学、旅游学、文化学、体育学等融合发展。

3. 基础研究不断夯实，视角介入仍需拓新

随着我国学者对休闲研究的深入，休闲体育研究于1995年进入学者们的研究视野，随后其研究持续升温，为城市休闲体育研究奠定了坚实的基础。与之相比，城市休闲体育的研究成果显得有些薄弱，核心成果更显单薄。原因有以下两点：①城市休闲体育研究起步晚、发展慢、缺乏方法指导，还没有形成完整的研究框架，因此广大学者对其的认知度不高；②城市休闲体育研究涉及学科较多，对学者的知识结构要求较高，研究具有挑战性。基于现实，我国城市休闲体育研究迎来了机遇和挑战，面临的机遇是突破瓶颈后的研究更具活力，有更广阔的学术研究空间；面临的挑战是如何突破瓶颈期。创新是发展之魂，城市休闲体育的研究必须创新思路，借助新的研究视角、新的理论来开拓研究新天地，如从城市发展规律、生态文明建设、城市文化挖掘的视角，开拓城市休闲体育研究的新领域。

4. 研究方法逐渐丰富，综合范式不够重视

任何科研成果的进步均依赖其研究方法的科学性和先进性。作者通过对城市休闲体育研究成果进行分析，发现现阶段城市休闲体育研究运用文献研究法、问卷调查法、系统分析法、访谈法、个案研究法等方法较为普遍，少部分研究开始

使用心理学量表（行为动机、行为限制量表）和 GIS（Geographic Information System，空间分析）等方法。由此可以看出，随着研究的深入，研究方法也在不断丰富，但仍以定性分析为主，定量统计多以简单的基础统计为主，多元复杂统计应用较少。城市休闲体育研究虽然在量上有所增加，但在质上亟待提升。科学范式是托马斯·库恩（Thomas Kuhn）在《科学革命的结构》中提出的概念，由其特有的观察角度、基本假设、概念体系和研究方式构成，体现了科学家看待和解释世界的基本方式[①]。城市休闲体育研究综合性强、涉及面广，必须综合运用多种研究范式，重视对心理学、地理学、城市规划学研究范式的借鉴与应用。总之，城市休闲体育研究还处于发展阶段，其研究方法有待系统构建，其研究范式有待综合完善。

第四节　基础理论与理论基础

一、基础理论

（一）休闲：以追求精神愉悦为目的

休闲，无论是陶渊明笔下的"采菊东篱下"，还是亚里士多德认为的"冥想的状态"，都是一种存在的社会现实。正如杰弗瑞·戈德比指出的，"每一种文化都'发明'着休闲，每一个时代也是如此"[②]。休闲最早的文字表达是希腊语"Schole"，暗含主动学习之意（不断发现的生活及自由选择）；在汉语释义中，"休"乃"人依木而息"，"闲"指道德、法度，有约束限制之意。在休闲的定义中，权威定义当属美国《里特莱辞典》中对休闲的诠释：离开正规的业务，在正规的时间里进行娱乐和活动[③]。《休闲宪章》中对休闲问题的理解是：建立于闲暇时间基础之上的行为情趣，目的是获得一种愉悦的心理体验与满足[④]。休闲研究鼻祖托斯丹·凡勃仑（Thorstein Veblen）把休闲定义为"非生产性的时间消费"。杰弗瑞·戈德比对休闲的定义是"一种消遣型的个人活动，其表达型意义高于工具型意义"[⑤]。约

[①] 袁方. 社会研究方法教程[M]. 北京：北京大学出版社，2004.
[②] 宋瑞，杰弗瑞·戈德比. 寻找中国的休闲——跨越太平洋的对话[M]. 北京：社会科学文献出版社，2015.
[③] 郭鲁芳. 休闲学[M]. 北京：清华大学出版社，2011.
[④] 马勇，周青. 休闲学概论[M]. 重庆：重庆大学出版社，2008.
[⑤] 约翰·凯利. 解读休闲：身份与交际[M]. 曹志建，李奉栖，译. 重庆：重庆大学出版社，2011.

瑟夫·皮珀认为，休闲是心灵的一种状态。我国休闲研究专家马慧娣对休闲的理解为：休闲是人生命的一种形式，一方面消除体力上的疲劳，另一方面获得精神上的慰藉。综上，中外学者对休闲的理解主要集中于三个维度：时间、活动和心理状态。休闲可以被理解为个体在自由时间里以愉悦身心为导向的一个发展自我、实现自我的过程。

（二）生态文明：一种更高级的文明形态

"生态"一词源于古希腊语"Οικος"，原意指"住所"或"栖息地"。19世纪中期以来，"生态"一词涉及的范畴越来越广，人们往往用"生态"来形容美好的事物，如健康的、和谐的事物等。汉语"文明"一词最早出自《易经》，《乾·文言》中曰"见龙在田、天下文明"。英文"文明（Civilization）"一词源于拉丁文"Civis"，意思是城市的居民。简而言之，文明是指人类社会的开化程度和整体进步状态。从人类历史发展来看，文明是人类改造世界的物质和精神成果的总和，是人类社会进步的象征。生态文明是由生态和文明两个概念组成的复合概念。生态文明是人类为保护和建设美好生态环境而取得的物质成果、精神成果和制度成果的总和，是人与自然、环境与经济、人与社会和谐共生的社会形态[1]。生态文明建设的出发点是尊重自然、顺应自然、保护自然，终极目标是建立人与自然、人与人、人与社会和谐共生的生态运行机制和良好生态环境。生态文明是指人类在经济社会活动中，遵循自然发展规律、经济发展规律、社会发展规律、人的发展规律，积极改善和优化人与自然、人与人、人与社会之间的关系，为实现经济社会的可持续发展所做的全部努力和取得的全部成果[2]。

（三）休闲体育：更加积极健康的休闲方式

休闲体育的产生是与休闲发展同步的，休闲体育作为休闲的一种手段，其功能到21世纪才凸显出来，并受到学者的关注。休闲体育是一个"休闲+体育"的复合概念，休闲蕴含着闲暇、放松与愉悦，体育代表着运动、拼搏与超越，休闲体育兼具二者的本质特征与功能效用。关于休闲体育的概念，既有哲学抽象的定义（借助运动项目的本性张扬与情感宣泄，感知自我真实的存在[3]），又有从时间和形式上的定义（在相对自由的社会条件下，人们自愿选择参与的各种体育活动

---

[1] 王春益. 生态文明与美丽中国梦[M]. 北京：社会科学文献出版社，2014.
[2] 沈满洪. 生态文明的内涵及其地位[N]. 浙江日报，2010-05-17（7）.
[3] 詹华宁. 休闲体育内涵辨析[J]. 体育学刊，2011，18（5）：38-42.

的统称）[1]，还有从心态入手的定义（在自我完善的自觉态度下，积极享受体育活动乐趣的一种体育方式）[2]。对休闲体育概念的界定，不仅要从时间上、心态上进行，还要从活动方式上全面把握。休闲体育是人们在闲暇时间里以休闲为目的进行的体育活动。对于参与者来说，休闲体育活动是表达性意义的活动而非工具性意义的活动[3]。闲暇时间是基础，自我发展是动机，休闲放松是目的，体育活动是手段。

（四）城市休闲体育：对城市发展价值诉求的迎合

"城市病"的暴发给城市化进程敲响了警钟，同时也严重威胁人体健康，参与休闲体育是城市居民应对"城市病"的手段。后工业化时期，城市从以生产为核心的功能转化为以优化居民生活为核心的功能，城市休闲体育迎合了当下城市发展的功能价值诉求，顺应了"城市，让生活更美好"的发展趋势。城市休闲体育对休闲体育参与人群进行了范围限定，以区别于农村休闲体育。在此基础上，城市休闲体育是指城市居民在闲暇时间主动参与的，以休闲娱乐为主要目的的，以满足美好生活追求、发展完善自我为方向的一种健康科学的身体活动方式。

（五）城市休闲体育供递系统：健康发展的运行保障

系统理论认为，一个系统中可能包含很多子系统，而该系统也可以嵌入其他更大的系统之中，成为那个更大系统中的一个子系统[4]。城市休闲体育供递（City Leisure Sports Supply-delivery，CLSS）系统是城市大系统中的一个子系统，与城市大系统中经济、文化、生态、社会等子系统相互影响、相互作用，共同促进城市系统的健康运行。城市休闲体育供递系统可以被理解为：在城市特定的经济、社会、生态、空间背景下，以城市环境为依托，通过运行动力将供给侧和需求侧联结在一起，形成的一个自然—经济—文化—社会的复合系统。

---

[1] 卢锋. 休闲体育概念的辨析[J]. 成都体育学院学报，2004，30（5）：32-34.
[2] 于涛. 余暇体育？还是休闲体育？关于LeisureSport概念和定义的批判性回顾[J]. 天津体育学院学报，2000，15（1）：32-35.
[3] 《休闲体育概论》组编写. 休闲体育概论[M]. 北京：北京体育大学出版社，2013.
[4] 德内拉·梅多斯. 系统之美：决策者的系统思考[M]. 邱昭良，译. 杭州：浙江人民出版社，2012.

二、理论基础

（一）系统论

系统是指若干要素以一定结构形式联结在一起，构成的具有某种功能的有机整体。系统论作为一门科学，最早是由生物学家贝塔朗菲（Bertalanffy）在1932年创立的，对一个系统来说，要素、内在联结和目标是必不可少的。一个大系统往往包含很多子系统，子系统又可以被分解成更多、更小的子系统。系统通常具有自组织的特性，对于大部分冲击力都有一定的免疫力。根据系统论原理，城市休闲体育是一个由要素、联结和目标构成的供递系统，供给、需求和环境是城市休闲体育供递系统的基本要素，运行是联结基本要素的动力系统，以实现城市休闲体育的蓬勃发展。城市休闲体育供递系统又是城市大系统中的一个子系统，会受到城市其他子系统的影响和限制。

（二）城市空间结构理论

最早的城市空间结构理论框架是由国外学者费利（Felly）在20世纪60年代提出的，他认为城市空间结构包括文化价值、物质环境和功能活动三种要素。城市空间结构表现为形式和过程两个方面，城市空间结构的形式是指物质要素和活动要素的空间分布；城市空间结构的过程则是指要素之间的相互影响，表现为各种交通流。相应地，城市空间被划分为"静态活动空间（Adapted Space）"（如建筑）和"动态活动空间（Channel Space）"（如交通网络）[1]。学者以此为理论基础，构建了城市休闲体育的空间结构（物质空间、行为空间）[2]。城市休闲体育空间的合理布局与规划是对城市休闲体育活动空间的延展，是对发展空间的开拓。

（三）环境行为学理论

环境行为学是一门从心理学视角研究个体与他们所处的环境之间的相互作用的科学[3]。19世纪末盛行的环境决定论，是由德国地理学家拉采尔（Ratzel）提出

---

[1] 蔡玉军，邵斌，魏磊，等. 城市公共体育空间结构现状模式研究——以上海市中心城区为例[J]. 体育科学，2012，32（7）：9-17.
[2] 王茜. 城市休闲体育空间结构合理性评价体系的构建[J]. 体育科技文献通报，2015，23（3）：30.
[3] 滕瀚，方明. 环境心理和行为研究[M]. 北京：经济管理出版社，2017.

的，他在《人类地理学习》中指出"地点的物质因素，决定了当地人民的活动"[1]。1969年美国出版 Environment and Behavior（《环境与行为》）期刊，这标志着该理论开始兴起。对于环境和人之间相互关系的研究，经历了环境决定论（Environmental Determinism）、环境可能论（Environmental Possibilism），最后走向了环境忽然率论（Environmental Probalism）。人与环境之间始终处于一个积极相互作用的过程中，人的行为受环境的影响，同时人的行为也能积极改造环境。依此推断，城市居民的休闲体育行为在一定程度上会受到休闲体育环境的影响，良好的环境会促进城市居民产生休闲体育行为，而较差的环境会在一定程度上制约休闲体育行为，同时城市休闲体育行为也会不断影响休闲体育环境。

（四）休闲限制理论

刘慧梅把制约个体休闲偏好和休闲参与的影响因素归纳为个人限制、人际限制和结构限制三类[2]，这些因素具有一定的层级关系，并且对休闲参与的制约程度和制约性质不一样。个人限制因素和人际限制因素是"先在性的（Antecedent）"，结构限制因素则是"扰动性的（Intervening）"[3]。休闲限制因素对休闲参与具有（消极）影响[4]，但并非起决定性作用[5]。"协商（Negotiation）"和动机则可以起到调节作用[6]，替代休闲方式，甚至提升个体的休闲体验感知[7]。休闲体育作为休闲的一种手段，同样会受到来自个人、人际和结构方面的限制。休闲体育限制因素具有明显的个体差异，并且不同休闲体育限制因素与休闲体育参与行为有直接关系[8]。

---

[1] PORTEOUS J D. Environment&Behavior: Planning and everyday urban life[M].Addison Boston: Wesley Publishing Company, 1977.

[2] 刘慧梅. 城市化与运动休闲[M]. 杭州：浙江大学出版社，2014.

[3] RAYMORE L. Facilitators to leisure[J].Journal of leisure research, 2002, 34 (1): 37-51.

[4] KAY T, JACKSON G. Leisure despite constraints: The impact of leisure constraints on leisure participation [J].Journal of leisure research, 1991, 23 (4): 301-313.

[5] SHAW S, BONEN A, Mccabe J. Do more constraints mean less leisure? Examining the relationship between constraints and participation[J].Journal of leisure research, 1991, 23 (4): 286-300.

[6] MCCALLUM C S, ROBERTSON B J, MORRISON K S. Understanding constraints younger youth face in engaging as volunteers[J].Journal of park and recreation Administration, 2009, 27 (4): 17-37.

[7] HUBBARD J, MANNELL R C. Testing competing models of the leisure constraint negotiation process in a corporate employee recreation setting[J].Leisure sciences, 2001, 23 (3): 145–163.

[8] 邱亚君，许娇. 女性休闲体育限制因素特点及其与行为的关系研究[J]. 体育科学，2014，34（1）：75-82.

第五节 研究对象与方法

一、研究对象

本书以城市休闲体育为研究对象，通过调查杭州、武汉、成都居民休闲体育需求特征、休闲体育限制因素和对城市休闲体育供给的反馈，探求城市休闲体育背后的发展逻辑和内在的发展规律，以推动城市休闲体育发展。

二、研究方法

（一）文献研究法

通过查阅改革开放以来发行的《人民日报》《光明日报》等报刊，以及国民经济和社会发展统计公报、政府工作报告、城市工作会议报告和休闲、旅游、体育等方面的法律法规，采用政府职能部门权威公告或报告中的数据。通过中国知网、Emerald 外文数据库、ProQuest 学位论文全文数据库、EBSCOHost、Wos 数据库和图书馆查阅大量生态文明、城市发展规划、休闲体育等方面的期刊文献、博士论文和书籍，为本研究提供理论基础和研究思路。

（二）系统分析法

城市休闲体育是一个集城市、文化、体育、休闲等为一体的复杂系统，因此在研究和解决城市休闲体育问题时，必须具有整体观点、开放思维。进行休闲体育研究时，必须考虑城市休闲体育的各组成要素及它们相互之间的关系，进行总体的、系统的分析研究，形成关于城市休闲体育的可行的基本理论和有效的发展构想。

（三）访谈法

通过深度访谈和观察，了解城市发展、当地传统文化、休闲体育赛事与节庆活动、公共服务供给、资源环境等方面的情况，挖掘城市休闲体育发展的内在机理和动力支撑。首先，根据研究问题和研究内容编制与修订调查问卷（见附录一）。其次，确定访谈对象，访谈分为专家访谈和居民访谈两部分。专家访谈对象包括当地体育局、文化旅游局相关领导和高校城市规划领域、休闲体育领域、旅游文化领域的知名专家学者（表 1-3）。居民访谈对象包括当地的社区领导、工作人员和一般居民，每个案例城市抽取 20 位居民（共 60 位），进行深入访谈工作。最后，联系访谈对象，沟通访谈内容，确定访谈的时间和地点，逐步实施访谈方案。

表 1-3 专家学者基本情况

姓名	职称或职务	工作单位	备注
PXQ	教授，党委副书记（曾任）	浙江大学	博士生导师
ZRF	局长兼党委书记（曾任）	杭州市体育局	博士生导师
LP	教授（浙江省休闲学会副主席）	杭州师范大学	博士生导师
ZLJ	教授（教育与健康学院副院长）	浙江大学	博士生导师
LYH	教授（城市规划中心副主任）	浙江大学	博士生导师
JSW	党组书记、主任	杭州研究院	
LHM	教授	浙江大学	博士生导师
WXF	副编审	武汉体育学院	硕士生导师
CYX	教授	华中师范大学	博士生导师
CG	副教授（经济管理学院副院长）	武汉体育学院	硕士生导师
YSM	群体处处长	武汉市体育局	
ZLX	科长	武汉市青山区文体局	
DCF	科长	武汉市东西湖区文体局	
LY	巡视员	成都市体育局	
LF	教授	成都体育学院	硕士生导师
YQ	副教授	成都体育学院	硕士生导师
WH	科长	成都市体育局机关党委	
FW	文化产业处处长	成都市文化局	

（四）问卷调查法

问卷调查法又称"书面调查法"或"填表法"，是通过向被调查者发出简明扼要的征询单（表），请其填写对有关问题的意见和建议来间接获得材料和信息的一种方法。本研究问卷发放对象是三个案例城市（杭州、武汉、成都）建成区的居民，根据需要对三个案例城市进行了分段抽样调查。具体流程与方案如下。

（1）调查问卷的编制与修订。根据研究目的和研究内容，严格按照调查问卷设计的原则和要求，确定调查问卷的类型、结构与内容，结合专家的意见反馈进行调查问卷的多次修订，最终形成正式的调查问卷。制定参考如下：《休闲体育与休闲城市建设互动关系研究调查问卷》（郭修金，2012）、《休闲体育行为发展阶段动机和限制因素调查》(邱亚君,2009)、《城市化与运动休闲参与关系的调查问卷》(刘慧梅,2014)。内容涵盖如下:基于人口统计学变量的个体基本情况;依据需求动机和行为限制理论内容了解城市居民的休闲体育参与现状和行为限制;城市休闲体育供给情况和环境满意度评价。

(2)调查问卷的信效度检验。效度检验如下:采用专家效度评定法,在旅游、休闲、体育、休闲体育领域选取相关专家(表1-4),主要以教授、博士生导师为主,对调查问卷内容进行效度检验。效度检验结果显示,20%的专家认为其非常有效,80%的专家认为其比较有效(表1-5)。信度检验如下:采用重测法,在每个城市选取20名居民(共60名居民),间隔2周时间,计算每个问题两次测量结果的一致性。根据 $R = S/(m \cdot n)$,得出调查问卷的信度系数 R 为0.796(S=2627;m=60;n=55),证明信度系数值趋于良好,达到了综合性调查问卷可使用的程度(表1-6)。

表1-4 调查问卷效度检验专家情况

序号	专家姓名	职称	研究方向	效度反馈	其他
1	LH	教授	体育旅游	比较有效	博士生导师
2	ZGH	教授	体育文化	非常有效	博士生导师
3	ZJK	教授	公共体育服务	比较有效	博士生导师
4	DEW	教授	休闲与旅游	比较有效	博士生导师
5	CYZ	教授	体育理论	比较有效	硕士生导师
6	LP	教授	休闲体育	非常有效	博士生导师
7	ZLJ	教授	休闲与体育	比较有效	博士生导师
8	LHM	教授	休闲与城市	比较有效	博士生导师
9	LYH	教授	城市发展与规划	比较有效	博士生导师
10	LF	教授	休闲体育	比较有效	硕士生导师

表1-5 调查问卷效度的专家评定结果情况

问卷效度	人数/人	比例/%
非常有效	2	20
比较有效	8	80
一般	0	0
不够有效	0	0
完全无效	0	0

表 1-6 调查问卷样本重测一致度及信度系数值

问卷题号	样本量	一致的样本	一致度	问卷题号	样本量	一致的样本	一致度
1	60	60	100	29	60	54	90
2	60	60	100	30	60	52	87
3	60	60	100	31	60	50	83
4	60	56	93	32	60	50	83
5	60	56	93	33	60	46	77
6	60	54	90	34	60	42	70
7	60	35	58	35	60	46	77
8	60	40	67	36	60	48	80
9	60	48	80	37	60	45	75
10	60	54	90	38	60	45	75
11	60	30	50	39	60	47	78
12	60	54	90	40	60	50	83
13	60	50	83	41	60	50	83
14	60	52	87	42	60	51	85
15	60	54	90	43	60	48	80
16	60	52	87	44	60	47	78
17	60	42	70	45	60	38	63
18	60	48	80	46	60	42	70
19	60	32	53	47	60	42	70
20	60	24	40	48	60	54	90
21	60	48	80	49	60	54	90
22	60	48	80	50	60	46	77
23	60	50	83	51	60	46	77
24	60	52	87	52	60	42	70
25	60	54	90	53	60	42	70
26	60	54	90	54	60	40	67
27	60	45	75	55	60	50	83
28	60	48	80				

（3）问卷调查的工作实施。作者对三个案例城市的居民休闲体育行为进行了调查研究，基于各区经济发展水平（分为高、中、低三个层次），按照"市一区一

街道—社区"的"3—3—4—5—20"(即3个城市,每个城市有3个区,每个区有4个街道,每个街道有5个社区,每个社区有20个居民)路线进行了样本抽取并确定了最终样本量,共发放调查问卷3600份,回收调查问卷3425份,剔除无效调查问卷后获得3242份有效调查问卷,有效回收率为90.06%(表1-7)。

表1-7 城市休闲体育调查城区调查问卷分布情况

城市	分区	频数/份	比例/%	频数合计/份	比例合计/%
杭州	余杭区	375	33.2	1128	34.8
	上城区	373	33.1		
	江干区	380	33.7		
武汉	武昌区	348	32.8	1059	32.7
	东西湖区	365	34.5		
	青山区	346	32.7		
成都	金牛区	369	35	1055	32.5
	双流区	338	32		
	郫都区	348	33		

调查样本的基本人口社会学信息(表1-8)呈现如下:①在城市方面,杭州的调查问卷有效回收率最高,达到34.8%,武汉和成都的调查问卷有效回收率分别为32.7%和32.5%。②在性别方面,女性略多于男性,虽然偏离于全国男多女少的现状,但成都市统计局数据显示,截至2014年年底,在成都市户籍人口中女性比男性多5.8万人。因此,男女比例与调查城市的人口现状基本吻合。③在年龄方面,调查样本主要集中在18~59岁,兼顾老年群体和青少年群体,基本与所在城市的人口年龄比例吻合。④在学历方面,从小学到大专或本科的人口比例直线上升,大专或本科学历的为主要群体,达44.5%,占据整体样本的近一半比例。⑤在职业身份方面,不同职业比例较为相近,企事业、商业/服务业、自由职业、退休人员和学生为主,其他职业的较少。⑥在年收入方面,主要集中在3万元以下和3万~8万元这个区间,年收入在8万元以上的群体仅占27%,符合所在城市的整体经济发展情况。

表 1-8　城市休闲体育调查样本的基本人口社会学信息

项目	统计指标	频数	比例/%	项目	统计指标	频数	比例/%
城市	杭州	1128	34.8	职业身份	政府/事业单位	447	13.8
	武汉	1059	32.7		企业工作人员	707	21.8
	成都	1055	32.5		商业/服务业	513	15.8
性别	男	1508	46.5		自由职业	436	13.4
	女	1734	53.5		退休人员	488	15.1
年龄	18 岁以下	82	2.5		学生	417	12.9
	18~30 岁	774	23.9		军人	14	0.4
	31~44 岁	1264	39.0		无业失业	64	2.0
	45~59 岁	688	21.2		其他	156	4.8
	60~74 岁	387	11.9	年收入	3 万元以下	1089	33.6
	75 岁及以上	47	1.4		3 万~8 万元	1275	39.3
学历	小学及以下	132	4.1		8 万~15 万元	513	15.8
	初中	491	15.1		15 万~30 万元	301	9.3
	高中/中专	901	27.8		30 万~50 万元	30	0.9
	大专或本科	1444	44.5		50 万元以上	34	1.0
	研究生及以上	274	8.5				

（4）调查问卷的统计与分析。运用 SPSS21.0 统计软件对回收的调查问卷进行统计处理，对城市居民休闲体育的需求表达与行为限制、城市休闲体育的供给情况和环境满意度进行统计分析，以客观、真实地反映城市居民的休闲体育行为需求与城市休闲体育供给和环境满意度之间的内在联系。

（五）个案研究法

个案研究法是社会学中常用的一种研究方法，是指对某个特定的社会单位做深入细致的调查研究。个案研究法往往采用有目的抽样的方式，如代表性个案抽样、关键个案抽样、极端型个案抽样、综合抽样等。本研究基于代表性个案抽样，选取杭州、武汉、成都三个田野调查点，历时 1 年半深入三市进行调查研究。

第一章 导　论

第六节　个案说明

选取杭州、武汉、成都三个城市进行代表性个案研究，其代表性主要有以下几点。

一、杭州、武汉、成都是我国休闲城市的代表

杭州被誉为"东方休闲之都"，并获得"中国十大休闲城市"（2007年）、"中国特色休闲城市"（2010年）、"中国最美休闲城市"（2010年）、"全球十大休闲范例城市"（2011年）、"中国最佳休闲城市（2012年）"、"中国十大最佳休闲城市"（2013年）、"中国十大活力休闲城市"（2016年）、"中国旅游休闲示范城市"（2016年）、"中国十大品质休闲城市"（2019年）等多项殊荣。杭州已成为中国式休闲城市的典范。截至2021年杭州已举办5届世界休闲博览会，足见杭州已成为"休闲之都"。

武汉也迎来了休闲时代，荣获"2014中国十大特色休闲城市""全国旅游标准化示范城市""国家智慧旅游城市试点城市"等称号，并于2017年成功跻身首批"中国旅游休闲示范城市"之列。"汉味休闲"的顶层设计在不断塑造武汉独特的城市休闲品位。《武汉市全域旅游大发展三年行动计划（2018—2020）》的发布使武汉建设国家旅游休闲示范城市的举措被纳入科学化、规范化、可持续发展的轨道。武汉先后获批"全国旅游标准化示范城市"和"国家智慧旅游试点城市"。《2022中国城市休闲化指数》报告发布，其中武汉位居全国城市休闲化指数第十名。

素有"天府之国"美誉的成都，在2003年明确提出打造"休闲之都"城市品牌，先后被评为"中国十大休闲城市"（2007年、2010年、2013年）、"中国最佳休闲城市（2012年）"、"中国十大活力休闲城市"（2016年）、"中国十大品质休闲城市"（2017年）、"中国旅游休闲示范城市"（2016年、2017年）、"中国十大品质休闲城市"（2019年）等。休闲已经成为成都人特有的一种生活方式，并渗透到每个成都人的骨子里。

二、杭州、武汉、成都是我国东、中、西部城市的典型代表

在经济发展方面，杭州、武汉、成都代表了我国东、中、西部地区不同的经

济发展水平，呈现出阶梯状（图1-4）。但相同之处是三市的经济生产总量均位于我国东、中、西部城市的首位。2021年，杭州和武汉人均GDP均超过2万美元，成都人均GDP接近2万美元，具备了城市休闲体育发展的经济基础。

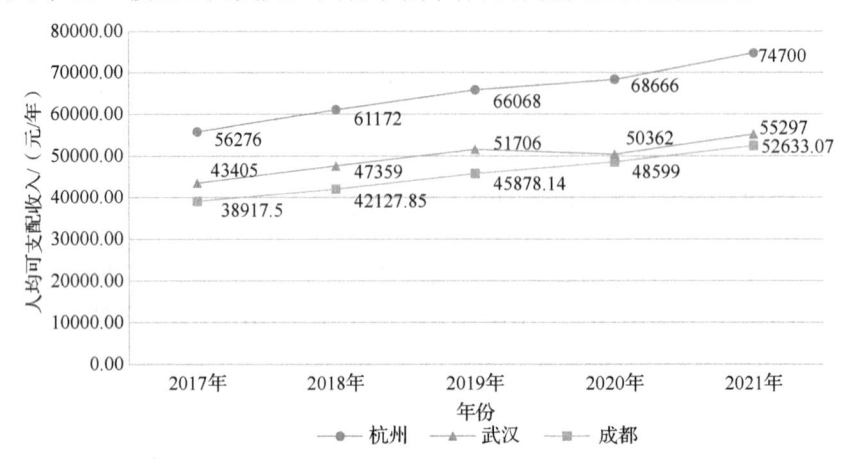

图1-4　2017—2021年杭州、武汉、成都城镇居民人均可支配收入对比

（数据来源：杭州、武汉、成都三市国民经济与社会发展统计公报。）

在地理位置上，杭州、武汉、成都分别位于我国的东、中、西部，并具有几何居中和较强辐射能力的特征。几何居中与辐射能力代表城市的中心性，用以衡量一个城市的影响力。杭州位于浙江东北部，属东南沿海城市，是长江三角洲重要中心城市。优越的地理环境使杭州具有较强的城市聚集能力，对周边城市的辐射力和影响力迅速延伸。武汉位于中国的中部地区，在中国经济地理中，武汉处于中心位置，自古就有"九省通衢"的美称。成都地处我国西南和西北地区之间，处于地理上的东、西部地区过渡地带，成为重庆、西安、兰州、昆明、贵阳等西部中心城市的几何中心。

三、杭州、武汉、成都是我国最具休闲传统的城市代表

休闲，在杭州古来有之，是这座城市的基因。从吴越文化到南宋文化，塑造了杭州独特的休闲传统。周密在《武林旧事·卷3·西湖游幸》中描绘了杭州的山水文化和市民休闲的图景："西湖天下景，朝昏晴雨，四序总宜。杭人亦无时而不游，而春游特盛焉。"[1]这表明杭州是一个美丽富庶、闲致优雅的城市，自古具

---

[1] 周密. 武林旧事[M]. 钱之江，校注. 浙江：浙江古籍出版社，2011.

有悠闲、安逸、自在的特质。可以说，杭州是国内休闲传统最为深厚浓郁的城市之一。

荆楚文化之都——武汉，地处两江四岸，三镇鼎立，有着"江城"的别称。荆楚文化源远流长、生机勃发，其代表人物是屈原、老子和庄子。屈原的《楚辞》和庄子的《庄子》是荆楚文化的代表作，开创了我国浪漫派文学的先河[①]。伟大诗人屈原创作了千古绝唱《离骚》，荆楚大地诗人辈出，"惟楚有才"的传统一直传承至今。在老子、庄子道家哲学的影响下，在"道法自然"哲学精神的潜移默化下，崇尚自然、喜欢逍遥自在融进了武汉人的价值观中，休闲便成了武汉主要的文化传统之一。

成都在文化魅力上自有非同凡响之处。在巴蜀文化的深远影响下，成都人形成了休闲文化传统。休闲是成都重要的文化性格，休闲生活是成都人的基本常态。成都自秦汉时期便形成了一种闲适享乐的生活方式，如《汉书》中云："巴蜀有江水沃野，山林竹木、蔬食果食之饶，民食稻鱼，亡凶年忧，俗不愁苦，而轻易淫佚。"[②] 元代的费著在《岁华纪丽谱》中也写道"成都游赏之盛甲于西蜀，盖地大物繁而俗好娱乐"，并详细记载了成都一年中的各种游乐盛况。俗尚游乐是巴蜀人的一大特点，以成都而论，全年的固定游乐活动就有 23 次之多，游江、游山、游寺或游郊野，往往是群体出游，从而形成了以休闲为主要特色的生活方式。

四、杭州、武汉、成都是生态建设和全民健身的典范

杭州历来有"上有天堂，下有苏杭"之美誉，杭州美景世人皆知。在生态文明建设和全民健身方面，杭州也一直走在前列。杭州荣获"国家环境保护模范城市"称号，体现了杭州"环境立市"的城市发展战略，也充分体现了国家对杭州生态建设工作的认可。2016 年 8 月，杭州通过国家生态市创建考核验收，成为中国省会城市中首个"国家生态市"。2011 年，杭州推出四条健身步道，每条健身步道都标示有距离和消耗热量。杭州打造的西山游道总长为 107.9 千米，是集生态、野趣、健身、氧吧于一体的养肺健身工程，为杭州居民和外来游客提供了一个健身好去处。杭州最早推出的公共自行车系统，在践行低碳理念基础上促进了全面健身。

武汉又称"水城"，市区内东湖湖水面积为 33 平方千米，几乎为杭州西湖面积的 6 倍，是中国最大的城中湖，丰富的水资源引领了武汉水生态文明建设和以

---

① 晏昌贵. 略论楚文化旅游的开发与建设[J]. 湖北大学学报（哲学社会科学版），1991（3）：63-66.
② 班固. 汉书[M]. 汪川蕻，译. 上海：中华书局，1990.

水为依托的全民健身活动。在生态文明建设方面，2012年，武汉开始修建后官湖郊野绿道，带有郊野骑行专用自行车道和步道，绿道打通四湖岸线，总长为110千米。2016年，武汉市人民政府印发《武汉市水生态文明城市建设试点工作方案》，这标志着武汉在水生态文明建设上走向新高度。全长124千米的武汉东湖绿道，带动了近400千米的绿道网络体系建设，是集生态保护、休闲娱乐、全民健身为一体的生态系统工程。东湖风景区打造了各种健身休闲项目，如水上自行车、水上瑜伽、摩托艇、帆船等项目极大地丰富了武汉居民的生活，激发了全民健身的热情。

成都在生态文明建设方面，于2013年出台《成都市环城生态区保护条例》，于2014年正式启动国家首批生态文明先行示范区建设，于2016年发布《成都市生态文明建设2025规划》，确定投资5619亿元用于生态文明建设，让生态之"魂"引领经济社会发展，同时力求将生态系统打造为"绿色基础设施"，让城市居民共享发展的福利，拥有更多的获得感。成都规划了世界最长的绿道体系——"天府绿道"，全长16930千米，截至2022年年底，累计建成各级绿道近6000千米[①]。白鹭湾湿地、锦城湖、青龙湖、香城湿地等配合娱乐、运动、健身等参与性活动的设施，为成都居民和游人提供了生机盎然、具有多样性的健身休闲的游憩空间。在全民健身方面，成都居民休闲健身方式已悄然向走进自然转变。

---

① 佚名.《公园城市示范区建设发展报告（2022年）》发布[EB/OL].（2023-04-26）[2023-08-03]. http://news.Sohu.com/a/670607778.362042.

第二章 城市变迁中的休闲印迹找寻

第一节 城市：永不停息的发展脚步

一、回溯：城市发展的历史回忆

（一）城市概述

1. 城市概念界定

城市是人类社会发展进步的产物，是人类从野蛮向文明演进的重要标志[1]。人类大多数伟大的文明都是在城市里产生的，可以说城市不仅抒写着人类文明史的辉煌与繁荣，还记载着社会不断发展更迭中的芜杂与疮痍[2]。人类社会发展的车轮推动着城市不断更新变迁，从原始社会到中华人民共和国成立再到21世纪新时代，城市发展经历了萌芽与雏形、发展与繁荣、转折与借鉴、转型与创新的演进过程。进入21世纪，城市发展日新月异，成为国家实力的重要支撑。

关于城市的概念界定，因国家和时代不同而有所不同。综合起来，城市的概念一般是基于不同学科和专业的角度得出的（表2-1）。城市既是一个历史的概念和空间的地理概念，又是一个涉及政治、经济、文化等方面的综合概念，目前学界仍没有一个公认的城市概念[3]。基于国内外不同学者从不同学科角度对城市概念的界定，可以认为城市是人类文明的产物，是以非农业产业和非农业人口集聚形成的较大区域空间，是国家和地区的政治、经济、文化、教育、金融、通信的集聚中心，是城市各要素有机结合的复杂巨系统。

---

[1] 刘易斯·芒福德. 城市发展史——起源、演变和前景[M]. 宋俊岭, 倪文彦, 译. 北京：中国建筑工业出版社, 1989.

[2] 李孝聪. 中国城市的历史空间[M]. 北京：北京大学出版社, 2015.

[3] 何一民. 中国城市史[M]. 武汉：武汉大学出版社, 2012.

表 2-1 国内外有关城市定义的梳理

学科角度	代表人物	定义
经济学	巴顿（Patton）（英）	城市是一个坐落在有限空间内的各种经济市场（住房、劳动力、土地、运输等）相互交织在一起的网状系统[1]
社会学	沃斯（Wirth）（美）	城市是由不同的异质个体组成的一个相对大的、相对稠密的、相对长久的居住地[2]
地理学	奥井复太郎（日）	城市是辽阔区域上的核心地区，是整个国土上的中心地点[3]
考古学	张光直	城市最初出现在中国古代聚落形态史中，由一系列的标志物构成，包括夯土城墙、战车、兵器、宫殿、宗庙与陵寝、祭祀法器与祭祀遗迹、手工业作坊；聚落布局在定向与规划上的规整性[4]
系统学	钱学森	城市是一个以人为主体，以空间利用和自然环境利用为特点，以集聚经济效益、社会效益为目的，集约人口、经济、科学、技术和文化的空间地域大系统[5]
文化学	刘易斯·芒福德（Lewis Mumford）（美）	城市不只是建筑物的集合体，更是各种密切相关的经济体相互影响的各种功能的集合体，它不仅是权力的集中，还是文化的归集
人口学	徐学强	城市是有一定人口规模，并以非农业人口为主的居民集聚地，是聚落的一种特殊形态[6]
城市学	董增刚	城市是大量人口和非农产业活动在较大地域空间的集聚，是对社会生活起重要作用的人居中心，是人类为满足自身生存和发展需要而创造的人工环境的高级形式[7]

2. 城市本质特征

英国考古学家戈登·柴尔德（Gordon Childe）根据大量考古城址抽象概括出城市应具有的特征：限定空间内聚集了相对稠密的人口；行业专门化；财富集中；

---

[1] 谢文蕙，邓卫. 城市经济学[M]. 北京：清华大学出版社，1996.
[2] WIRTH L. Urbanism as a way of life[M]. Chicago: Chicago University Press, 1964.
[3] 王国平. 城市学总论[M]. 北京：人民出版社，2013.
[4] 张光直. 关于中国初期"城市"这个概念[J]. 文物，1985（2）：61-67.
[5] 朱铁臻. 城市现代化研究[M]. 北京：红旗出版社，2002.
[6] 许学强，周一星，宁越敏. 城市地理学[M]. 北京：高等教育出版社，1997.
[7] 董增刚. 城市学概论[M]. 北京：北京大学出版社，2013.

有大型公共建筑；发达的社会阶层等[1]。马克思·韦伯（Max Weber）归纳出城市必须具备的五个特征：防御设施、市场、法院、相关的社团、至少享有部分的公民自治权[2]。城市的重要特点或本质特点是集聚。"集聚"一词出自汉代焦赣的《易林·讼之咸》，意指会合、聚会。集聚只是一个过程或现象，其背后是经济利益，即集聚效益，它是城市形成和不断扩大的基本因素。城市是各种生产要素和生活要素集中的地方，城市集聚了人口、生产、流通、科学、文化、社会活动等要素。城市在集聚过程中与乡村形成了鲜明的对比，二者在社会、经济、文化、建筑、聚落等方面具有差异性。城市与乡村都是人类社会的存在形式。为更深刻地认识城市特征，将其与乡村进行对比是必要的。综合起来，相对于乡村而言，城市具有复杂的社会群体、发达的生产力、先进的思想文化、重要的社会职能、完善的基础设施、庞大的规模等特征。

3. 城市的功能变化

城市功能又称"城市职能"，是指一座城市在国家和地区范围内的社会经济生活中所能发挥的作用和产生的效能。城市的性质和功能因时而变，在历史不同阶段，城市的性质和功能呈现出不同的特点。从史前时期到现代时期，城市经历了从城市雏形到古代城市再到现代城市的变迁。在城市变迁过程中，城市功能也在不断演变，在最初的政治功能、军事功能上不断叠加其他功能，如宗教、文化、经济、交通、信息、科技等功能（图2-1）。现代社会，科技的进步和生产力水平的提高使社会分工精细化、社会生活复杂化、城市功能多样化。一些大型城市既要建设政治中心、经济中心、工业基地、商贸中心、交通枢纽、航运中心，又要作为文化体育中心、教育医疗中心、科技研发中心。所有功能集于一城，产生城市人口骤增、交通拥堵、污染严重、资源短缺、房价过高等一系列城市问题。我们必须对城市进行功能疏解，促进城市间协同发展。

---

[1] 李孝聪. 中国城市的历史空间[M]. 北京：北京大学出版社，2015.
[2] HAROLD C An introduction to urban historical geography [M]. London: E.Arnold, 1983.

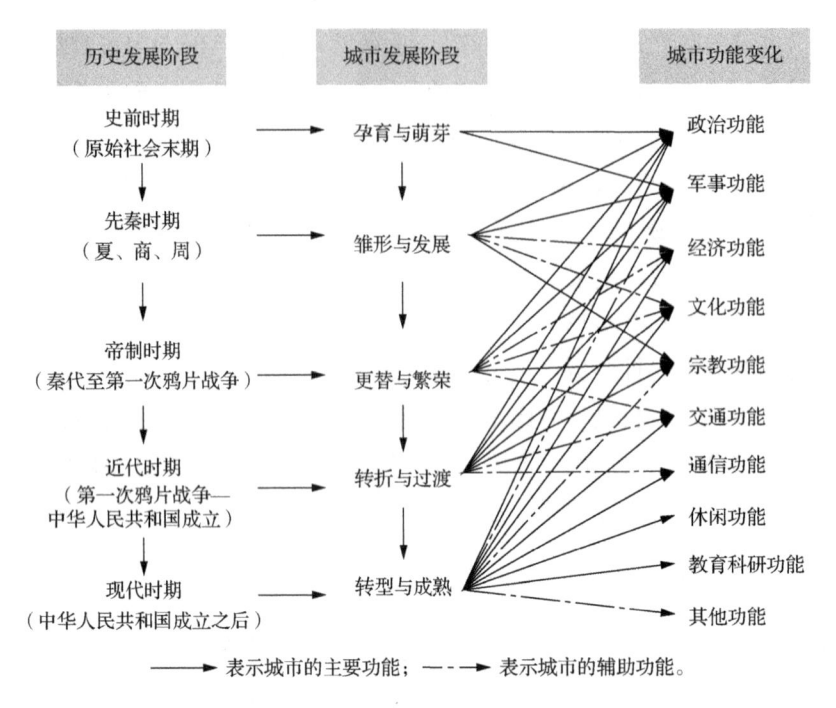

图 2-1 不同历史阶段城市的功能变化

（二）城市发展回顾

城市的起源可以追溯到人类文明的萌芽时代，人类最早的居住地称为聚落。《史记·十二本纪·五帝本纪》中记载："一年而所居成聚，二年成邑，三年成都。"城市从聚落这种低级形式不断发展到高级形式。先秦时期的城市功能是保护奴隶主、奴隶不受侵害，同时作为进行社会管理、社会生产、社会教育的场所。城市的分区为：重要部分是奴隶主及上层统治者的宫殿、住宅区，周围是奴隶的工作区、简陋住地，城的外面分布有墓地[1]。在城市规划上产生了古老的"相土规划"技术，体现了礼制规划思想，并带着原始的祭祀观念。秦汉时期，"象天法地"的规划设计思想与帝王的神鬼迷信思想结合在一起，使城市规划建设在统一中呈现出地方性，使城镇类型有了明显的序列，即都城、县邑、聚庄、鄣塞（军中城堡）[2]。隋唐时期，重新确立了城市的行政等级体系，分为都城—郡治—县治三级。两宋时期商业的繁荣超过了唐代，里坊制逐渐被放弃，代之以市肆商业街的

---

[1] 汪德华. 中国城市规划史[M]. 南京：东南大学出版社，2014.
[2] 何一民. 中国城市史[M]. 武汉：武汉大学出版社，2012.

形式，城市交通更加**繁忙**，水路逐渐发展。元代的城市测量技术已达到很高水平，城市中布置了一种横排式的胡同—街巷—平面格局。明代城市发展较快，城市规划重视工程技术的改造和运用，采用砖砌技术筑城，进行了城池加固。清代城市发展虽无太多建树，但在古典园林的规划建设方面取得了不少成就。清政府于光绪三十四年（1908年）十二月颁布了《城镇乡地方自治章程》，这标志着我国从此开始有了"市"的行政建制，并第一次以法律形式正式将城市与乡镇严格区别开来。民国时期，在城市外扩过程中，古老的城墙造成了交通的不变，于是很多城市将城墙拆掉；在城市规划建设上，有明确的整体规划意图和规划图纸，并进行"功能分区"建设，重视市政工程和公用设施建设。

1979年后，中国城市发展进入了快车道，取得了举世瞩目的成就，城市化水平快速提升。2021年，城市比率达到64.72%（图2-2）。进入21世纪后，我国城市的发展日新月异，中华人民共和国住房和城乡建设部（以下简称建设部）发布的《2016年城乡建设统计公报》（表2-2）中显示：①城市规模在不断扩大。2000年建成区面积为22439.3平方千米，2016年已增至54331.47平方千米。②市政公用设施水平大幅提高，城市服务功能日益增强。供水普及率从2000年的63.9%上升到2016年的98.42%，燃气普及率从2000年的45.4%逐渐增至2016年的95.75%，污水处理率在2016年已达到93.44%。③市政交通设施快速发展。城市道路建设从2000年的人均6.13平方米上升到2016年的15.8平方米，2016年已建成轨道交通的城市有30个，轨道交通线路长度达3586.34千米。④城市绿化稳步发展。由此可以看出，我国城市现代化的发展步伐稳健而有力，已形成了完整的现代城市体系，城市的生产和经济职能转变为城市最重要的功能。城市不仅是一个国家或者地区的政治、经济、文化、科技和教育中心，还是经济增长的强大引擎。

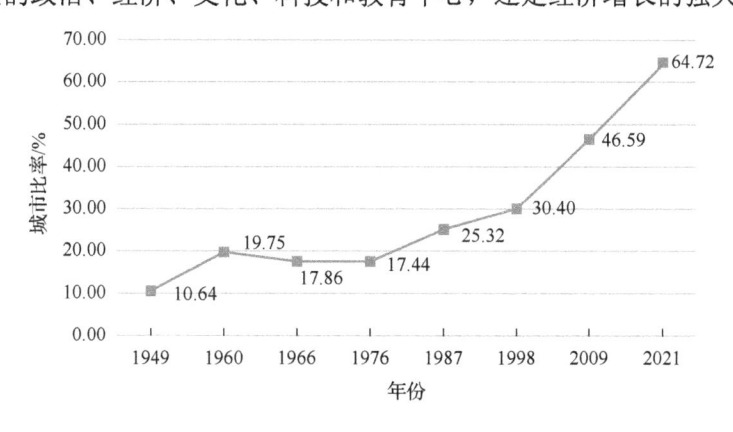

图2-2　1949—2021年我国城市化率趋势

表 2-2　2000—2016 年我国城市建设基本情况

项目	2000 年	2005 年	2010 年	2015 年	2016 年
城市人口/万人	38823.7	35923.7	35373.5	39437.8	40299.17
建城区面积/平方千米	22439.3	32520.7	40058.0	52102.31	54331.47
供水普及率/%	63.9	91.09	96.68	98.07	98.42
燃气普及率/%	45.4	82.08	92.04	95.30	95.75
污水处理率/%	34.25	51.95	82.31	91.90	93.44
建成区绿化覆盖率/%	28.15	32.54	38.62	40.12	40.30
人均公园绿地面积/平方米	3.69	7.89	11.18	13.35	13.70
人均道路面积/平方米	6.13	10.92	13.21	15.60	15.8
建成轨道交通的城市个数/个	4	10	12	24	30
建成轨道交通线路长度/千米	117	444	1428.87	3069.23	3586.34

资料来源：《2016 年城乡建设统计公报》。

二、危机：城市发展的理性思考

城市兴则天下兴，城市稳则天下稳，城市安则天下安。改革开放后，我国城市发展如疾驰的列车，短短 40 多年经历了国外城市近百年的发展历程，城市发生了翻天覆地的变化。高速推进的城市化是国家经济腾飞的引擎，在给国家和城市带来千载难逢发展机遇的同时，也给城市发展带来了诸多问题和挑战，"城市病"问题已严重影响城市居民的生活品质，同时人口膨胀、交通拥挤、环境污染、住房紧张、供水不足、能源紧缺、秩序混乱等问题，给城市的健康有序发展带来了严峻的挑战。亚里士多德曾说："人们为了活着而聚集到城市，为了生活得更美好而居留于城市。"在现实中，城市化在带给居民生活便利的同时也给居民带来了更多的烦恼与压力，偏离了"城市，让生活更美好"的初衷与愿望。

20 世纪初，英国作家狄更斯（Dickens）在《双城记》中提到"那是最美好的时代，那是最糟糕的时代……"，这描述的就是英国的城市化。英国、法国等欧洲国家经过 200 多年才完成城市化，这 200 年间城市出现了污染、拥堵、疾病、贫富严重不均等问题。我国的城市化比较特殊，它是工业化、信息化、全球化、机动化多轮驱动的结果，不但发展速度较快，而且特色鲜明。长期以来，我国城市的建设从属于经济建设，不少三线城市都是围绕一个大工厂、大矿山发展起来的，先有大型国有企业，后有城市。背后的逻辑就是先生产后生活，这些城市的人居环境建设往往比较滞后。有专家粗略估算，我国"城市病"有60%是由污染引发的，有40%是由治理不善引发的，是过去藐视和挑战城市发展规律造成的，其中有知识缺乏和管理体制落后的原因，也有不按照法律办事的问题[①]。"城市病"问题已给城市发展敲响了警钟，要如何治病？如何才能根治"城市病"？这些问题要求我们对城市发展进行严肃的思考，问病寻源，治病寻根。

三、转变：城市发展的方向选择

2015年中央城市工作会议中明确提出"一尊重、五统筹"的方针，突出对城市生活和生态空间的优化，以实现"城市，让生活更美好"的价值诉求。城市是有机的"生命体"，有起源、发展、兴衰，也有人文精神、性格特征、文化意蕴、个性魅力，有其自身发展的内在规律，有着自己的生命信息和"遗传密码"。要缓解并治愈"城市病"，高质量地推进城市化，必须做到有的放矢，从源头、过程和结果全方位全过程地跟进治疗（图2-3）。

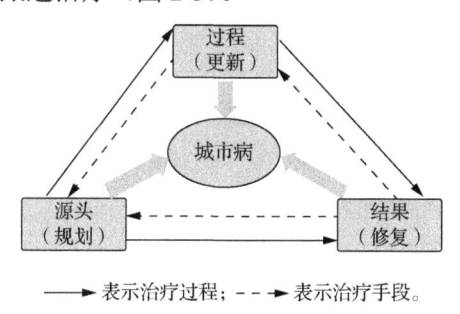

图2-3 "城市病"治疗过程与手段

首先，城市发展，规划先行，着眼于生态效益、社会效益、经济效益并举。这就要求城市规划应该注意三个"尊重"：尊重自然规律，即人与自然、城市与自然和谐相处，在城市建设中顺应自然、保护自然，把城市生态放在最重要的位置并使其贯穿城市的政治、经济、社会、文化建设的全过程；尊重个人利益，即在城市建设中应把个人权益放在首位，不断满足城市居民对美好生活的追求，努力提高居民的生活品质、幸福指数、健康程度；尊重当地文化，传统文化是城市永远抹不掉的记忆，城市空间是不同时代文化的结晶，有文化积淀的城市才是鲜活

---

① 佚名. 仇保兴：城市病已非常突出，不能再"摊大饼"式扩张[EB/OL]. (2017-03-12) [2023-08-03]. http://www.landscape.cn/interview/65115.html.

的、灵动的、有生命力的。

其次，在城市发展过程中不断进行有机更新。城市是一个复杂的巨系统，也是一个生命体、有机体，有自己的生命周期。城市有机更新是对城市出现衰退现象的区域进行拆迁、改造，以及时更新空间功能，使其重新发展和繁荣。但这种拆迁、改造绝不是简单的大拆大建、推倒重来，而是在尊重历史的基础上谋求城市的发展、城市的创新。

最后，对城市发展结果进行修复。"城市双修"是指生态修复和城市修补。生态修复是通过一系列手段恢复城市生态系统的自我调节功能；城市修补是不断改善城市公共服务质量，发掘和保护城市历史文化，以不断地修复、弥补城市功能体系及其承载的空间场所。

源头规划、过程更新、结果修复是针对"城市病"开出的一剂药方，目的是实现"城市，让生活更美好"的目标。在实现城市发展目标过程中，生态、休闲、健康是不可或缺的三个关键要素，也是城市转型发展的方向。

（一）生态——城市可持续发展的核心要素

在环境污染已严重影响居民身体健康的情况下，城市生态的回归和修复成为最紧迫的时代主题。大力开展生态修复，让城市再现青山绿水；以生态促发展，转变城市发展方式；坚持集约发展，树立绿色发展理念，推动城市发展由外延扩张式向内涵提升式转变。

（二）休闲——城市最基本的功能之一

《雅典宪章》中首先指出，城市规划的目的是保证居住、工作、游憩与交通四大功能活动的正常进行。可以看出，休闲既是城市最基本的功能之一，也是人们生活的主要部分，是提升生活品质、拓展生命意义的主要手段。

（三）健康——城市化进程中的最关键元素

无论是对人还是对城市来说，健康都是最基本和最重要的。在"城市病"和"文明病"问题不断凸显的背景下，健康城市被提到了应有的地位，这不仅是摆脱城市化困境的必然要求，也是人们对健康不断追求的结果。

第二节 休闲：城市发展中的文化记忆

一、城市文化中的休闲

休闲植根于文化，因此人们的世界观、价值观、行为方式等都是发展休闲的条件。休闲在文化范畴中是指人在社会必要劳动时间之外，为不断满足多方面需求而采用的一种文化创造、文化欣赏、文化建构的生命状态和行为方式[1]。休闲的价值不在于实用，而在于文化方面。于光远将"玩"的价值总结为："玩是人生的根本需要之一，要玩得有文化，要有玩的文化，要研究玩的学术，要掌握玩的技术，要发展玩的艺术。"[2]休闲是有意义的、非功利性的，它为我们提供一种文化的底蕴，支撑我们的精神。休闲生活绚丽多彩，闲能品茗、闲能饮酒、闲能作画、闲能吟唱、闲能游名胜、闲能交益友……休闲为文化发展提供了重要的养料，休闲在实践中不断创新文化、传承文化、丰富文化、拓展文化，随之形成了丰富多彩、独具特色的休闲文化。

（一）传统休闲文化

我国传统休闲文化源远流长、博大精深，在历史长河中形成了独特的思想体系、表达形式和表现层次。

1. 传统休闲文化的思想体系

传统休闲文化思想是在儒、释、道传统文化的熏陶下逐渐形成发展的。

具体如下：①儒家思想是中国传统文化的主流，是对中国影响最大的思想流派，其核心思想是"仁、义、礼、智、信"，赋予个人一种"先天下之忧而忧，后天下之乐而乐"的社会责任感，以达到"修身、齐家、治国、平天下"的目标。儒家思想认为人际关系离不开五伦（君臣、夫妻、父子、兄弟、朋友），个人是不能脱离社会而生活的。"中和"思想、"以和为贵"是儒家所追求和倡导的。在儒家休闲观念中，注重个人的自我完善和道德修养，不仅强调个人与社会的统一，

---

[1] 马惠娣. 文化精神之域的休闲理论初探[J]. 齐鲁学刊，1998（3）：99-106.
[2] 于光远. 论普遍有闲的社会[M]. 北京：中国经济出版社，2005.

还追求整个社会的闲适与和谐①。②道家思想主张"清静无为","无为"并不是什么都不要做,而是不能凭主观意志去做一些违背自然规律的事情,自己不应该得到的东西就不要去强求。道家思想提倡"天人合一""道法自然",强调人和社会要与自然和谐相处,认为"道"是天地之本、万物之根,"道生一,一生二,二生三,三生万物"(《老子》第四十二章)②。道家休闲观念以"知足常乐""名利富贵淡相忘"为休闲心态,以"返璞归真、回归自然"为最终的休闲归宿。③佛家休闲观念就是放下执念,保持一颗平常心,追求内在自我的不断超越。这种豁达、闲适、洒脱和超然的生活态度与生活方式是一种生存智慧,有助于消除生活中的种种烦恼与不悦,达到内心的安然与自在。

无论是儒家、道家还是佛家,其休闲思想的共同之处是个人内在的自我修炼与提高,以达到豁达、洒脱的生活境界。

2. 传统休闲文化的表达形式

从诗词歌赋到词曲小说,从琴棋书画到品茗论酒,从山水园林到饮食养生,无不渗透着休闲所独有的文化意蕴①。古代由于经济技术落后,休闲娱乐的方式相对来说简单化、日常化、生活化、私人化,归结起来有品茗与文玩等休闲表达方式。

(1)品茗。茶兴于唐而盛于宋,唐代出现的论茶专著——陆羽《茶经》三篇,对饮茶、煮茶有详细的论述。宋代饮茶之风尤为盛行,饮茶内容丰富多彩,分为点茶、分茶、斗茶等形式。饮茶不仅是饭后闲饮,还是一项娱乐休闲活动。范仲淹在《和章岷从事斗茶歌》中写道:"北苑将期献天子,林下雄豪先斗美",描述了斗茶这一游戏娱乐活动。煮茶过程也同样充满悠然自得,陆游写道:"日取供茶鼎,时来掷钓竿"(《方池》),"诗情森欲动,茶鼎煎正熟"(《钓台见送客罢还舟熟睡至觉度寺》);辛弃疾写道:"僧窗夜雨,茶鼎熏炉宜小住"(《减字木兰花》)等③。品茗是闲情使然,也是生活之趣,与客饮茶谈笑,好不快活。

(2)文玩。文玩之风自魏晋以来便有之,至宋代达到鼎盛。琴棋书画、铜鼎钟彝作为文玩进入士人的日常生活中。琴棋书画,又称"文人四友",是文人骚客和名门闺秀修身必备用品,并且与生活关系紧密,表现了惬意闲适的休闲心态。除玉雕之外,宋代的漆器、铜器、金银器、牙角器、木雕、竹刻、印章、碑帖与笔墨纸砚、茶壶等都成为士人与普通市民收藏玩赏的对象,充分体现了休闲文化

---

① 卢长怀. 中国古代休闲思想研究[D]. 大连:东北财经大学,2011.
② 王德胜,陆庆祥. 休闲评论第7辑休闲哲学与文化(1)[M]. 杭州:浙江大学出版社,2014.
③ 章辉. 南宋休闲文化与美学意义[D]. 杭州:浙江大学,2013.

中追求高雅的审美标准[1]。文玩之于士人往往在化俗为雅的过程中宣扬闲情逸致，渗透着人生之思，表现了在享受日常生活体验中的那种雅致与诗意，反映了"玩物适情"的休闲审美心态。

3. 传统休闲文化的表现层次

休闲娱乐是人之本能，是人类的精神需求。休闲活动自古有之，且缤纷多彩、种类繁多，形成了从宫廷到民间不同阶级、不同层次的休闲文化。

（1）宫廷休闲。皇帝对宫廷休闲的推动起到了积极作用，秦始皇巡游形成了历代皇帝巡游的传统，隋炀帝杨广热衷组团出游，数万艘龙舟首尾相连，场面壮观。皇帝喜好休闲的原因，除了乐于休闲的心态，还受其自身文化因素的影响。一些皇帝能文善武、熟谙音律、爱好书法，并喜好诗词创作。唐玄宗李隆基谱写的《霓裳羽衣曲》、南唐后主李煜的诗词、宋徽宗赵佶的工笔花鸟画等闻名天下。宫廷休闲活动内容丰富多彩，既有皇家园林可供赏游，又有形式恢宏的宫廷乐舞；既有舞文弄墨的闲情雅致，又有君臣相欢的赏花钓鱼和宴请活动等。每逢节庆、仪式活动，都会举办宫廷歌舞、百戏杂剧、赏花钓鱼、曲宴诗赋、烟花赏灯等活动，可谓热闹非凡。"奢"与"雅"是宫廷休闲文化最明显的特征，苏轼曾发出"后宫之费，不下一敌国"的感慨。大量文人从政和皇帝多好文艺使得宫廷休闲文化具有尚文的风气、崇雅的气质和审美的情趣。

（2）市民休闲。随着城市的发展，市民阶层也逐渐拥有一定的物质财富和闲暇时间。这一阶层具有独特的价值取向和意志品质。在商品经济的刺激下，休闲成为风尚[2]。田况在《浣花亭记》中记载："人之情，久居劳苦则体勤而事怠，过佚则志荒而功废，此必然之理也。善为劝者节其劳佚，使之谨治其业，而不失休游和乐之适，斯有方矣。"[3]市民休闲文化轻松随意，有勾栏瓦舍、酒楼茶肆等休闲地点；娱乐活动丰富多彩，有弹唱、宫调、杂剧、杂技、相扑、蹴鞠等形式，令人目不暇接；休闲元素更多体现在每年的节日民俗中，正如辛弃疾在《青玉案·元夕》中所写的元宵节灯会的热闹场景："东风夜放花千树。更吹落，星如雨。宝马雕车香满路。凤箫声动，玉壶光转，一夜鱼龙舞。"与宫廷休闲相比，市民休闲具有狂欢性、世俗化和市场化的特征。市民休闲以通俗、粗野、贴近市民生活的方式取悦大众，没有尊卑上下的关系，只有平等娱乐的生命体验。

---

[1] 张法. 美学导论[M]. 2版. 北京：中国人民大学出版社，2004.
[2] 叶朗. 中国美学通史[M]. 南京：江苏人民出版社，2014.
[3] 田况. 浣花亭记[M]. 成都：巴蜀书社，1991.

(二) 现代休闲文化

休闲本身是一种文化、一种人类文明程度的标尺。随着社会发展和经济水平的大幅提升，我国已进入休闲时代。随着西方文化在我国的广泛传播，我国传统文化遭到外来文化的冲击。相异才能相吸、互补、相互启发、共同发展，对外来文化的主动吸纳、消化、融合，是一种明智之举[①]。传统休闲文化在传统文化的自省、自觉、自信、自强过程中与西方休闲文化相互渗透影响、相互吸纳消化、相互融合发展，继而形成了现代休闲文化的体系与结构、特征与功能。

1. 休闲文化体系

在系统论视角下，休闲文化是休闲者在休闲活动中形成的一系列文化现象及其联系。休闲文化体系是由休闲客源地文化环境—休闲主体—休闲介质—休闲客体—休闲目的地文化环境各环节形成的休闲过程及社会文化的聚合[②]。在休闲文化系统中，休闲主体通过跨文化空间的位移与交流，动态连接不同区域，并促进区域文化现象的交互反应。

2. 休闲文化结构

休闲文化结构可分为休闲物质文化、休闲行为文化、休闲制度文化和休闲观念文化四个层面（图2-4）。休闲物质文化是指完成休闲活动所必需的各种场地设施和资源环境等，包括休闲者自身的服饰装备、休闲目的地的场地设施、交通住宿、资源景观、安全保障等，它是休闲活动开展的基础。休闲行为文化是指休闲主体在休闲活动中的需求偏好（心理行为）和行为选择（身体行为）。需求偏好包括行为动机、行为决策、行为限制等心理活动；行为选择就是休闲者的活动方式，如骑马、健身走、登山、下棋等。休闲制度文化是对休闲活动要素（即休闲主体行为、休闲客体提供的设施产品服务和休闲供给者行为）进行约束和调节的社会管理手段，如各种有关休闲的法规制度和管理条例等。休闲观念文化是指休闲主体和休闲供给者的心理认知和心理反应，包括休闲意识、休闲观念、休闲教育及相关的科学知识。

---

① 朱希祥. 当代文化的哲学阐释[M]. 上海：华东师范大学出版社，2006.
② 刘邦凡. 社会休闲与休闲治理[M]. 长春：吉林人民出版社，2014.

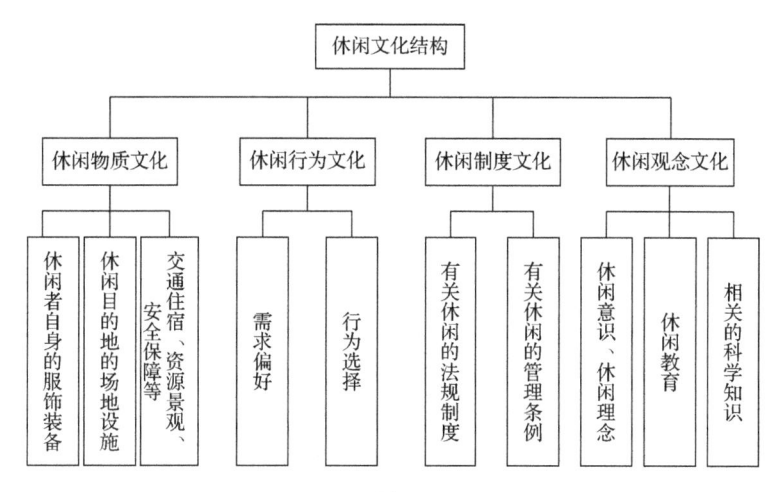

图 2-4　休闲文化结构

3. 休闲文化特征

现代休闲文化最主要的特征表现为以下几个方面。

（1）参与大众化。随着社会的进步，人类进入了普遍有闲的社会，休闲得到普及，迎来了真正意义上的休闲时代。休闲也由原来少数人的休闲转变为大众休闲，参与休闲的人不再有年龄限制、性别限制、阶层限制、地域限制、种族限制等。

（2）形式多元化。随着人们生活水平的提高和闲暇时间的增多，休闲娱乐方式也变得更加多元，既有传统的饮茶、作画、收藏、打扑克、下棋等，又有新兴的打高尔夫球、打保龄球、钓鱼、徒步、游泳等；既有针对青少年、儿童的各类游戏和游乐设施，又有针对中老年人的休闲健身和康疗保养。传统的休闲活动开始复兴，各式各样的西方娱乐休闲方式也受到热捧[①]。

（3）传播广泛化。休闲活动是一个动态的过程，休闲主体的移动使得休闲客源地文化与休闲目的地文化连接在一起，相互影响并形成休闲文化的传播。不同国家、不同地域的休闲文化，随着休闲主体的空间移动而扩散和传播，彼此的文化相互渗透与影响、吸纳与融合，从而推动休闲文化的繁荣与发展。

（4）表现个性化。在对传统休闲文化传承的基础上，现代休闲文化从"独乐乐，不如众乐乐"的休闲观念逐渐转变为更加注重个人化、个性化的休闲。无论是健身、泡吧、看电视、收藏，还是旅游、探险、读书、逛街，都是个性的表达

---

① 宋瑞，杰佛瑞·戈德比. 寻找中国的休闲——跨越太平洋的对话[M]. 北京：社会科学文献出版社，2015.

与自我价值的实现。

在快速变化、高度开放、竞争激烈的现代社会中，追溯中国传统休闲文化根源显得非常重要，但并不是完全复制传统的休闲生活，而是重拾休闲精神[①]。在高楼林立的现代化城市中，人们在紧张快速的生活节奏下对休闲有了新的需求和认识，因此休闲文化呈现出多元共存的状态，且时尚运动型的休闲方式更加受到人们青睐。正如杰佛瑞·戈德比所说："每一种文化都'发明'着休闲，每一个时代也是如此。"

（三）休闲文化之东西方差异与共存

地域、历史、人种、气候等因素造就了东西方文化的差异，而受不同文化熏陶的休闲文化自然也存在东西方差异。休闲文化东西方差异的根源在于文化传承的差异（表2-3），具体如下。

（1）哲学基础的差异。东方的思维方式、东方文化的特点是综合，西方的思维方式、西方文化的特点是分析，用哲学家的语言来说就是西方是一分为二，东方是合二为一[②]。东方文化思想来自儒释道思想的影响与熏陶，儒家的"以和为贵"、道家的"天人合一"、佛家的"慈爱众生"形成了以"和谐共生"为基础的东方休闲思想和观念，不仅注重个人内心的闲适洒脱，还追求人与人之间、人与自然之间、人与社会之间的和谐共处。西方休闲文化来自古希腊和希伯来文化，受到人本主义、理性主义、后现代主义和存在主义等传统思想的影响，形成了关注人、以人为本的西方休闲思想的哲学基础。

（2）休闲价值取向的差异。东方休闲文化重在向内发掘心灵世界，东方休闲主要是为了使内心世界丰富多彩，通过顿悟和神游来与大自然融为一体。西方休闲文化注重向外张扬自我个性，西方休闲价值在于锻炼筋骨、寻求感官的刺激[③]。东方休闲的价值在于修身养性、调适性情、实现心灵的慰藉[④]。西方休闲的价值在于不断征服大自然、挑战自我，在激烈惊险的休闲运动中释放压力、展示生命力量。

（3）休闲状态表现的差异。不同文化形成了"静"与"动"截然不同的休闲方式。东方休闲偏向静态，是具有安静、平和、舒缓、自我陶冶等特点的休闲活动，如养花、钓鱼、坐禅、打太极等；西方休闲偏向动态，是具有冒险性、激烈

---

① 宋瑞，杰佛瑞·戈德比. 寻找中国的休闲——跨越太平洋的对话[M]. 北京：社会科学文献出版社，2015.
② 季羡林. 三十年河东三十年河西[M]. 北京：当代中国出版社，2006.
③ 马勇，周青. 休闲学概论[M]. 重庆：重庆大学出版社，2008.
④ 郭鲁芳. 休闲学[M]. 北京：清华大学出版社，2011.

性、挑战性、富有激情的运动，如拳击、击剑、足球、跳伞、蹦极等。东方休闲追求"采菊东篱下""看庭前花开花落，观天上云卷云舒"的悠然、舒缓、恬淡的心态；而西方休闲追求热情奔放、刺激畅爽，以达到释放生命的目的。

（4）休闲形式表达的差异。数千年的农耕文化培养出东方人内敛的性格特征，形成了以个体或小群体开展休闲活动的特征。打拳、绘画、茗茶、下棋、抚琴、看书、观花、赏鱼等都以个人独自娱乐为主。西方人热爱运动、旅游与冒险，因此西方传统休闲文化以集体活动居多，西方人热衷的休闲运动都是集体项目，如足球、篮球、排球、橄榄球等。大型的体育竞技、节庆活动都是伴随着集体活动而共同开展的。

表 2-3 东西方休闲文化差异比较

因子	东方	西方
哲学基础	儒家思想、道家思想、佛家思想	人本主义、理性主义、后现代主义、存在主义
休闲思想	和谐共生	以人为本
价值取向	调适性情，追求心灵慰藉	个性的张扬，生命的释放
表现形态	偏于静态，以平和舒缓、自我陶冶的休闲项目为主	偏于动态，以冒险激烈、富有激情的休闲项目为主
形式表达	以个体或小群体为主	以集体活动居多

虽然东西方休闲文化存在显著差异，但共融发展是社会内在规律。中国古语云："和实生物，同则不继。"文明是具有多样性的，多样性也是社会的一大趋势，不同生活方式和休闲方式的共存与融合无处不在，就像一个人喜欢喝绿茶，同时也喜欢喝卡布奇诺。东西方休闲文化呈现"你中有我，我中有你"的局面，正如费孝通先生所说"各美其美、美人之美、美美与共、天下大同"。在全球化时代，我们追求的是让每个人用自己的方式享受休闲，这些方式必然是多样的、复杂的、混合的[①]。自由、多元、接纳、共融，正是休闲之魅力所在。

二、城市生长中的休闲变迁

休闲既是生命所需，也是心灵的慰藉，休闲活动伴随着人类社会发展绵延数千年而不衰。追溯休闲的源起，是社会生产力达到一定水平所产生的一种社会需求，而休闲的发展与文明促进、经济繁荣、生产方式变革等密不可分。城市为休

---

① 宋瑞，杰佛瑞·戈德比. 寻找中国的休闲——跨越太平洋的对话[M]. 北京：社会科学文献出版社，2015.

闲的产生与发展奠定了基础，提供了动力与空间。城市发展的不同阶段有着不同的生产力水平、生产生活方式、思想文化，从而产生了处于不同发展阶段的休闲文化、休闲内容与休闲方式等。透过城市的生长脉络，可清晰看到休闲的发展变迁。根据城市的发展历程，休闲发展呈现出以下六个阶段（图2-5）。

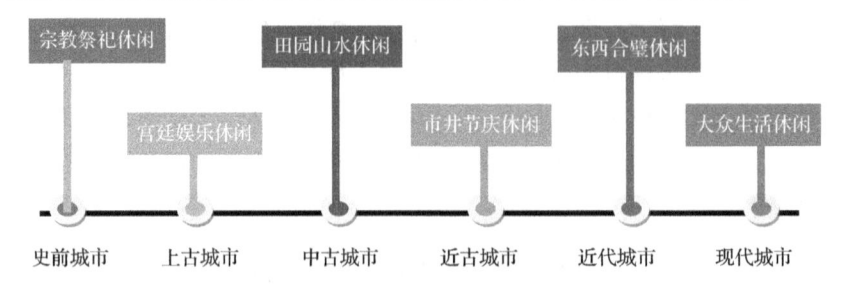

图 2-5　城市发展与休闲变迁演变

（一）史前城市：宗教祭祀休闲

史前城市规模相对较小，虽然不是真正意义上的城市，但与原始部落已俨然不同。城市是为了防御和保护部族安全而建立起来的，是权利的象征，也是维护权利的工具[①]。除政治功能外，史前城市还是宗教祭祀中心，史前城址内除了宫殿、宗庙和陵寝，还普遍存在与祭祀有关的建筑遗址及祭祀法器。由于当时生产力低下，人们生存依赖大自然，对大自然的神秘产生敬畏。相信通过虔诚的祭拜就能取悦神灵以求得庇佑，于是宗教活动就成了人们的精神寄托。这些宗教活动包括祈祷、献祭、狩猎、舞蹈表演及巫术表演等，这些活动是人们日常生活、劳动或工作的一个重要组成部分[②]。随之产生了早期的巫祭舞蹈与乐曲，如伐鼓而祭、舞羽而祭、酒肉而祭等。人们以乐舞祭祀神灵、祖先，同时用来放松自己。可见，史前城市的休闲活动主要是围绕宗教祭祀展开的，并逐渐产生了有意识的休闲思想。

（二）上古城市：宫廷娱乐休闲

进入奴隶制社会后，商业开始兴盛，完整意义上的城市开始初步形成。商周时期，城市文化有了一定发展，人们创造了历法，发明了文字、雕塑、绘画、音乐、舞蹈等艺术。随后，"百家争鸣"掀起了文化高潮，各学派思想空前活跃，休闲哲学也应运而生。但社会中阶级分化和贫富差距愈加突出，天子、奴隶主和平民、奴隶的生活待遇有天壤之别。此时，虽然出现了主动休闲的娱乐活动，但仅

---

① 傅筑夫. 中国经济史论丛（上册）[M]. 北京：三联书店出版社，1980.
② 卢长怀. 中国古代休闲思想研究[D]. 长春：东北财经大学，2011.

限于统治阶级。《诗经》开启了中国休闲的新篇章，记录了周朝贵族向统治阶级谏言关心老百姓的休闲生活。《诗经》中描述了在先秦时期比较流行的舞狮、射礼、投壶等休闲娱乐活动，如"敦弓既坚，四鍭既钧。舍矢既均，序宾以贤。敦弓既句，既挟四鍭……"[①]（《诗经·大雅·行苇》）。秦汉时期兴起了帝王巡游之风，以秦始皇和汉武帝为代表，秦始皇一生有五次全国大巡游，汉武帝一生则有十几次大规模巡游。这一时期的贵族阶层开始主动享受休闲娱乐生活，而城市休闲主要集中在贵族等少数人群，主要表现为宫廷娱乐休闲。

（三）中古城市：田园山水休闲

魏晋南北朝时期，城市的萧条和战争的苦难使得佛家和道家思想广为流行，人们开始向往无忧无虑的田园生活，玄学清谈和隐逸之风开始盛行。文人、士人空有满腹才华却无处施展，于是他们寄情于山水田园之间，追求逍遥隐逸的生活方式。畅游山水、琴棋书画、品茗饮酒、吟诗作赋等成为士人们的休闲表达方式。以嵇康和阮籍为代表的竹林七贤常于竹林之下喝酒纵歌。陶渊明开创了田园诗流派，诗中表达了对田园生活的无限向往与热爱，如"采菊东篱下，悠然见南山"（《饮酒·其五》）。此外，郦道元的《水经注》和杨衒之的《洛阳伽蓝记》都是旅游著作的代表。此时，休闲文化与宗教思想互相渗透，人们不仅把自由和逍遥寄托在"心灵"之中，还沉浸在"酒乐"中，流连忘返于"山水"之中，使回归自我的"内游"向外延展到外部世界，形成了一种"外游"，以获得外向性的神秘体验。城市休闲规模有所扩大，休闲人群不仅有帝王和贵族，还有文人、士人、市民等，休闲的普及性得到了一定的提高，而田园山水休闲是当时休闲思想和休闲文化的体现。

（四）近古城市：市井节庆休闲

隋唐时期，城市经济蓬勃发展，为城市休闲的普及与发展奠定了坚实的基础。唐代文化的开放政策促进了文化大繁荣，休闲文化融合了儒释道思想，以游学、琴棋书画、品茗垂钓为主，意在清心寡欲、释放心灵。《茶经》的问世，使品茶走进了人们的日常休闲生活中。唐代帝王休闲喜欢与民同乐，如拔河、百戏、角抵、斗鸡等休闲活动一般在广场举行，市民纷纷前来观看。两宋时期是中国古代文化最繁荣的时代，休闲思想得到了广泛传播与普及，城市休闲不再仅是皇家、贵族和士人的专属，而是走向了城市市民生活中。宋代城市文化娱乐活动内容丰富，

[①] 武振玉. 诗经（注释）[M]. 长春：吉林文史出版社，2007.

城市的悠闲者养教"虫蚁"成风，如养鸽子、鹦鹉、鸟、鹰、蛇等都很盛行。斗鸡、斗蟋蟀、骑马射箭、蹴鞠等在城市中也十分盛行，成为城市娱乐休闲的重要内容。明清时期，城市经济发展更加迅速，人们更重视城市自然环境的治理与改造，园林建筑取得了长足进步，城市休闲娱乐也愈加生活化。清代张潮在《幽梦影》中写道："人莫乐于休闲，非无所事事之谓也。闲则能读书，闲则能游名胜，闲则能交友，闲则能饮酒，闲则能著书。天下之乐，孰大于是？"[①]李渔在《闲情偶记》中从理论层面探讨了休闲活动、休闲环境、休闲方法等问题，其思想与今天的休闲教育理论和《休闲宪章》中的核心思想是一致的。

（五）近代城市：中西合璧休闲

1840年鸦片战争爆发后，在外国势力的入侵下，中国城市发生了巨大变化。城市休闲也在悄然发生变化，文化娱乐内容趋于多样化和现代化。新式建筑广泛应用于公共建筑，尤其是商业、服务业和娱乐性建筑。20世纪20年代，综合性商场、大型饭店等建筑陆续在上海、天津、汉口、北京、南京等大城市中出现，如南京国际联欢社、大光明电影院、大上海电影院、国际饭店等。中西方文化的碰撞与融合促成了中西方休闲文化的交融与发展，各种类型的旅游活动日益丰富，一些名山、海滨成为观光胜地。1923年，在我国旅游业初步兴起的背景下，爱国人士陈光甫先生设立了中国第一家旅行社。城市中出现了丰富多彩的近代娱乐休闲活动，如剧场、电影院、舞厅、俱乐部、跑马场等休闲娱乐场所在城市中相继出现。游乐场中集中了杂技、说书、滑稽戏、哈哈镜等各种休闲娱乐项目，充分反映了城市休闲在休闲思想和休闲活动上新的变化和发展。西方休闲方式的出现，既是对传统休闲方式的挑战，又是对传统休闲内容和方式的丰富，推动了城市休闲的更新与发展。

（六）现代城市：大众生活休闲

中华人民共和国成立以后，城市现代化建设不断加速，为城市休闲发展提供了动力、条件和环境，促使休闲大众化，使休闲成为人们的生活常态，使休闲内容和形式愈加丰富多彩，既有人文雅致类休闲，如诗词歌赋、琴棋书画、品茗把玩，又有日常通俗类休闲，如看书、玩计算机、看电视、唱歌、跳舞、逛街等；既有传统类休闲，如听戏、看杂耍、玩游戏、斗蛐蛐、斗鸡等，又有现代类休闲，如泡吧、喝咖啡、健身、旅游、看电影等；既有消极类休闲，又有积极健康类休

---

① 郭鲁芳. 休闲学[M]. 北京：清华大学出版社，2011.

闲，如跑步、打球、骑马、游泳、滑雪、漂流等。休闲不再只属于某一阶层，而是走进了每个人的生活中，只要你愿意，随时随地都能达到休闲的目的。人们把休闲当成主要的生活乐趣，从休闲活动中得到满足、感到舒适。随着社会的发展进步，休闲在城市中的地位更加突出，休闲将更加大众化、个性化和多样化，休闲动机逐渐从娱乐社交转变为对生命质量的提升，运动类休闲和文化类休闲将成为休闲的主流。

第三节 透视传统文化：杭州、武汉、成都休闲特色呈现

一、吴越文化特质与杭州休闲表达

（一）尚武逞勇与运动休闲

上古时期，吴越民族尚武之风盛行，如《汉书·地理志》中介绍吴越时写道："吴、越之君皆好勇，故其融民至今好用剑，轻死易发。"[①]春秋战国时期，战争频繁，吴越民族凭借其好勇、坚韧、智巧的特质而一度称霸中原。尚武逞勇成为吴越文化的鲜明特质，并塑造着当地的人文特色，形成了许多最初以竞技、军事为目的的运动项目，如海盐滚灯、龙舟竞渡等。海盐滚灯盛行于海盐元宵节灯展中，海盐县濒海，地处杭州湾北岸，在古代有通商口岸澉浦港。海盗经常侵袭沿海一带，海盐县必须不断修筑海塘抵御海盗入侵。因此，民间盛行滚灯竞技比武，以示村坊实力强大。经过历代相传，它逐渐成为节日中群众自娱自乐的一种方式。龙舟竞渡源于春秋末年，越王勾践因败于吴国而被扣留为人质，受尽屈辱。吴越两国均属江南泽国，复仇必须有强大的水军，于是勾践发明了龙舟竞渡之戏，以训练水军。《越地传》中记载："竞渡之事起于越王勾践，今龙舟是也。"目前，赛龙舟已成为一项群众性的休闲体育活动。

（二）诗意生活与生活休闲

春秋时期，吴、越两国相继称霸中原，在中原文化的潜移默化下，吴越民族文化中加入了文人的诗意典雅与审美情趣，给人们的生活平添了许多色彩与趣味。杭州休闲文化充满了幽雅、恬淡、闲适、平和的生活气息，如游山玩水、聊天品

[①] 林天孩，林小美，刘树洋. 吴越文化与体育文化的互动关系研究[J]. 体育文化导刊，2015（4）：202-205.

茗、下棋垂钓、游山玩水、赏花观月等。杭州人尽情地享受山水之美与物产之丰[①]。有人曾这样描述杭州的休闲："春时：孤山月下赏梅花，八卦田赏菜花，保俶塔赏晓山，苏堤赏桃花等；夏时：苏堤赏新绿，西子湖畔赏荷，湖心亭采药等；秋时：满觉陇赏桂花，胜果寺望月，六和塔夜玩风潮等；冬时：三茅山顶望雪霁，西溪道中玩雪，登吴山看松盆等。"[②]杭州人自古就有一种享受生活的心境，喜饮酒吟唱，如《竹枝词》中唱道"金鞍飞鞚酒楼前，歌舞春风尽少年""酒家处处青旗动，招得游人尽醉归"。[③]杭州茶文化历史悠久，杭州人茶道极其精致，喝茶颇具诗意。旧时杭州的茶馆有吃讲茶、吃书茶、吃彩茶、吃会茶、吃花茶等讲究，如今杭州茶馆的环境格调也非常高雅。

（三）古都遗风与消费休闲

杭州曾是吴国、越国和南宋的都城，并从吴越时期的"东南第一州"发展到南宋时期的"全国第一州"。在古都遗风影响下，杭州人形成了"贵族"心态和喜奢华、厚滋味的社会习俗。南宋时期的杭州城市生活极尽奢华，统治阶级生活奢靡。例如，衣不肯着布缕绢绸、浣濯补绽之服，必要绮罗绫縠、新鲜俏丽[④]；食不肯吃蔬食、菜羹、粗粝、豆麦，必欲精凿稻粱、三蒸九折、鲜白软媚，肉必要珍馐嘉旨、脍炙蒸炮、爽口快意[⑤]。一般的城市平民百姓也竞相追逐享受，衣服必穿重锦厚绫，尤其是妇女更加讲究，时常模仿宫廷后妃服饰、发型。无论是达官贵人还是平民百姓，在饮食方面都比较讲究，城中形成了食美食的风气。苏东坡在杭州创制的"东坡肉"，至今仍是一道美食名菜。南宋时期，大批官僚、地主、富商在杭州广修庭室，选择佳地胜景，垒石造山，开池引渠，其住宅将山水花木融为一体。如今的杭州集电子商务之都、休闲之都、文化创意之都等为一体，为休闲消费提供了更为坚实的基础。

（四）水利文化与水上休闲

吴越地区溯江、环湖、濒海的"山水形胜"，造就了杭州特有的文化习性与人文精神。吴越文化从某方面来说是水文化，吴越人世代与自然水资源共处，表现为对水的依赖和利用。在水利军事方面，吴、越两国都有强大的水军力量，水军

[①] 康保苓，江成器. 杭州休闲文化的特色和发展趋势研究[J]. 生态经济（学术版），2007（2）：454-458.
[②] 陈宁. 杭州的传统文化及其现代转换[J]. 中共杭州市委党校学报，2001（6）：24-27.
[③] 杨嫣，邓文慧. 从西湖竹枝词看杭州传统民俗文化[J]. 浙江工业大学学报（社会科学版），2010（1）：16-20.
[④] 欧阳修. 欧阳文忠公全集·居士集·送慧勤归余杭（卷2）[M]. 北京：中国书店出版社，1986.
[⑤] 阳枋. 字溪集·杂著·辩惑（卷9）[M]. 沈阳：沈阳出版社，1999.

对士兵的游泳、划船和潜水技艺训练极为重视。潜泳是一种实用性较强的技能，具体包括：一是捞取水中之物，二是用于军事目的的水战。孔子曰："吴之善没者能取之。"这句话是指吴国擅长潜泳的人能把投入水中的石头捞出来。江河湖海纵横交错的吴越地形特征造就了当地特有的武术风格，形成了以小范围的技击术与短兵打斗为主的武术动作特点，如船拳。船拳，即在船上使用的拳术或器械技巧，其发端于春秋时期，形成于明清时期，是江浙一带的地方传统拳术。船头仅有一只八仙桌稍宽的面积，这决定了船拳不能像其他武术套路那样使用大面积的窜、跳、蹦、纵、闪、展、腾、挪等动作，而是以身为轴，原地转动。在水利生产方面，杭州衍生出了数不胜数的水上运动项目，古时亦称"水嬉"。水嬉是具有南方特色的身体活动项目，包括水秋千、水傀儡、游泳、弄潮等。钱塘江弄潮的历史悠久，《钱塘弄潮》中记载："八月钱塘江口开，万人鼓噪岸边排。弄潮健儿显身手，风头浪尖逞矫材。"

（五）传统风俗与岁时休闲

风俗是人类在长期生活中形成的一种生活模式，是一种世代相传的风俗习惯，具有相对稳定性和地方性，并随着社会的发展逐步演变。千百年来，吴越民族在吸收和融合诸多民族文化元素的基础上，形成了独特的传统风俗和节日习俗。舞板龙是元宵灯会的重头戏，已有八九百年的历史了。古人希冀通过舞龙得到天龙庇佑，保佑风调雨顺，一般在正月十三上灯，至正月十七落灯，观看者人山人海。乞巧是七夕活动的压轴戏，源自汉代，盛行于唐宋时期。《武林旧事》中记载："妇人女子，至夜对月穿针，饤饤杯盘，饮酒为乐，谓之'乞巧'。"钱塘观潮始于汉魏时期，盛于唐宋时期，历经2000余年，已成为当地的习俗。农历八月十八是杭州人的观潮日，海潮来时，声如雷鸣，排山倒海，犹如万马奔腾，蔚为壮观。正如《钱塘观潮》中所描述："此是东南形胜地，子胥祠下步周遭。不知几点英雄泪，翻作千年愤怒涛。"西湖桂花节是杭州人在每年的金秋赏桂时节都要举办的节庆活动。桂花是杭州市的市花，"满陇桂雨"是对桂花节主要场景的描绘。每年桂花节，四面八方的游客来到杭州赏桂花、品桂茶、闻桂香、淋桂雨。吴山庙会是杭州规模最大、历史最久的庙会之一，是为纪念春秋战国时的吴国大夫伍子胥而创办的。一年一度的吴山庙会除酬神、祭神外，还包含了经贸、娱乐、休闲等多种文化元素。传承下来的祭祀活动还有"翻九楼"，又称"吊九楼"，多用于求雨、祈福及禳灾等仪式上，2008年顺利入选国家非物质文化遗产名录。

二、荆楚文化特质与武汉休闲表达

（一）历史民俗特色与节庆休闲

荆楚文化是东周时期由长江中游地区的楚人创造的、在长江流域占有主导地位的一种地域文化，经过2000多年的历史演进，形成并延续了具有地域特色的荆楚历史民俗。如今的武汉临空港经开区每年都会举办民俗踏街表演，对于市民来说观看表演已经成为习惯。民俗踏街形式隆重，场面盛大，由1254名参演群众组成17个表演方阵，与12辆盛装打扮的花车一起巡演，踏街队伍所到之处，观众云集，叫好声此起彼伏。民俗踏街不仅有龙灯、采莲船、蚌蛙精、腰鼓、秧歌、莲湘等传统民俗表演，还有生肖娃娃、民族服装、戏装服饰等方阵展示。汉阳高龙起源于唐代，并在武汉的汉阳、蔡甸等地流传至今。汉阳高龙因独特的造型、特有的表演艺术和浓厚的历史文化底蕴而名扬全国，2008年入选第二批国家级非物质文化遗产名录。吃粽子和赛龙舟是中国许多地方的端午习俗，而这一习俗在屈原的故里湖北更盛行。2009年，湖北代表中国成功申报"端午节"为世界非物质文化遗产，龙舟赛更加引起全球关注，至今已举办12届武汉东湖国际龙舟邀请赛，集文化传承、民俗风情、特色娱乐于一体、弘扬楚地文化、传承端午"本色"，让市民和游客从中感受到浓郁的传统文化。此外，汉阳归元庙会、仙桃民俗文化赶集、神农架皮影戏和堂戏农民春晚等民俗节庆活动也地方韵味十足。

（二）荆山楚水文化与山水休闲

荆楚，水乡泽国也，这里是周代楚国立国创业的基地，曾有河流万条、湖泊千个，长江汉水横贯其中，人杰地灵，山清水秀[①]。江河湖泊等丰富淡水资源的天然禀赋形成了当地浓郁的淡水文化和淡水休闲，如横渡长江、乘船游江、百湖垂钓、江边戏水、江滩休闲等，这已成为当地的一种生活习惯与传统。武汉地区大型横渡长江活动始于20世纪30年代。至今，武汉以举办了几十届横渡长江活动。武汉是全世界水资源最丰富的特大城市之一，水域面积占全市市区面积的1/4，有大大小小的湖泊166个，又有"百湖之市"的美称。武汉境内有汤逊湖、东湖、梁子湖，而黄陂水库、西明河、汉江等都是钓鱼爱好者常去的钓场。武汉很多人爱好钓鱼，找一个阳光明媚的下午，拿上鱼竿，提上鱼篓，坐上半天，即使毫无所得，心情也是极好的。武汉穿城而过的长江、汉水是昔日的运输干道和渔业重

---

① 王生铁. 荆楚文化放谈[J]. 世纪行，2011（2）：14-24.

地，如今成为游览胜地，让人流连忘返。汉口江滩与黄鹤楼遥呼相对，与长江百舸争流相映，是城中一道最美丽的风景，可谓"两江四堤八林带，火树银花不夜天"。武汉拥山447座，山体资源非常丰富，相对较低的海拔降低了登山的难度，这些山成为市民日常登山徒步、清明踏青、重阳登高的好去处。2020年，武汉举办了全国第11届木兰山登山节，5000多名户外运动和登山爱好者齐聚木兰山下，共度重阳佳节，享受全民健身、登山竞技的乐趣。

（三）长江码头文化与市井休闲

明末汉口与朱仙镇、景德镇、佛山镇同称"天下四大名镇"，是全国性水陆交通枢纽，享有"九省通衢"的美誉。清代乾隆年间，汉口更盛于世，仅"盐务一事，亦足甲于天下"。港口贸易的发达，形成了特有的长江码头文化和丰富多彩的市井休闲。码头文化的创造者是社会地位较低的平民，属于平民文化。码头工人生活在社会底层，在用血汗钱养家糊口的同时，也于繁华之地以悲亢的码头号子倾泻胸中苦闷。工作之余的休闲成为码头工人最大的生活乐趣，是他们繁重工作后的精神寄托，他们喜欢下里巴人的休闲和风趣，喜欢饮酒自乐、民间文艺、街头巷尾的杂耍、民间武术、浪语油腔等。《汉口竹枝词》中是这样描述码头工人饮酒解乏的："汉皋热酒百余坊，解渴人来靠柜旁。鱼杂猪肠兼辣酱，别人闻臭彼闻香。"湖北评书曾经在当地百姓中家喻户晓，有着约300年的传承历史。说书这一行在1949年以前是处于勾栏瓦肆中的下九流，不登大雅之堂，属于民间娱乐。湖北大鼓相对评书而言，以唱为主，夹以念白，以鼓板为主要乐器，演员边击鼓板边说唱，既说唱历史故事，也说唱民间时事，既风趣幽默，又通俗易懂，深受老百姓的欢迎。在市井休闲中，除了说书，戏曲也是老百姓生活中不可缺少的娱乐项目。楚剧是湖北地区最具影响力的地方剧种之一，距今有150多年的历史，剧目多反映民间故事和家庭生活，表演朴实幽默。2006年，楚剧被列入第一批国家级非物质文化遗产名录。

（四）神秘浪漫色彩与写意休闲

在中国的地域文化中，荆楚文化是最具神秘色彩和浪漫主义的文化，在东周时期表现得尤为突出，大量的漆器纹饰、诗歌、巫歌巫舞中都充满了神秘和浪漫色彩，屈原的《离骚》更是开创了浪漫主义文学的先河。荆楚文化的神秘和浪漫与其自然条件、信鬼崇巫和民族性格是分不开的。"楚国之壤，北有江汉，南有潇湘，地为泽国。水势浩洋，民生其际多尚虚无"[1]，菏泽密布、森林茂密的大自然充满了神秘感，为荆楚文化具有神秘色彩提供了客观条件。楚国是一个巫的国度，全国上下巫风盛行，同时也充满了神话幻想，编织了无数人与鬼、人与神之间瑰奇的爱情神话。屈原在《九歌》中的《山鬼》《湘君》《湘夫人》等篇章中，描绘了荆楚文化的浪漫气息和神秘感。楚人性格放荡不羁，感性而浪漫，从楚君熊渠称王时的"我蛮夷也"[2]到国破时的"楚虽三户，亡秦必楚"再到屈原的"美政"政治思想[3]和国破时的抱石投江，淋漓尽致地展现了楚人自由不羁和肆意飞扬的浪漫气质，楚人崇尚个性的价值取向是荆楚文化浪漫主义特质形成的内在原因。一片神秘的土地，一段远古的回忆，一页野性而斑斓的史诗，在武汉这片大地上形成了神秘而浪漫的写意休闲文化。富有浪漫情趣的楚人酷爱音乐和舞蹈，彼时的楚地堪称歌舞之乡。楚乐舞在最初主要用于娱神，整个舞蹈场面被笼罩在迷幻、狂欢的气氛中，后来楚乐舞逐步脱离了宗教意义而走向娱人，舞蹈表演呈现出飘逸灵动、浪漫奔放的特点和自由浪漫的文化特性[4]。半城山色半城湖光的武汉处处充满了浪漫意境，无论是江上泛舟、湖边散步，还是驻足花海、策马扬鞭，都有无限美好与惬意。

三、巴蜀文化特质与成都休闲表达

（一）俗尚游乐与游赏休闲

俗尚游乐是巴蜀文化的一大特点。《岁华纪丽谱》中写道："成都游赏之盛，甲于西蜀。盖地大物繁，而俗好娱乐。"[5]巴蜀地区很早就兴起了游赏习俗，《蜀梼杌》中描述了后蜀时成都的水上游乐胜景："龙舟彩舫，十里绵亘，自百花潭至于万里桥，游人士女，珠翠夹岸。……有白鱼自江心跃起，腾空而去。"[6]隋唐时期，蜀中富庶，士人阶层耽于逸乐，喜欢宴饮和游乐，从而引领了整个蜀中社会崇尚游乐的风气。在成都这样一个润泽华美、物质丰富的城市里，人都会有一种本能的休闲追求。杜甫曾这样描述成都的安乐之风："锦城丝管日纷纷，半入江风半入云。"宋代成都居民的生活更加丰富多彩，游乐风气更是盛极一时。宋代任正一在

---

[1] 罗运环. 论荆楚文化的基本精神及其特点[J]. 武汉大学学报（人文科学版），2003，56（2）：194-197.
[2] 张正明. 楚文化史[M]. 上海：上海人民出版社，1978.
[3] 徐文武. 楚国思想与学术研究[M]. 武汉：湖北教育出版社，2012.
[4] 董柳莎. 原始巫风对楚地乐舞的浸漫与影响[J]. 民族艺术研究，2017（3）：225-232.
[5] 肖平. 成都物语[M]. 成都：成都时代出版社，2016.
[6] 王文才，王炎. 蜀梼杌校笺[M]. 成都：巴蜀书社，1999.

《游浣花溪记》中描写了游赏的盛况，满城士女"泛舟浣花溪之百花潭……成都之人，于他游观或不能皆出，至浣花则倾城而往，里巷阒然"[①]。宋代成都的游乐生活不仅有丝竹歌舞、斗鸡走马，还有郊外踏春、街市观花。成都游乐不分昼夜，既有民俗节日的大众狂欢，也有日常酒楼茶坊娱乐的通宵达旦，游乐习俗作为成都文化的重要内容延传至今。成都与花一直有很深的渊源，从后蜀主孟昶在城墙遍植芙蓉而使成都得"蓉城"之称到宋代成都开办花市，花和成都人的生活联系更加紧密了，从而使老百姓形成了爱花观花的传统。每年农历二月举办的成都花会始于唐宋时期，历代相沿。每年春季，全成都的人会争相出城去看桃花、李花、樱桃花、油菜花。在桃花层层叠叠开放的地方，游客置身其中会产生一种梦幻般的感觉，而一垄一垄金灿灿的油菜花在青青麦苗的簇拥下，跟梵高（Van Gogh）笔下的向日葵一样壮观和热烈。时至今日，成都人依然保持着这种游乐的习俗，全年固定的游乐活动就有23次之多。

（二）人文荟萃与文旅休闲

巴蜀地区自古就人杰地灵、人才辈出。孙中山曾感慨道："惟蜀有才，奇瑰磊落……"[②]巴蜀文化经过千年的洗礼与延续，孕育了灿若群星的巴蜀名人和厚重悠久的历史风俗。行走在成都，不仅能获得秀美自然的感官享受，还能徜徉在文化世界中。每个人都能在不同角落与传统文化相遇，与文化名人相遇。细数巴蜀文化名人，受成都人推崇的有大禹、李冰、扬雄、司马相如、诸葛亮、武则天、李白、杜甫、苏轼、杨慎、郭沫若、张大千等。都江堰水利工程历经2000年时光荏苒，如今依然发挥着重大作用，被誉为"世界水利文化的鼻祖"。杜甫故居——浣花溪畔的杜甫草堂是后人纪念、缅怀杜甫的一处圣地，自唐以来成都就形成了大年初七游草堂的风俗并保留至今，每年在杜甫草堂都会举办杜诗朗诵会。武侯祠是诸葛亮、刘备及蜀汉英雄的纪念地，也是中国唯一的一座君臣合祀祠庙，享有"三国圣地"的美誉，被评为首批国家一级博物馆。正月初一到成都武侯祠游喜神方、烧第一柱香以祈求平安，是成都保留下来的特有习俗。除了都江堰、杜甫草堂、武侯祠，宽窄巷子也是成都历史文化的一张名片。如今的宽窄巷子是传统与现代的结合，集文化、旅游、休闲、商业、艺术等为一体，既是一处独具老成都民居特色的文明街，又是旅游休闲的好去处。

[①] 何一民. 休闲之都：成都游乐文化的历史成因与特点[J]. 中华文化论坛, 2012（2）：56-63.
[②] 肖平. 人文成都[M]. 成都：四川出版集团（天地出版社），2013.

（三）天府之国与生活休闲

成都自古享有"天府之国"的美誉，得天独厚的自然地理环境使成都人可坐享天成，也可以行卒而生，可无为逍遥，也可为刀剑而存，因此成都人养成了从容悠闲的性格特征和享受生活的传统习惯。喝茶、听戏、吃美食成了成都人的重要生活内容，既是传统又是习惯，体现了成都人生活的闲适惬意和慵懒自在。"成都，是一座来了就不想离开的城市"是对成都人安逸生活的描述与总结。泡茶馆，历来是成都人最为休闲的生活方式之一。在百度地图上搜索"茶馆"二字，发现成都的茶馆数量近10000家[1]，正如谚语所说"头上青天少，眼前茶馆多"。成都人听故事、听戏曲、谈生意、相亲、看球赛、会老友，一般会选择在茶馆进行。最有情调的茶馆是露天茶馆，一杯盖碗茶、一把竹椅、一张方桌，喝茶聊天，优哉游哉。茶博士穿梭其中，个个身怀绝技，上演着泡茶的各种技艺。掏耳朵是最舒服的茶馆消遣，成都人幸福沉醉的表情诠释了"安逸"之意。吃对成都人来说，既是日常又超出了日常，上升到了精神层面，是成都人悠闲生活的表达方式。到老茶馆听戏也是成都人生活中悠闲惬意的事情，亲朋好友或远方来客相聚于茶馆，三五成群围坐桌前，心无杂物，笑语声喧，偶尔有掏耳朵、推背的师傅身着一身长袍穿梭其中，平添了一道记忆中的风景。品尝完小吃后是看戏，古色古香的桌椅，一人一杯盖碗茶。然而，在这里品茶是其次，喝盖碗茶看川剧才最有趣。

（四）节庆传统与岁时休闲

成都在岁时节令方面，春节过年，清明祭祖，端午食粽子、划龙舟，中元祭祖，中秋吃月饼等，均与中原地区相似，但也有自己的特色。例如，正月初一到成都武侯祠游喜神方，正月初七游草堂等，都是巴蜀地区特有的习俗。成都自古有节庆游乐习俗，每逢节庆都是全民狂欢的日子，形成了岁时休闲的传统文化。成都灯会始于唐代，是在元宵赏灯习俗的基础上发展起来的一种传统民俗活动。唐玄宗幸蜀时曾在元宵节上街观灯，有青羊宫的道灯、昭觉寺的佛灯、大慈寺的水灯，从此形成极富特色的成都灯会。清人在《竹枝词》中写道："城隍庙前灯市开，人物花枝巧扎来。高挂竹竿求主顾，玲戏机巧斗新裁。"[2]灯会期间，公园内有民间曲艺、杂技表演，还有各种地方风味小吃，热闹非凡。黄龙溪火龙节也是

---

[1] 佚名. 成都茶馆数量接近10000家 十大最有特色茶馆全搜罗！[EB/OL].（2015-09-14）[2023-06-08]. http://sc.winshang.com/news-524759.html.

[2] 肖平. 人文成都[M]. 成都：四川出版集团（天地出版社），2013.

成都岁时的一项传统民俗活动，起源于东汉民间，盛于南宋，流行于元代，世代相传至今。"岁岁春节烧火龙，烟花遍地乐融融，一任火焰高百尺，龙腾人欢气势雄。"这是对火龙节"烧火龙"的真实写照。成都在唐代形成了花会，如今更是形成了各种花会节庆活动，如成都国际桃花节、新都桂花会、石象湖郁金香节等。此外，成都特色的民族传统节庆还有望丛祠赛歌会、都江堰放水节、新津龙舟会等。望丛祠赛歌会在每年的农历五月十五前后于郫县望丛祠内举行，至今已有1500多年的历史。都江堰放水节是在清明节为歌颂李冰父子的功德而举行的放水仪式，活动完整复原了古代的祭祀仪式，由身着古装的水利官员朗读祭文并放水。新津龙舟会是成都的一项民俗活动，现今除有龙舟竞渡等传统节目外，还增加了龙造型表演、彩船夜游等，吸引八方游客到此观赏。

第三章 生态文明建设与城市休闲体育发展的互动

第一节 生态文明：托起美丽城市之基

生态文明建设关系到人民福祉和民族未来，是美丽城市建设的基础和保障。工业化的时代车轮推动了城市的飞速发展，在城市化进程中，环境污染、资源短缺、生态恶化等问题愈发凸显，城市犹如百病缠身，痛苦不已。如何祛除"城市病"，恢复城市的健康与活力？我们急需进行城市生态文明建设，以形成绿色环保和协调发展的城市空间格局、产业结构和生活方式，重现城市的蓝天白云、青山碧水、鸟语花香与和谐美丽，为城市居民创造良好的生产和生活环境。

一、生态文明：人类文明转型的历史必然

人类社会文明史的背后是人与自然之间关系的发展史。在原始文明阶段，人类表现出对大自然的极度依赖，是一种"天胜于人"的朴素关系。在农业文明阶段，人类试图征服自然界，人与自然之间虽然出现了对抗，但仍然是"天人合一"的相对和谐的关系。在工业文明阶段，科学技术的发展使人类开始对自然进行疯狂掠夺开采。对大自然的过度掠夺使大自然对人类开始实施"报复"和"惩罚"，出现了土地退化、淡水匮乏、森林锐减、海洋资源破坏、人口增长、能源危机等问题[1]。人们清醒地认识到：没有生态安全，人类就会陷入最严重的生存危机，必须由人对自然过度利用的模式转变为人与自然协调发展的模式[2]。于是，追求人与自然和谐相处成为社会发展的主旋律。在党的十六大报告中，把建设生态良好的文明社会列为全面建设小康社会的四大目标之一。在党的十八大报告中，将生态文明建设纳入"五位一体"中国发展总布局。在党的十九大报告中，习近平总书

---

[1] 沈满红，谢慧明，余冬筠. 生态文明建设：从概念到行动[M]. 北京：中国环境出版社，2014.
[2] 钱易，何建坤，卢风. 生态文明十五讲[M]. 北京：科学出版社，2015.

记指出建设生态文明是中华民族永续发展的千年大计[①]。党的二十大报告中重点提出，推动绿色发展，促进人与自然和谐共生。生态文明是继工业文明之后的一种高级文明形态，又被称为"绿色文明"（图3-1）。根据中国国情和党的十八大、十九大、二十大报告中对生态文明的阐述，生态文明主要包括生态文化、生态经济、生态环境、生态制度、社会风尚五个基本要素。这五个基本要素互相影响、互相作用、协调发展，共同促进生态文明建设。

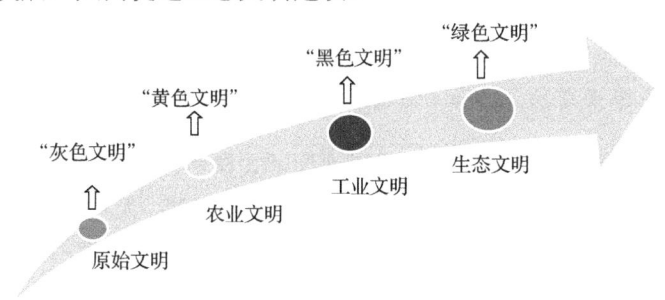

图 3-1　人类文明发展史

二、美丽城市：生态文明建设之指向

党的十八大报告中将生态文明建设上升为国家发展战略，并提出建设"美丽中国"的目标。城市是国家发展的重要载体，"美丽中国"战略目标的实现离不开"美丽城市"的建设。在自然资源消耗过度、自然环境严重污染的当下，"美丽城市"的提出与建设是应对生态危机的最佳措施。如何建设"美丽城市"？生态文明是关键，应把生态文明融入城市建设的全方面、全过程。生态文明是实现"美丽城市"的保证，而"美丽城市"的建设是落实生态文明的重要举措，二者互动发展、共同促进。大力建设以美丽环境、美丽经济、美丽文化、美丽社会、美丽制度为基本内容[②]的"美丽城市"，实现经济、社会、生态效益的和谐统一，最终实现城市的永续发展。

（一）优化城市空间格局，建设"美丽城市"的生活之美

城市空间是生态文明建设的载体，如何在有限的城市空间内合理布局，以承载人口增长、经济扩张带来的高强度人类活动，关系到城市居民的和谐幸福和城

[①] 佚名. 建设生态文明是中华民族永续发展的千年大计[EB/OL].（2017-10-23）[2023-08-03]. https://www.thepaper.cn/newsDetail_forward_1835457.

[②] 宋杰鲲，张凯新，宋卿. 新青岛市美丽城市评价研究[J]. 经济与管理评论，2015（6）：155-160.

市的健康发展。我国城市化进程的快速推进，给城市资源和环境带来了巨大的挑战。规模空前的基础设施建设所用空间增长太快，大交通建设导致了景观的碎片化，这给城市生态空间格局带来了巨大挑战。城市生态文明建设需要对城市的生态空间进行优化布局，需要遵循人口、资源、环境均衡发展的规律，控制城市的开发速度，严格恪守生态"红线"，促进生产空间集约高效、生活空间舒适宜居、生态空间青山绿水，给城市留下更多生态修复的空间，实现"美丽城市"的生活之美。

（二）促进资源节约，建设"美丽城市"的生产之美

人类对自然资源的过度掠夺和消耗遭到了大自然的无情报复，这是无法抗拒的自然规律。节约资源是保护城市生态环境的根本之策。人与自然是生命共同体，人类要像对待生命一样对待生态环境。如何节约资源？首先要改变城市粗放的生产方式和奢靡的生活方式，提高能源产出率，倡导绿色消费模式，加强节能降耗和新能源开发。其次，发展循环经济，促进资源的重复利用。截至2020年，我国首批开展先行先试的46个重点城市的生活垃圾回收利用率为30.4%[1]，而德国的生活垃圾回收利用率是65%[2]，我国工业用水重复利用率比国外先进水平低15~25个百分点。最后，削减污染物量，建立城市污染物削减指标体系，加大对城市固态环境污染和非固态环境污染的防治力度，将其纳入监督考核的重点指标，以建设"美丽城市"的生产之美。

（三）保护生态环境，建设"美丽城市"的生态之美

生态环境良好是城市可持续发展的基础，而过度的城市开发建设无疑与城市良好生态环境的建设背道而驰，会使城市的森林覆盖率降低、湿地面积减少、水域资源逐渐消失，严重影响城市的自然生态系统。为重建城市的生态之美，首先，要实施城市生态修复工程，不断给城市增绿添园，扩大城市的森林绿覆盖率和湖泊湿地的面积，保护生物多样性，实现生态平衡发展。其次，要不断改善环境质量，解决直接威胁居民健康的突出环境问题。我国水体污染严重，城市人口的饮用水卫生标准不高。大气污染也十分严重，城市的空气质量堪忧。经过若干年的

---

[1] 董小迪. 发改委：46个重点城市生活垃圾平均回收利用率达30.4%[EB/OL]. (2020-12-17)[2023-06-08]. http://health.china.com.cn/2020-12/17/content_41396222.htm.

[2] 徐海云. 杂谈：德国、日本生活垃圾回收利用率[EB/OL]. (2018-09-13)[2023-08-03]. http://goootech.com/news/detail-10291622.html.

空气质量治理，2017年全国还有超过一半的城市空气质量全年优良率低于80%[①]，截至2023年3月，我国地级及以上城市空气质量优良天数比例达86.5%。进行水、大气等的污染防治依然刻不容缓，应采取预防为主、综合治理方针，恢复城市的天蓝水绿和空气清新。最后，要加强防灾减灾体系建设，提高对气象、地质、地震等灾害的防御防控能力。例如，很多城市因排水能力差而防暴雨侵袭能力弱，导致内涝现象频繁发生，给居民带来严重损失和不便。

（四）健全生态制度，建设"美丽城市"的制度之美

生态制度是生态文明建设的有效保障，应把城市生态文明建设纳入法治，通过构建生态制度的指标体系进行考核监督。首先，建立环境保护制度。随着新环境保护法的实施，我国城市空气质量得到了极大改善[②]。其次，进行生态制度创新。2015年以后我国相继出台了《中共中央、国务院关于加快推进生态文明建设的意见》《生态文明体制改革总体方案》《中共中央办公厅、国务院办公厅关于省以下环保机构监测监察执法垂直管理制度改革试点工作的指导意见》《党政领导干部生态环境损害责任追究办法（试行）》等重要文件，我国生态环境保护发生了历史性、转折性、全局性变化。最后，加强环境监管。通过加大环境执法力度、完善监督机制、落实责任制度等，建立有效环境监管制度体系。党的十九大以后，生态文明被写入宪法，以及中华人民共和国生态环境部的组建，使污染防治工作得到进一步深化，使环境保护效果得到显著提升。

第二节 生态文明与城市休闲体育的互动发展

工业文明是人类文明史上的巨大飞跃，带来了物质的极大富足和人类生产生活方式的彻底变革。现代文明给人类生活带来了极大便利，追求不断地用外部自然力来减少人体生命器官的活动，以便使人感觉更舒适[③]，但结果是直接造成人体生物功能结构的退化。根据"用进废退"法则，体育运动能够有效避免人体机能

---

① 中国信息协会信用专业委员会. 中国城市空气质量优良率分析报告2018[R]. 北京：中国信息协会信用专业委员会，2018.

② 佚名. 生态文明制度体系加快形成[N]. 河北日报，2017-10-23（004）.

③ 刘福森. 我们需要一场医疗观念的革命——关于文化医学与物种医学的思考[J]. 医学与哲学，2008，29（6）：7-11.

的退化，提高人体各器官系统的机能。随着人们对生活质量的更高追求和自我内心认知的加深，一种追求健康自由、生命释放、本真自我的休闲体育行为成为社会新风尚。生态文明建设是休闲体育发展的至高境界，为城市休闲体育发展提供了外在环境和内部动力。城市休闲体育的蓬勃开展离不开生态文明的推动与滋养，同时城市休闲体育是生态文明建设的载体之一。

一、生态文明：城市休闲体育发展的外在推力

（一）改善城市生态环境，促进休闲体育行为

环境行为学理论认为，环境和行为之间相互作用、相互渗透，环境对人的行为具有潜移默化甚至是决定性的作用。自古就有"孟母三迁"的故事，这说明环境对人行为的重要性。城市生态文明建设对城市生态环境的改善是显而易见的。2022年，全国339个地级及以上城市细颗粒物浓度为29微克/立方米，比2021年下降3.3%，蓝天保卫战成效显著[1]。在城市森林绿地方面，截至2017年年底，我国已有300多个城市开展了国家森林城市建设，城市建成区绿地率为37.25%，人均公园绿地面积为13.7平方米[2]，虽然远低于联合国提出的60平方米的最佳人居环境标准，但已经是卓有成效了。随着城市生态环境的优化与改善，城市居民不必窝在家里躲避雾霾的危害，可以大胆地走到户外感受大自然。户外健身休闲越来越受到人们的追捧，并成为一种时尚健康的休闲方式。无论是在鸟语花香的休闲体育公园内休闲娱乐，还是在生态长廊——健身绿道中骑行，抑或是在森林氧吧中漫步游憩，都是一种生命的回归和心灵的放飞，给人一种充满诗意的生活享受。

（二）增加休闲体育场地，丰富休闲体育活动

在生态文明时代，城市转型发展的目标是实现"生产、生活、生态"的协调发展，建设生态宜居城市，让居民生活更美好。近年来，我国公园数量保持年增长800个以上，人均公园绿地面积保持年增长0.5平方米左右的增速。截至2021年6月，我国建成城市公园约1.8万个，百姓身边的社区公园、口袋公园、小微绿地数量不断增加[3]。为促进全民健身活动的广泛开展，满足人民群众多样化的户

---

[1] 生态环境部. 2022中国生态环境状况公报[R]. 北京：生态环境部，2023.
[2] 陈溯. 中国森林城市建设需加强人均公园绿地面积仅13.7m²[EB/OL].（2018-10-15）[2023-06-08]. http://news.cctv.com/2018/10/15/ARTIlpjJStwXBXXDVaAbt2TC181015.shtml.
[3] 佚名. 我国已建成城市公园约1.8万个[EB/OL].（2021-06-08）[2023-08-08]. http://www.chinajsb.cn/html/202106/08/20706.html.

外健身需求，2018年国家体育总局、国家发展和改革委员会（以下简称国家发改委）等12部委印发《百万公里健身步道工程实施方案》。《"十四五"体育发展规划》中提出要补齐5000个以上乡镇（街道）全民健身场地器材；支持新建或改扩建2000个以上体育公园、全民健身中心、公共体育场、健身步道、户外运动公共服务设施等。健身步道包括登山道、健走道、骑行道等，主要建于河畔、田园、庄园、山林、郊野等区域，与公园绿地建设有机结合，主要开展山地运动、快走、慢跑等项目[①]。此外，城市开始重视对边角料空地的重新规划利用，设计出一个个不规则的口袋公园（Vest-Pocket Park），极大丰富了居民健身休闲的场地和空间。随着休闲健身公园、健身绿道的不断增多，居民出门就能进行休闲健身，非常便利。每天清晨和傍晚，有成千上万的市民涌向分布在市区的各休闲公园，跑步健身，享受清新的空气。公园优美的生态环境、多样的健身功能、齐全的配套设施使居民的休闲体育活动逐渐丰富起来。

（三）升级休闲体育消费，推进休闲体育产业

休闲体育消费作为一种都市体验经济，其初衷在于满足情感、愉悦身心，从而提高生命质量[②]。人均GDP达到6000美元以上表示一个国家将进入休闲时代。2021年我国人均GDP为80976元。传统的文化、旅游消费遇到瓶颈，需要体育作为支撑，而休闲体育消费将是文化、体育、旅游消费升级的切入口，人们将迎来休闲体育消费的时代[③]。有数据显示，健身休闲产业增加值年均增长率高达24.55%，远高于体育及相关产业增加值的增长率[④]。在此背景下，国务院办公厅于2016年11月发布了《国务院办公厅关于加快发展健身休闲产业的指导意见》，强调健身休闲产业消费对于培育新的经济增长点具有重要意义。2021年，体育健身休闲活动总产出为1877亿，保持了明显的增加速度。城市生态文明建设不仅使休闲体育消费需求不断增长、休闲体育产品供给不断丰富，还会加快休闲体育产业与文化、旅游、健康、医疗、教育、农业等产业的融合发展。休闲体育消费不断从物质型消费向服务型消费升级转变，将带动休闲体育产业结构的优化，促进休闲体育产业的繁荣。

---

① 国家体育总局等12部委. 百万公里健身步道工程实施方案[R]. 北京：国家体育总局等12部委，2018.
② 张永军. 休闲体育消费：一种都市体验经济[J]. 天津体育学院学报，2008，23（4）：297-301.
③ 何文义. 休闲体育新供给健康中国新动力[J]. 小康，2017（32）：69-70.
④ 佚名. 加快发展健身休闲产业促进体育消费转型升级[EB/OL]. (2016-11-18)[2023-06-08]. http://sports.sina.com.cn/zz/2016-11-18/doc-ifxxwmws3122083.shtml.

二、休闲体育：生态文明建设的践行手段

（一）亲近自然，推动人居环境的改善

工业文明使人类生活工作的方式和环境由置身于大自然中的"日出而作，日入而息"转变为在钢筋混凝土大楼里的"日夜奋战"。同时，现代社会中的自动化使人类身体得以彻底解放，体力活动的减少和饮食结构的改变导致人的生命机体"不堪重负"。高强度的工作和"文明病"的压力使得人们非常渴望身心健康、回归自然，寻求身心的释放与调节。休闲体育恰好迎合了人们的需求，从而成为一种健康时尚的休闲方式。休闲体育活动很多都是在户外进行的，人们在休闲健身的同时，可以呼吸新鲜空气，听流水潺潺、虫鸣鸟叫，看青山绿树、百花争艳，感受与大自然融为一体的美妙与神奇。随着人们与自然的亲近，逐渐将人们征服自然、向外索取的观念转向依赖自然、欣赏自然、与自然和谐相处的追求。在不断进行城市修补和生态修复的过程中，促进了城市生活空间的延展、休闲体育场地设施的丰富、人均公园面积和绿地面积的增加。在满足城市居民休闲体育需求的同时，城市人居环境得到了不断改善。

（二）绿色消费，拉动低碳经济的增长

绿色消费是城市生态文明建设的主要途径，不仅能有效缓解资源环境的约束，还是实现"美丽城市"可持续发展的必由之路。在绿色消费行动中，休闲体育是更好的实践途径。首先，在场地设施方面，休闲体育活动的开展在利用已有的市政建设和基础设施的基础上完善专业的场地设施，使场地设施具有可持续性，可循环多次使用。其次，在活动内容方面，大多数休闲体育活动在户外进行，与大自然融为一体，无论是街边或公园的跑步、健身走，还是绿道骑行、池塘垂钓，都是绿色消费，并且骑行已经成为绿色出行的主要方式。人们在休闲体育活动中不仅体验了回归大自然的乐趣，还形成了尊重自然、顺应自然、保护自然的生态观。最后，在赛事举办方面，"节俭办赛重环保"是休闲体育赛事的基本要求和行动指南，符合要求的赛事有骑行比赛、横渡长江、马拉松赛事等。马拉松赛事从最初的赛后垃圾满城逐渐向赛后不留垃圾转变，环保赛事的理念逐渐深入人心。由此可以看出，休闲体育产业相对于其他产业来说，耗能低、垃圾少、污染小，并可以循环重复利用设施，在一定程度上拉动了低碳经济的增长。

（三）健身怡情，实现生命价值的提升

休闲体育主要以积极的身体运动为主，不仅能维护个体身心健康，还能提供一种情感体验。在休闲体育中，首先，没有竞争的压力，重在参与和娱乐。处于轻松状态下的身体活动能给人带来比较高的愉悦体验、使人心情舒畅，心理得到极大的满足。自由自在的运动体验促进了人精神上的自由和快乐，容易使人产生"畅"的高峰体验[1]。其次，满足人内心情感的需求，没有功利目的。根据马斯洛需求层次理论，休闲体育是在生存需求得到满足之后对归属和成长层次的需求。休闲体育是人基于自己情感需要的自觉自愿行为，是一种非经济利益导向的活动，甚至是通过消费来提高自己生活品质。最后，释放心灵，实现自由与自我的回归。休闲体育是一种"自由"的体验，不具有强制性和竞争性[2]，可以让人自主选择休闲体育的内容和时间，使体验者内心得到最大限度的放松。休闲体育活动不仅能使人感到浅层次的轻松惬意，还能直击人的心灵，使人放飞自我找回本真。

第三节 杭州、武汉、成都生态文明建设与休闲体育特色呈现

一、杭州生态文明建设与休闲体育特色呈现

自古至今，对杭州之美的赞誉不断。杭州，既有古韵悠长的历史之美，又有人间仙境的自然之美，自古被誉为"人间天堂"。在《2015中国城市分类优势排行榜》中，杭州在中国最美丽城市排行榜中排名第一，并成为"美丽中国"建设的典范城市。2016年，在二十国集团工商峰会中，习近平主席赞誉杭州为"生态文明之都"。杭州还被《纽约时报》评为"最值得到访的52个城市"之一。在国家统计局等联合公布的《2016年生态文明建设年度评价结果公报》中显示：浙江排名全国第三，杭州排名全省（浙江）第一。2016年，杭州成为中国省会城市中首个"国家生态市"。多年来，杭州的生态文明建设取得了卓越成效，积极促进了城市休闲运动的开展，具体体现在以下几个方面。

（一）生态文明制度保障不断完善

杭州经过多年的制度建设，已形成了较为完善的生态文明制度建设（图3-2），

---

[1] 李相如，钟秉枢. 中国休闲体育发展报告（2015～2016）[M]. 北京：社会科学文献出版社，2016.
[2] 休闲体育概论编写组. 休闲体育概论[M]. 北京：北京体育大学出版社，2014.

主要集中在美丽杭州发展规划、生态文明建设规划、生态文明激励办法、生态文明监督制度方面。在《杭州市城市建设"十三五"规划》《杭州市城市总体规划（2001—2020 年）》规划文件中，针对杭州的生态文明建设做出了顶层设计；《杭州生态市建设规划》《杭州市生态文明建设规划（2021—2030）》等系列规划，形成了形态完备、功能完善、质量完美的生态格局；《杭州市节能减排工作奖励办法》《杭州市刷卡排污总量控制系统建设补助资金管理办法》等办法，调动了杭州全社会开展生态文明建设的积极性；《杭州市大气污染防治行动计划（2014—2017）》《杭州市环境违法行为行政处罚量罚办法（2018 年版）》等文件，对生态文明建设起到了重要的监督作用。

杭州生态文明制度建设情况

美丽杭州发展规划
① 《杭州市城市总体规划（2001—2020年）》（2000年）
② 《杭州市土地利用总体规划（2006—2020年）》（2006年）
③ 《杭州市国民经济和社会发展第十三个五年规划纲要》（2016年）
④ 《杭州市城市建设"十三五"规划》（2017年）
⑤ 《新时代美丽杭州建设实施纲要（2019—2035）》（2020年）等

生态文明建设规划
① 《杭州生态市建设规划》（2003年）
② 《关于建设低碳城市的决定》（2009年）
③ 《杭州市生态文明建设规划（2021—2030）》（2023年）
④ 《杭州市"十二五"低碳城市发展规划》（2011年）
⑤ 《关于推进生态型城市建设的若干意见》（2011年）
⑥ 《杭州市生态文明建设十大行动计划》（2012年）
⑦ 《杭州市能源发展"十三五"规划》（2016年）
⑧ 《杭州市环境保护"十四五"规划》（2022年）

生态文明激励办法
① 《杭州市生态环境保护专项资金使用管理暂行办法》（2006年）
② 《杭州生态市建设资金使用管理实施细则》（2006年）
③ 《杭州市节能减排工作奖励办法》（2013年）
④ 《杭州市刷卡排污总量控制系统建设补助资金管理办法》（2015年）
⑤ 《杭州市生态环境违法行为举报奖励实施办法》（2021年）等

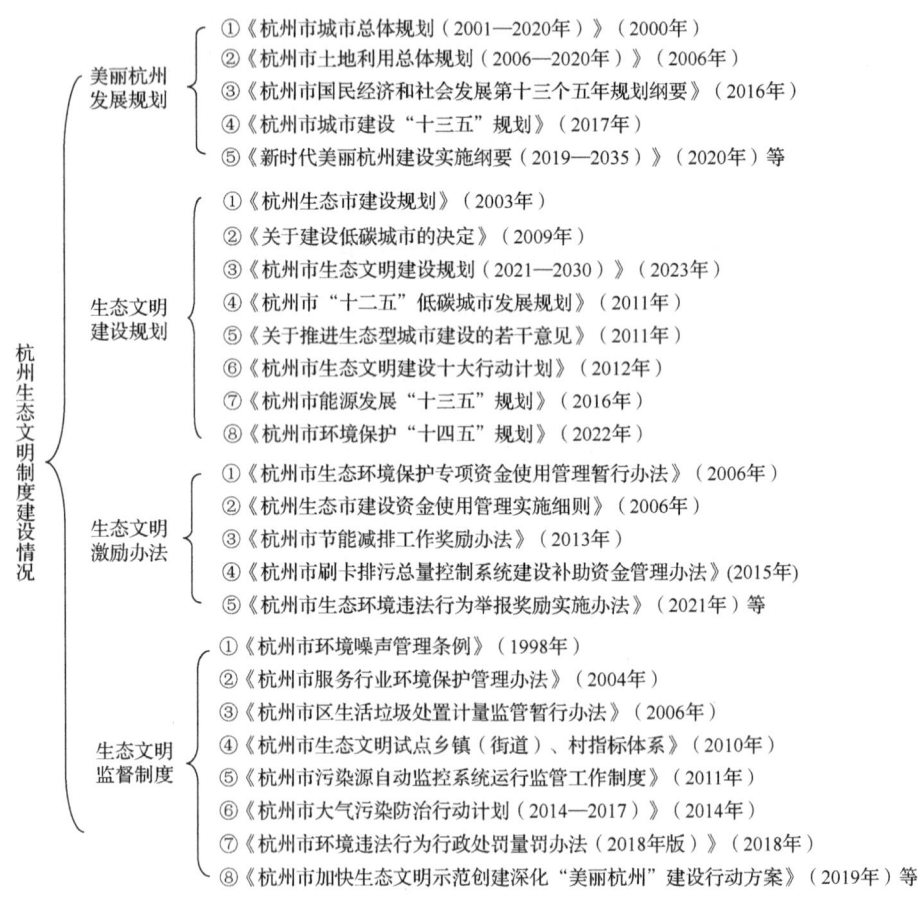

生态文明监督制度
① 《杭州市环境噪声管理条例》（1998年）
② 《杭州市服务行业环境保护管理办法》（2004年）
③ 《杭州市区生活垃圾处置计量监管暂行办法》（2006年）
④ 《杭州市生态文明试点乡镇（街道）、村指标体系》（2010年）
⑤ 《杭州市污染源自动监控系统运行监管工作制度》（2011年）
⑥ 《杭州市大气污染防治行动计划（2014—2017）》（2014年）
⑦ 《杭州市环境违法行为行政处罚量罚办法（2018年版）》（2018年）
⑧ 《杭州市加快生态文明示范创建深化"美丽杭州"建设行动方案》（2019年）等

图 3-2　杭州市生态文明制度建设情况

（二）国土空间格局进一步优化

在生态文明理念下，《杭州市城市总体规划（2001—2020）》中确定了"一主三副六组团"的城市格局，促进了生产空间、生活空间、生态空间的科学布局和不断优化。首先，在生产空间方面，杭州根据产业集聚特征规划产业片区，通过工业地置换，提高了用地效率，促进生产空间集约高效。例如，杭州半山地区曾是杭州重工业的摇篮，存在工业污染、生活污染、环境基础设施滞后等问题。如今，随着大量工业企业迁出，半山地区的三山公园成了杭州新的"十里银铛"，绿树、青山、游步道样样齐全，天空不再灰蒙蒙。其次，在生活空间方面，通过对居住区的生态设计，不断提升居民生活空间的宜居性和生态性。具体如下：①生活空间不断整合，既改善了群众的居住条件，又整体提升了城市生活品质。例如，杭州通过"三改一拆"，使原来缺乏规划、环境差的社区，华丽变身为市民喜欢光顾的休闲餐饮精品社区，实现了社会空间"脱胎换骨"般的提升[1]。②绿地和公园不断增加，为居民生活、休闲、运动提供了清洁、舒适的空间。《2021年城市建设统计年鉴》中显示，杭州人均公园绿地面积15.1%，建成区绿化覆盖率为40.7%，森林覆盖率为65.54%[2]。③公共交通得到大力发展，形成了方便快捷、高效低碳、人性化的公共交通体系。近年来，杭州始终坚持"公交优先"战略，构建了轨道交通、公交、出租车、水上巴士、公共自行车"五位一体"的绿色公交体系，强化绿色出行的理念。最后，在生态空间方面，为实现"让城市镶嵌在青山绿水之中"的目标，杭州积极开展城市生态修复，努力实现生态效益、社会效益、经济效益三者之间平衡的"最大公约数"。

（三）生态环境质量持续改善

几年来，杭州加大污染减排力度，实施"蓝天碧水绿色清静"工程，依据山脉、江河湖泊和风景区等自然地貌，构建六条镶嵌在主城、副城之间的生态带，为城市发展"留白"。经过多年的生态文明建设，杭州生态环境质量得到持续改善，在2017年世界城市日论坛上，杭州被住建部正式命名并授牌为"国家生态园林城市"。具体成果如下：①全市水环境质量状况良好。截至2021年年底，杭州市控

---

[1] 张红岭. 优化空间提升生活品质[EB/OL].（2016-09-02）[2023-06-08]. http://zj.people.com.cn/n2/2016/0929/c186937-29079263.html.

[2] 中国人民共和国住房和城乡建设部. 2021年城市建设统计年鉴[EB/OL].（2022-01-05）[2023-06-08]. http://www.mohurd.gov.cn/xytj/tjzljsxytjgb/jstjnj/.

以上断面，水环境功能区达标率为100%；水质达到或优于Ⅲ类标准比例为100%[①]。②全市环境空气质量进一步改善（图3-3）。杭州2020年空气优良天数为334天，比2016年多74天，空气优良率提高了20.1%。③森林绿地建设得到提升。杭州在新安江—富春江—钱塘江"三江"流域建成600里（1里=0.5千米）沿江（湖）生态廊道和270千米沿江滨水绿道，绘就了一幅当代真实版"富春山居图"。杭州通过园林绿化建设，打造生态林、产业林、景观林"三林共建"的森林体系，让城在林中、路在绿中、房在园中、人在景中。

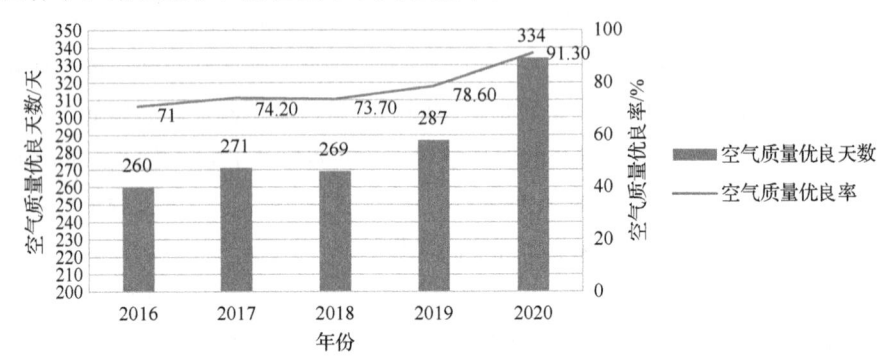

图3-3　2016—2020年杭州市空气质量变化

（数据来源：2016—2020年杭州市国民经济和社会发展统计公报。）

（四）"园林绿道"休闲运动成为杭州特色

素有"人间天堂"之美誉的杭州，是人人向往的休闲之都。连续获得2010年、2013年和2016年"中国十大休闲城市"评选（三年评选一次）榜首。2017年，杭州荣获"中国旅游休闲示范城市"，又增添了一项国家级的荣誉。空间格局的优化拓展了城市休闲体育活动的空间，"三江两岸"城市生态带、健身绿道、郊外公园、西湖景观带、城市公园、体育公园、布袋公园等成为居民休闲运动的主要去处。截至2020年年底，杭州市林地面积为1767.27万亩，森林面积为1690.88万亩，森林覆盖率为66.89%[①]，森林覆盖率上升明显。在城市治理和全民健身推动下，杭州休闲体育供给内容逐渐丰富。城市休闲的深厚底蕴为杭州开展休闲体育创造了便利条件并奠定了坚实基础，而2022年亚运会的申办也掀起了全民健身运动的高潮。无论是秀丽的清晨，还是温馨的黄昏，在杭州的公园广场、绿地湖

[①] 杭州市生态环境局. 2022年度杭州市生态环境状况公报[EB/OL].（2023-06-05）[2023-08-03]. http://epb.hangzhou.gov.cn/art/2023/6/5/art_1229354863_4170811.html.

边、街边小巷都随处可见休闲健身的人群，有数百人打太极拳的，有三五成群慢跑竞走的，有沉着应对棋盘对弈的，有神定气闲拿捏推手的，有风驰电掣玩自行车的。在杭州，既有充溢北方豪情的腰鼓，又有温婉细雅的扇子舞，更有风情万种的广场舞……在杭州，凡有空地的地方都能看到休闲健身的人群。

二、武汉生态文明建设与休闲体育特色呈现

武汉，一座历史与现代交融的千年古城，发起了一场"找回青山绿水"的生态革命，为居民带来了诸多生态福祉。武汉自古就是"百湖之市"，江湖相济、人水相依，如今的水不再是武汉的祸源，反而让武汉变得灵动秀美。武汉开启了生态文明建设新征程，着力打造国内外知名的滨水生态绿城，致力成为"美丽中国"典范城市，为居民勾画出一幅美丽画卷。武汉经过多年的生态文明建设，探索出生态文明建设的"加减乘除法"，努力成为全国生态文明建设的"武汉样本"。《武汉都市发展区"1+6"空间发展战略实施规划》中全新构建"1个主城+6个新城组群"的城市空间格局。为实现修复山水新生境、营建产居新生活的目标，武汉生态环境保护与建设项目投资约45.3亿元。水净、天蓝、地绿的生态环境为城市休闲体育活动开展提供了良好的空间和环境，主要表现在以下几个方面。

（一）制度保障，生态文明制度从设计走向监管

生态保护离不开顶层设计，一系列规划设计和制度条例是城市生态文明建设的保障。《武汉2049远景发展战略》《武汉都市发展区"1+6"空间发展战略实施规划》等宏观战略规划为武汉生态文明建设指明了目标和方向。在生态保护方面，武汉率先推进制度化、法治化建设（图3-4）。武汉2012年划定基本生态控制线；2013年武汉通过了《武汉市基本生态控制线管理条例》，开启了武汉生态的法律保护模式。在生态监管方面，武汉在全国首创将城市生态保护上升到地方法律层面；颁布实施全国首部湖泊保护条例；出台全国首个湖泊"三线一路"保护规划；在全国开创性地进行了《武汉都市发展区生态绿楔控规导则》的编制，探索武汉市1814平方千米内生态资源保护与利用的合理模式。

武汉生态文明制度建设情况
- 生态武汉发展规划
  - ①《武汉都市发展区"1+6"空间发展战略实施规划》（2011年）
  - ②《武汉市建设国家中心城市行动规划纲要》（2012年）
  - ③《武汉2049远景发展战略》（2013年）
  - ④《武汉市国民经济和社会发展第十三个五年规划纲要》（2016年）
  - ⑤《武汉市城市管理发展"十四五"规划》（2021年）等
- 生态文明建设规划
  - ①《武汉城市圈生态环境规划》（2008年）
  - ②《改善空气质量行动计划》（2014年）
  - ③《武汉市第三批湖泊"三线一路"保护规划》（2015年）
  - ④《武汉市土壤污染防治工作方案》（2017年）
  - ⑤《武汉市水生态文明建设规划纲要》（2017年）
  - ⑥《中法武汉生态示范城总体规划（2016—2030年）》（2017年）
  - ⑦《武汉市能源发展"十三五"规划》（2017年）
  - ⑧《武汉市创建国家生态园林城市实施方案》（2018年）
  - ⑨《武汉市生态环境保护"十四五"规划》（2021年）等
- 生态文明监管制度
  - ①《武汉城市圈"十二五"大气污染联防联控规划》（2010年）
  - ②《武汉市基本生态控制线条例》（2013年）
  - ③《武汉市生态文明建设目标体系及考核办法》（2013年）
  - ④《湖北省主要污染物排污权交易办法实施细则》（2014年）
  - ⑤《武汉市涉湖违法案件移送暂行规定》（2015年）
  - ⑥《武汉市水生态文明城市建设试点工作方案》（2016年）
  - ⑦《武汉市大气污染防治强化措施》（2016年）
  - ⑧《武汉市2018年拥抱蓝天行动方案》（2018年）等

图 3-4 武汉生态文明制度建设情况

（二）人水和谐，水生态环境得到全面保护

武汉两江交汇，百湖镶嵌，境内 5 千米及以上长度的河流、湖泊分别有 165 条、166 个，是一座因水而兴、因水而美的城市。在湖泊保护方面，武汉在全国率先实行"湖长制"，2012—2013 年相继确定了 166 个湖泊的官方"湖长"。武汉不断强化湖泊巡查执法，对违法填湖"零容忍"，使湖泊、河流的水环境质量得到了大幅提升。2021 年的水质监测结果表明，武汉 79.2% 的河流断面为 Ⅱ 类或 Ⅲ 类水质断面[①]。武汉河流劣 Ⅴ 类断面显著减少，综合污染指数呈下降趋势，河流总体水质稳中趋好，2020 年已无劣 Ⅴ 类水质断面。武汉居民表示："最开心的事儿就是芦湾湖没臭味了。在这里住了 10 年，每年夏天都不敢开窗。现在晚饭后，大家三五成群来到湖边散步。"2021 年颁布的《武汉市生态环境保护"十四五"规划

---

① 武汉市环境监测中心. 2021年2月武汉市地表水环境质量状况[EB/OL].（2021-03-17）[2023-06-08]. http://hbj.wuhan.gov.cn/fbjd_19/xxgkml/zwgk/hjjc/dbsjjzsyysydjcbg/202103/t20210323_1654892.html.

（征求意见稿）》中对武汉水生态文明建设提出了新愿景："到2025年，城市空间开发保护格局持续优化，生产生活方式绿色转型取得明显进展，生态环境质量进一步改善，长江大保护成效更加显著，世界滨水名城、湿地花城魅力更加彰显，为加快建设国家中心城市、长江经济带核心城市和国际化大都市奠定良好生态环境基础。"[1]

（三）污染防控，空气质量综合治理见成效

武汉是中国传统工业重镇，工厂排放的大量废弃物成为武汉空气污染的罪魁祸首。此外，武汉的港口轮渡、机动车排放的尾气都造成了空气的严重污染。为了找回蓝天白云，武汉大力进行环境污染防控。2013年，武汉市政府颁布《改善空气质量行动计划》，推出36项举措改善空气质量，综合治理雾霾。通过一系列举措，武汉空气质量得到了明显改善和提升，空气质量优良天数逐年攀升（图3-5），PM10、细颗粒物、二氧化硫、二氧化氮年均浓度呈下降趋势，一氧化碳、臭氧年均浓度总体保持稳定。随着空气质量的提升，阴霾逐渐退去了，蓝天白云又回到了人们的生活中。武汉居民说："驾车走长江大桥，竟然看到远处蓝天白云下高高耸立的长江二桥，甚是惊喜；出门不戴口罩的日子方便自在多了。"

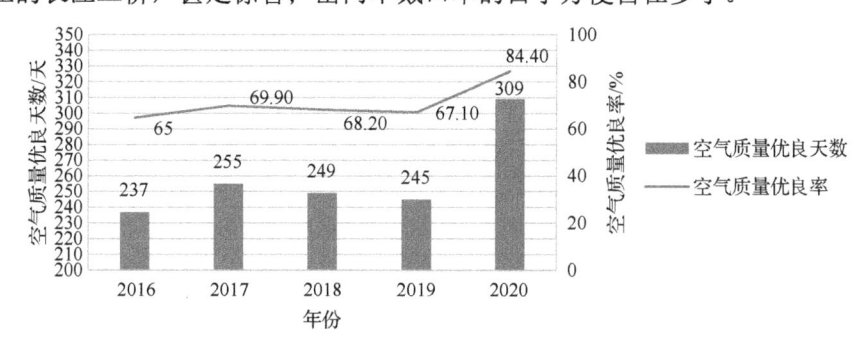

图3-5 2016—2020年武汉市空气质量变化

（数据来源：2016—2020年武汉市国民经济和社会发展统计公报。）

（四）增绿添园，生态空间得到不断扩展

《武汉都市发展区"1+6"空间发展战略实施规划》中对武汉生态空间进行了

---

[1] 武汉市生态环境局. 武汉市生态环境保护"十四五"规划（征求意见稿）[R]. 武汉：武汉市生态环境局，2021.

"两轴两环、六楔多廊"的合理规划。近年来，武汉公园绿地不断增加，江滩绿道成为生态名片，赢得世界级赞誉。首先，绿色空间逐渐增多。武汉通过大力开展园林绿化项目，截至2022年年底，全市各类公园数量为800余座，正朝着"千园之城"稳步进发[①]。武汉市人均公园绿地面积由2012年的9.91平方米增加至2021年的14.82平方米。其次，百里滨江画廊成为最亮生态名片。武汉大力推进两江四岸防洪及环境综合整治工程，全市两江四岸江滩累计建成总长超过50千米、总面积逾600万平方米的滨水空间，滨水生态空间不断拓展，成为世界罕有、国内最大的滨水空间，城市居民亲水乐水的获得感不断增强。最后，东湖绿道赢得了世界级赞誉。全长124千米的武汉东湖绿道带动了近400千米的绿道网络体系建设，成为游客旅游休闲和当地市民户外活动的首选地，在此开展的各类运动赛事纷纷与国际接轨，包括武汉马拉松赛、国际帆船比赛、水上马拉松、C4峰会环东湖绿道自行车赛等大型赛事活动。东湖绿道将进一步成为集游览、休闲、运动、健身等多项城市功能于一体的城市绿心。

（五）"大江大湖"运动休闲成为武汉特色

被称为"大江大湖生态江城"的武汉，是一座人水相亲、城水相依的城市。武汉旅游业发展一直走在全国前列。经过对旅游休闲的多年顶层设计，如今的武汉"汉味休闲"触手可及，"滨水休闲"特色显著，先后获批"全国旅游标准化示范城市"和"国家智慧旅游城市试点城市"，并于2017年成功跻身首批"中国旅游休闲示范城市"之列。武汉市出台的《建设国家旅游休闲示范城市三年提升计划》中提出，充分利用世界一流的"水城一体"自然生态格局，将武汉打造成为国家旅游中心城市和世界知名的滨江滨湖旅游休闲目的地城市；《武汉体育事业"十三五"规划》中提出打造"中部休闲体育之都"的目标。武汉独特的水域资源优势促成了武汉休闲体育的发展特色。国际名校赛艇挑战赛、"同城双星"龙舟友谊赛、国际渡江节、水上马拉松等水上运动赛事已成为武汉的名片。此外，帆船、赛艇、游泳、摩托艇等水上运动也深受武汉居民喜欢。在武汉水生态环境不断改善的情况下，武汉水上休闲体育运动获得空前发展。

三、成都生态文明建设与休闲体育特色呈现

"九天开出一成都，万户千门入画图。"成都自古被誉为"天府之国"，有着"水

---

① 成熔兴. 距离"千园之城"更进一步 武汉公园总数突破800座[EB/OL].（2023-01-10）[2023-08-03]. http://life.china.com.cn/web/zhcs/detail2_2023_01_10/3784944.html.

润天府，花重锦官"之盛景。但在城市现代化进展中，成都生态环境一度受到了严重破坏。为绘就成都"百水润城、水清岸绿"的美丽生态画卷，成都坚持生态立市，全力推进铁腕治霾、重拳治水、科学治堵、全域增绿的"三治一增"措施，出台"治霾十条""治水十条""治堵十条""增绿十条"，使人居环境得到不断修复与改善。成都先后获批"国家环保模范城市""国家园林城市""国家森林城市"，在"2015年中国最具幸福感城市"排名中成都位居第六。成都2013年被水利部确定为全国首批水生态文明建设试点城市之一，2014年获批"国家生态文明先行示范区"，2017年获批"国家低碳城市试点"。2019年，成都市相继获得"第31届世界大学生夏季运动会"举办权和"2025年世界运动会"举办权。成都生态文明建设取得了一定成效，为城市休闲体育的发展提供了良好的环境基础，具体如下。

（一）制度设计，陆续发布多项利好举措

生态文明建设不是一蹴而就的。2012年，成都创造性地设立了饮用水源"生态补偿基金"制度，强化饮用水源保护，修订完成《成都市饮用水水源保护条例》；推进排污权交易试点，印发了《成都市排污权交易管理规定》。成都生态文明制度建设正在全面推进，具体如下：建立污染防治联席会议制度，健全大气污染防治区域联防联控机制，推进落实流域水污染防治河长制，建立完善区（市）县环境质量改善考核激励机制，建立激励约束并重的生态文明建设目标评价考核制度，并严格落实《成都市党政领导干部生态环境损害责任追究实施细则（试行）》。《成都市环境总体规划》《成都市生态文明建设"十三五"规划》等一系列文件（图3-6）的颁布，为成都生态文明建设提供了坚实保障。

（二）净空净水，生态环境得到持续修复

"新鲜空气、水源放心"是居民最朴实的、最迫切的愿望。成都市坚持全民共治、源头防治，出台了"大气十条""治水十条"，坚决打好净空净水战役。在蓝天保卫方面，成都市政府印发实施了《成都市大气污染防治行动方案2017年度重点任务》，提出了"六大行动""50条措施"。为进一步加大雾霾治理力度，成都出台了《实施"成都治霾十条"推进铁腕治霾工作方案》。在大气污染防治"650"工程和"治霾十条"的"高压"防治下，成都大气污染防治工作成效显著。2020年成都空气质量优良天数达到280天，比2016年增加了66天（图3-7）。成都铁腕治霾，使空气质量得到了明显改善。在净化水源方面，成都加强饮用水源地规范化建设，实施饮水安全保护工程；全面推行河长制，抓好水污染防治，重现绿意盎然、水韵悠长、独具特色的城乡生态风貌。成都市民说："以前金牛区四斗渠是当地居民不愿提及的'臭水沟'，如今河水碧水流淌、两岸鲜花绿树，我每天都要到河边休闲健身。"

成都生态文明制度建设情况
- 生态成都发展规划
  - ①《成都生态市建设规划》（2007年）
  - ②《成都国家中心城市建设行动纲要（2016—2025）》（2016年）
  - ③《成都市国民经济和社会发展第十三个五年规划纲要》（2016年）
  - ④《成都市城市总体规划（2016—2035）》（2018年）等
- 生态文明建设规划
  - ①《成都市排污权交易管理规定》（2012年）
  - ②《成都市饮用水水源保护条例》（2014年）
  - ③《成都市噪声污染防治规划》（2014年）
  - ④《成都市环境总体规划》（2016年）
  - ⑤《成都市生态文明建设2025规划》（2016年）
  - ⑥《成都市加快推进生态文明建设实施方案》（2016年）
  - ⑦《成都市生态守护控制规划》（2017年）
  - ⑧《成都市空气质量达标规划（2018—2027年）》（2018年）
  - ⑨《成都市"十四五"生态环境保护规划》（2022年）等
- 生态文明监管制度
  - ①《实施"成都治霾十条"推进铁腕治霾工作方案》（2017年）
  - ②《2017年中心城区园林绿化秋季增量提质行动方案》（2017年）
  - ③《实施"成都治水十条"推进重拳治水工作方案》（2017年）
  - ④《实施"成都治堵十条"推进科学治堵工作方案》（2017年）
  - ⑤《实施"成都增绿十条"推进全域增绿工作方案》（2017年）
  - ⑥《成都市中心城区节水技术改造补贴资金管理实施细则》（2017年）
  - ⑦《成都市机动车和非道路移动机械排气污染防治办法》（2017年）
  - ⑧《成都市2021年大气污染防治工作行动方案》（2021年）等

图 3-6　成都生态文明制度建设情况

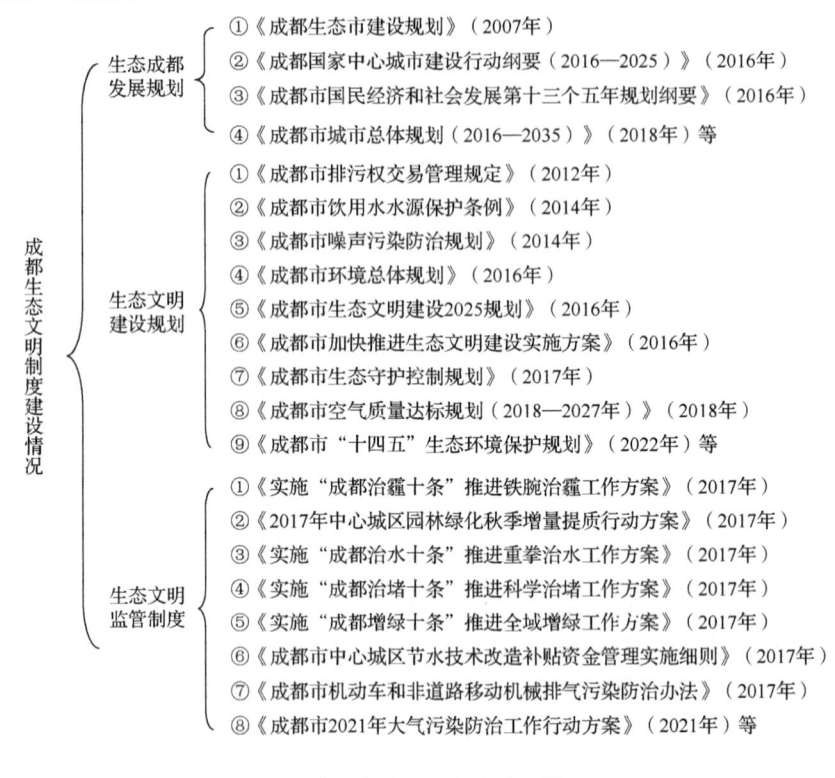

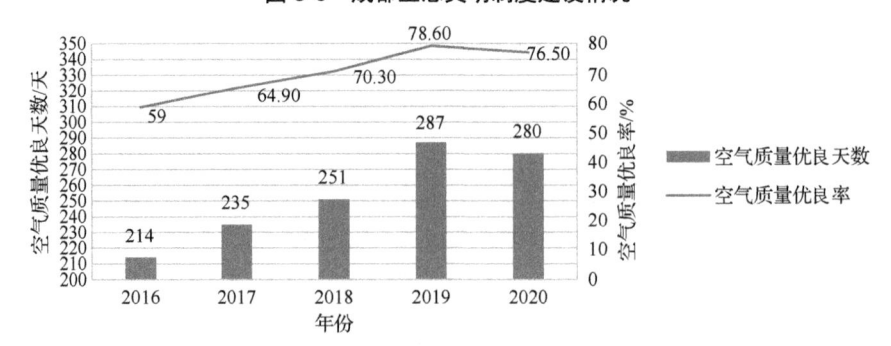

图 3-7　2016—2020 年成都市空气质量变化

（数据来源：2016—2020 年成都国民经济和社会发展统计公报。）

（三）低碳环保，形成绿色出行新风尚

美丽家园需要全民共建，每个人都养成绿色的生活方式是建设美丽家园的关键。2017年，成都启动国家低碳城市试点建设，优先发展公共交通，以低碳出行为突破口，倡导低碳城市和环境保护全民参与、共建共享。首先，成都提升公共交通服务水平，实施轨道交通加速成网计划。截至2020年年底，成都轨道交通运营线路长度为558千米，其中地铁运营线路长度为518千米，增长71.5%，地铁客运总量为12.2亿乘次[1]。其次，成都大力推进快速公交和微循环社区巴士建设，加强地铁公交无缝衔接，形成了以快速公交、常规公交、社区巴士等为主的四级公交体系，每天有1.5万辆公交车穿行在成都的大街小巷，公交出行分担率从2013年的28%提升至2020的60%。最后，成都出台《成都市关于鼓励共享单车发展的试行意见》，全市累计投放共享单车约120万辆，自行车出行分担比例由原来的3.7%增加至11.6%，年减排二氧化碳约6.8万吨[2]。践行绿色出行方式，成都市民在用行动找回蓝天。

（四）全域增绿，初步呈现"绿满蓉城"盛景

《成都市城市总体规划（2016—2035）》中提出构建"两山、两网、两环、六片"的生态格局。为再现绿意盎然、花重锦城的景象，一场全域增绿行动正在成都展开。《2018年中心城区园林绿化秋季增量提质行动方案》中提出成都计划新增"花园式特色街区"26个；建设小游园、微绿地36个，改扩建小游园、微绿地36个；行道树增量提质130条；建设立体绿化20万平方米。成都不断推进城市中心公园、区域公园、小游园、小街区绿地等建设，基本实现"300米见绿、500米见园"。全域成都初步呈现"绿满蓉城"盛景[3]。此外，成都规划了世界最长的绿道体系，通过天府绿道将生态区、公园、小游园、微绿地串联一起，总长16930千米。天府绿道将承载生态景观、慢行交通、休闲游览、城乡融合、文化创意、体育运动、景观农业、应急避难八大功能[4]。

---

[1] 成都市统计局. 2020年成都市国民经济和社会发展统计公报[R]. 成都：成都市统计局，2021.
[2] 佚名. 成都多措并举积极构建绿色出行体系[EB/OL]. （2017-12-21）[2023-06-08]. https://www.sc.gov.cn/10462/10464/10465/10595/2017/12/21/10441262.shtml.
[3] 成都市人民政府. 成都全域增绿初步呈现"绿满蓉城"盛景[EB/OL]. （2017-07-11）[2023-06-28]. https://www.sc.gov.cn/10462/10464/10465/10595/2017/7/11/10427832.shtml.
[4] 程文雯. 天府绿道设计方案出炉！2040年全成都都是绿！绿！绿！[EB/OL]. （2017-09-02）[2023-06-08]. http://www.sohu.com/a/169010756_384290.

（五）"山水户外"运动休闲成为成都特色

成都，有"蜀中苏杭"的美称，成都的休闲自古有之，俗尚游乐是成都人的一大特点。如今的成都是一座"来了就不想走的城市"，是一个让时间慢下来的"休闲之都"。成都2006年被评为首批"国家最佳旅游城市"，多次被评为"中国十大休闲城市之一"，2016年入选"中国十大活力休闲城市"，2017年被评为"中国十大品质休闲城市之一"，2017年获批"中国旅游休闲示范城市"，2018年荣获"中国最具活力休闲城市"称号。休闲已经融入了成都人的生活中，刻在了成都人的生命里。随着人们对多样化休闲体验的不断追求，运动休闲成为成都人的新宠。成都在2009年首次提出"运动成都"的品牌理念，全力推动成都的全民健身运动，并在"2017最具体育活力城市排行榜"中获得第四名的佳绩。基于此，成都休闲体育获得了空前发展。《成都市旅游业发展"十四五"规划》中提出重点打造成都休闲、山水运动旅游等核心支撑产品。《成都市体育发展"十四五"规划》中也强调大力发展户外运动项目，扶持社会组织开发户外运动项目的产业链服务。成都已形成的品牌赛事有都江堰（虹口）国际漂流节、中国成都天府绿道国际自行车车迷健身节、中国成都国际极限运动会、钓鱼节等。此外，自行车运动、山地户外运动和水上运动也成为成都居民参与休闲体育的热门项目。

第四章 城市居民休闲体育的需求表达与行为限制

第一节 城市居民休闲体育的需求表达

一、城市居民休闲体育的需求内涵

（一）城市居民休闲体育的认知与需求动机

皮亚杰（Piaget）的认知发展理论认为，心理发展是主体与客体相互作用的结果，对休闲体育的正向心理认知形成思维与记忆，从而浸染休闲体育的需求动机并诱发休闲体育的参与行为。杭州、武汉和成都城市居民对休闲体育的认知比较趋同（图4-1），他们一致认为休闲体育"具有愉悦身心、调节情绪、丰富生活、提高生命质量的作用""是休闲与体育的结合，是一种健康的休闲方式""是闲暇时间的一种娱乐放松的方式"。少数人认为休闲体育"是一种极限运动""花费高，是贵族运动""对技能要求比较高，是少数人的活动"，同时存在对休闲体育不了解的现象。由此可以看出，休闲体育在城市居民的认知中是健康的、大众的、愉悦的。

认知	人数
不了解，应该是一种体育锻炼方式	394
是一种极限运动	88
对技能要求比较高，是少数人的活动	279
具有愉悦身心、调节情绪、丰富生活、提高生命质量的作用	2169
是休闲与体育的结合，是一种健康的休闲方式	2122
花费高，是贵族运动	246
是休暇时间的一种娱乐放松的方式	2322

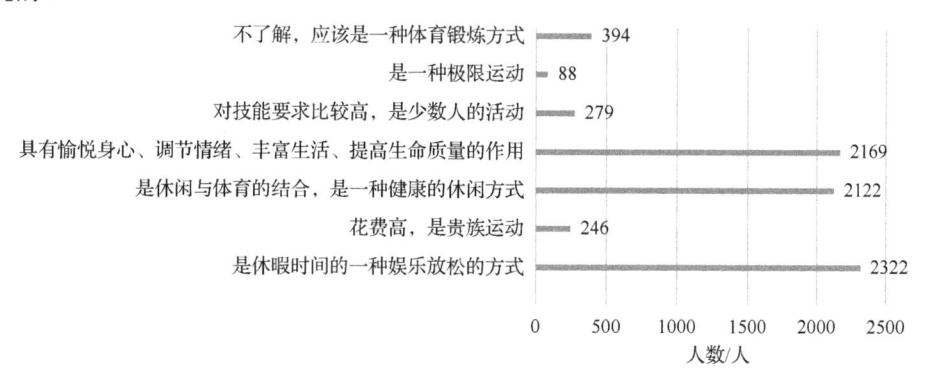

图4-1 杭州、武汉、成都城市居民对休闲体育的认知

休闲体育动机是指引起休闲体育行为的内部唤醒机制和自觉意识,是由休闲体育需求产生并达到一定强度转化而来的。了解城市居民休闲体育的内心需求,对解释和预测城市居民的休闲体育行为具有重要意义。随着"城市病"愈发凸显,生存环境的恶化和人体机能的逐渐退化使城市居民的身心健康受到威胁,因此身心健康成为当下城市居民最关注的方面,调查也证实了这点。对杭州、武汉和成都城市居民参与休闲体育的动机的调查发现(图4-2),"为了身体健康"是激发人们休闲体育行为的首要因素,占比81.5%;"为了快乐""为了调节情绪""为了释放压力"也是参与休闲体育的主要内心驱动力,分别占43.5%、33.4%和33.0%;根据马斯洛需求层次理论,在人的基本需求得到满足后会出现更高层次的需求,在这次调查中亦有体现,有25.8%的人是"为了锻炼意志",有23.2%的人是"为了形体保持或变得更好",有17.2%的人是"为了陪伴家人",有12.5%的人是"为了学习技能",有8.9%的人是"为了刺激/挑战自我",还有7.2%的人是"为了交际"。可以看出,休闲体育功能和效用是随着人们需求的变化而变化的。

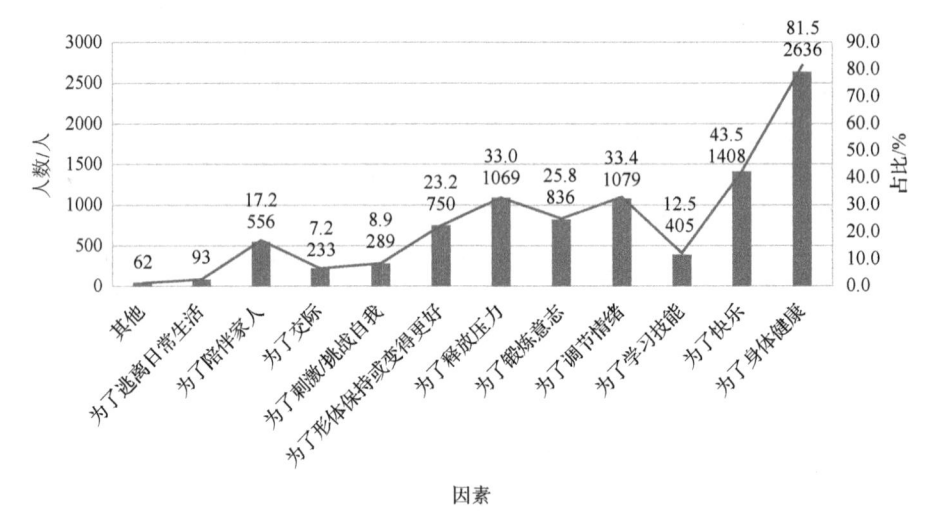

图4-2 杭州、武汉、成都城市居民参与休闲体育的动机

(二)城市居民闲暇时间的休闲体育需求偏好

需求分为同质需求和异质需求,城市居民对休闲方式的需求存在偏好。随着闲暇时间的增多和物质生活水平的提升,居民休闲活动日趋丰富。在调查中发现,在诸多休闲方式中,看电视、上网之类的静态休闲方式仍是主流(表4-1)。随着

人们健康意识的苏醒，体育锻炼受到青睐，在城市居民休闲方式中的占比为51.5%；读书/阅报、看电影/唱歌之类的文化休闲在城市居民中也比较受欢迎，占比分别为31.6%和27.0%；在休闲时代引领下，旅游的受众群体逐渐扩大，成为主要休闲方式之一；此外，茶室聊天、打牌/打麻将等传统的休闲方式随着生活节奏的加快而不再是生活中的主流休闲方式，占比分别为9.6%和15.5%。

表4-1 城市居民闲暇时间的休闲方式偏好

方式	频数	百分比/%
体育锻炼	1671	51.5
看电视	1771	54.6
上网	1759	54.3
读书/阅报	1025	31.6
看电影/唱歌	876	27.0
茶室聊天	311	9.6
闲逛	588	18.1
打牌/打麻将	501	15.5
旅游	932	28.7

休闲体育作为积极健康的休闲方式，契合了城市居民的内在需求，并逐渐生活化、常态化。然而，不同群体的城市居民对休闲体育活动方式的需求不同，存在明显的需求偏好，了解城市居民对休闲体育活动的需求偏好，对于休闲体育的供给与开展具有重要意义。城市居民闲暇时间的休闲体育活动偏好如图4-3所示。调查发现，在14种休闲体育活动方式中，最受欢迎的是简单易行、普及性强、免费或收费低的活动方式，如健身走、跑步和球类，占比分别为60.6%、40.7%和32.6%；骑行、登山/徒步旅游之类的新兴时尚型活动方式也深受居民喜欢，占比分别为23.5%和20.0%；在中国遍地开花的健美操/广场舞多年来一直受到居民追捧，在这次调查中亦有所体现，占比为16.8%；游泳虽受欢迎，但由于场地限制，居民参与率并不高，占比为13.3%；值得深思的是，跳绳/踢毽、武术/太极拳等传统项目的参与率较低，尤其是武术/太极拳的占比只有3.8%，由此可见，民族传统体育的普及与传承任重道远；骑马/打高尔夫球的参与率也相当低，占比仅有2.3%，因为骑马、打高尔夫球在我国还属于贵族休闲运动，高昂的收费让大多数人望而却步。

生态文明与我国城市休闲体育

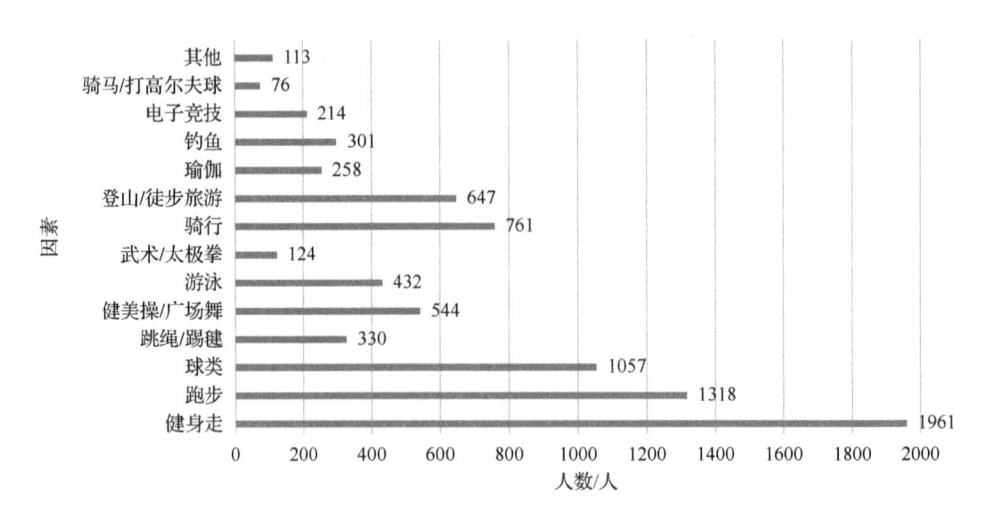

因素	人数/人
其他	113
骑马/打高尔夫球	76
电子竞技	214
钓鱼	301
瑜伽	258
登山/徒步旅游	647
骑行	761
武术/太极拳	124
游泳	432
健美操/广场舞	544
跳绳/踢毽	330
球类	1057
跑步	1318
健身走	1961

图 4-3 城市居民闲暇时间的休闲体育活动偏好

二、城市居民参与休闲体育的时空特征

（一）城市居民参与休闲体育的时间维度

考察杭州、武汉和成都居民参与休闲体育的时间维度，从参与频次和时间两个方面展开，时间维度是决定休闲体育是否能成为生活方式的重要标准（表 4-2）。城市居民在参与休闲体育的频次上，以每周 1~2 次为主，占比为 58.2%；城市居民参与休闲体育的频次在每周 3 次及以上的占比为 30.4%；城市居民参与休闲体育频次不确定的占比为 11.4%。可以看出，城市居民参与休闲体育的整体活跃度尚可，但大多数人口的参与频次不高，只是停留在每周 1~2 次，距离休闲体育成为居民生活方式的目标还很远。城市居民在参与休闲体育的时间上，平均每天参与时间小于 0.5 小时的群体最多，占比为 30.8%；其余人群的参与时间基本在 0.5~1 小时和 1~3 小时两个区间，参与时间在 3 小时以上的仅占 10.6%，同时还存在每天参与时间不确定的人群。表面原因是真正热爱休闲体育的人口比例不高，实质上反映出城市居民对休闲体育的认识和参与行动之间存在一定差距，因此有待进一步了解城市居民参与休闲体育的驱动因素与限制因素。

表 4-2　城市居民参与休闲体育的时间维度

统计指标	频次			时间					
	3次及以上/周	1~2次/周	不确定	5小时以上	3~5小时	1~3小时	0.5~1小时	<0.5小时	不确定
频数	985	1887	370	80	264	751	910	997	240
百分比/%	30.4	58.2	11.4	2.5	8.1	23.2	28.1	30.8	7.4

（二）城市居民参与休闲体育的空间维度

城市居民参与休闲体育的空间维度由休闲体育场所和到达场所的时间两个方面构成，它是衡量城市休闲体育场所供给情况的重要因素。调查显示（图4-4），在休闲体育场所方面，城市居民最倾向选择距离近、环境好、不收费的场所，选择小区内空地、健身苑点和绿地/公园/广场的居民最多，占比分别为47.6%和45.7%；单位/学校体育场地的免费对外开放和健身步道/骑行道的不断建设，拓展了城市居民休闲体育活动的空间和场地，免费的单位/学校体育场地和环境优美的健身步道/骑行道成为居民偏爱的场所，城市居民选择二者的占比分别为25.3%和24.6%；便利的社区健身中心也比较受欢迎，选择该场所的居民占比为26.0%；选择收费体育场馆/健身房的居民占比仅有16.3%，这说明居民的休闲体育消费观念和意识还不高，休闲体育产业市场有待开发；还有11.0%的居民选择了街道或建筑空地等其他场所，由此可见休闲体育场所还存在不足现象。在城市居民到达休闲体育场所所需时间方面（图4-5），选择"5分钟以内"和"6~15分钟"的居民占比分别为19.7%和39.3%，这说明城市社区建设15分钟健身圈虽取得了一定成效，但还不能覆盖所有人群；仍然有24.7%的居民选择"16~30分钟"，有10%的居民选择"31~45分钟"，甚至还有6.4%的居民到达休闲体育场所需要46分钟以上。这一方面反映出休闲体育场所存在供给不足、不平衡；另一方面反映出城市居民参与休闲体育呈现出圈层结构，根据城市居民到达休闲体育场所的时间不同，可将休闲体育圈层分为社区休闲体育活动空间、城市休闲体育活动空间和城市圈休闲体育活动空间。

生态文明与我国城市休闲体育

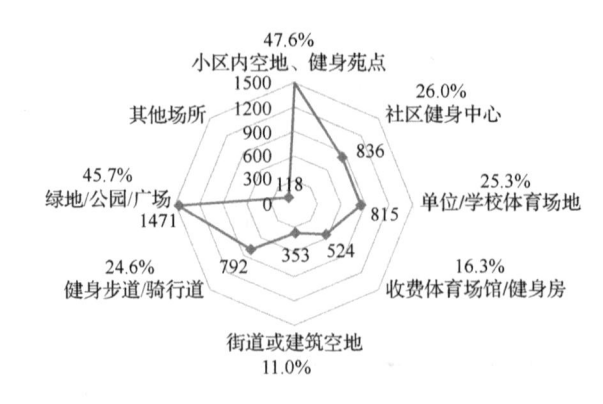

图 4-4 城市居民参与休闲体育的主要场所

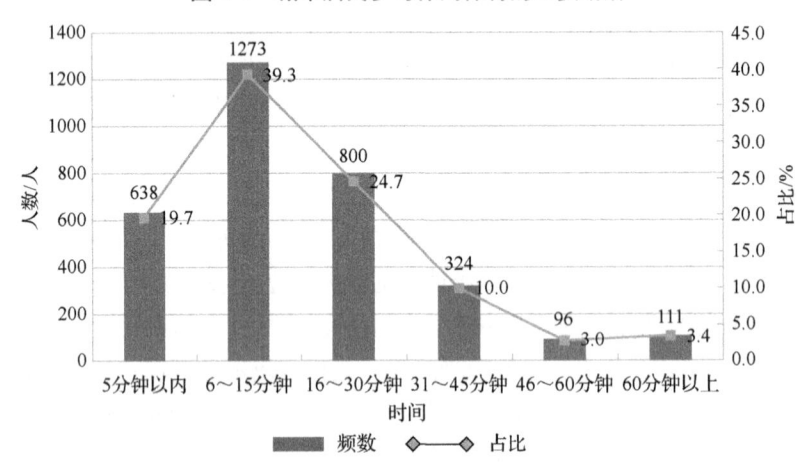

图 4-5 城市居民到达休闲体育场所所用的时间

三、城市居民参与休闲体育的行为需求

（一）城市居民参与休闲体育的行为选择

研究城市居民参与休闲体育的行为选择主要考察城市居民参与休闲体育的行为方式，以了解居民对出行方式和活动方式的行为需求情况。在出行方式方面（图 4-6），有 55.7% 的居民选择步行到休闲体育场所，反映出居民健身意识的增强和休闲体育场所的完善；随着环保观念的深入人心和共享单车的普及，绿色出行成为时尚，选择自行车出行的居民占比为 16.5%，与之对应的是自驾车出行（占比为 6.5%）；电动车/摩托车作为便利的交通工具一直受到青睐，这在调查中也得到了验证（占比为 11.4%）；公共汽车和轨道交通是城市居民低碳出行、缓解交通阻塞的主要方式，但在调查中的选择占比很低，分别仅有 8.4% 和 1.4%，这反映出公共交通和

轨道交通的便捷性有待提高。在城市居民参与休闲体育的主要方式方面（图 4-7），自己、朋友/同事一起和与家人一起的占比较高，休闲体育内容多样、形式灵活，既有可以单独活动的项目，也有群体参与的项目，在愉悦身心的同时，还能增进情感交流、家庭和睦。出乎意料的是选择社区组织、单位组织和休闲健身相关协会组织的居民仅占 3%，由此可以看出，居民参与休闲体育主要以自发为主，休闲体育相关组织的力量还太薄弱，没有发挥出应有的作用。

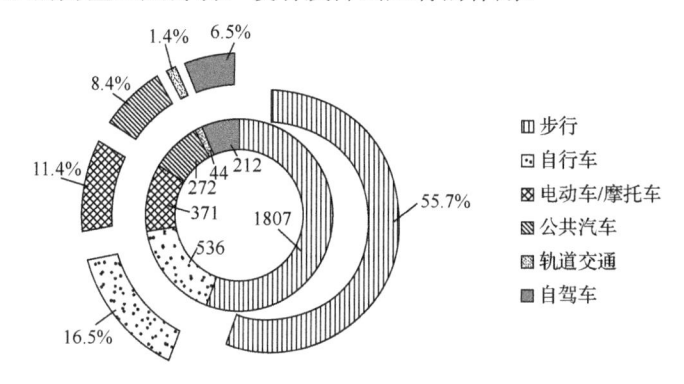

图 4-6　城市居民参与休闲体育的出行方式

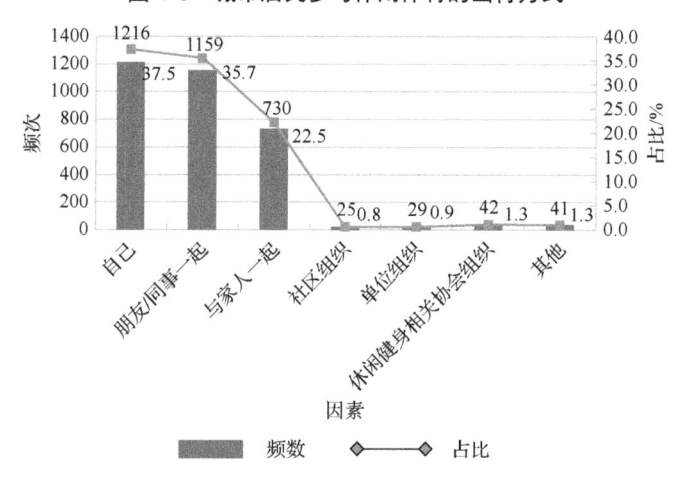

图 4-7　城市居民参与休闲体育的主要方式

（二）城市居民参与休闲体育的行为消费

休闲体育的行为消费反映了休闲体育的消费需求力，是衡量休闲体育市场开发和产业发展的重要指标。调查发现（图 4-8），休闲体育消费在 100 元以下的居民占比为 34.1%，休闲体育消费在 101～500 元的居民占比为 27.5%，休闲体育消费在 501～1000 元的居民占比为 14.6%，休闲体育消费在 1000 元以上的居民占比为 23.8%。由此可以看出，城市居民休闲体育消费人口并不多，消费需求力比较弱，这与健身休闲产业总规模在 2025 年达到 3 万亿元的目标相差甚远。随着城市居民对体验式消费需求的增加，休闲体育产业市场发展空间巨大，但亟待形成布局合理、功能完善、门类齐全的健身休闲产业发展格局，激发休闲体育消费潜力，优化产业环境，丰富休闲体育产品和服务供给。

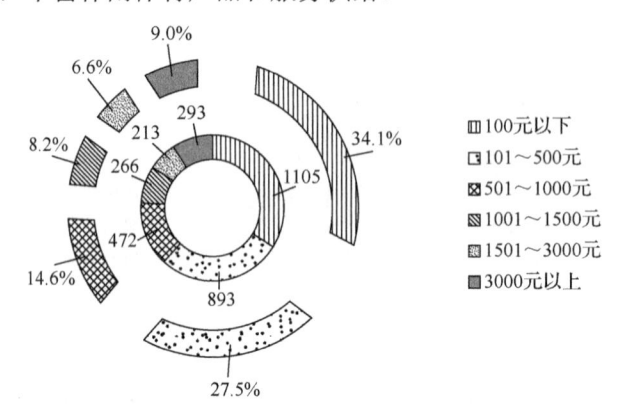

图 4-8　城市居民休闲体育消费情况

第二节　城市居民休闲体育的行为限制

一、城市居民休闲体育的个人限制

根据休闲制约理论，个人限制也称个人内在制约。个人限制是指针对休闲行为的个人内在消极影响因素，即影响个人主观衡量能否参与休闲活动的因素，是最基础、影响力最大的因素[1]，包括兴趣、心理特质、身体状况等因素。在参考已有理论研究的基础上，作者结合研究对象和内容，选择兴趣、身体、工作和技能作为考察城市居民个人限制的因素。调查发现（表 4-3），对于个人限制各因素，城市居民选择"非常赞同"的比例均在 10% 以下，城市居民选择"非常赞同"比例最高的选项是"身体状况不适合参加"，城市居民选择"非常赞同"比例最低的选项是"缺乏技能"；城市居民选择"比较赞同"比例最高的选项是"工作负担重

---

[1] 邱亚君，许娇. 女性休闲体育限制因素特点及其与行为的关系研究[J]. 体育科学，2014，34（1）：75-82.

/身心疲劳"，比例最低的选项是"我没有兴趣参加"；在城市居民选择"基本赞同"和"比较不赞同"的选项中，各因素比例差别不大；城市居民选择"非常不赞同"比例最高的选项是"我没有兴趣参加"，比例最低的选项是"工作负担重/身心疲劳"。由此可以推断出在城市居民参与休闲体育的个人限制因素中，"工作负担重/身心疲劳"是主要影响因素，其次是"缺乏技能"和"身体状况不适合参加"，而"我没有兴趣参加"的障碍是最小的。由此可以看出，大多数城市居民在主观意识上是认可并喜欢休闲体育的，这有利于城市休闲体育的蓬勃开展。针对居民参与休闲体育的其他限制因素，可以采用有针对性的协商调节策略。

表 4-3 城市居民对参与休闲体育个人限制的认同

统计项目		我没有兴趣参加	身体状况不适合参加	工作负担重/身心疲劳	缺乏技能
非常不赞同	频数	1056	871	675	794
	百分比/%	32.6	26.9	20.8	24.5
比较不赞同	频数	693	800	740	741
	百分比/%	21.4	24.7	22.8	22.9
基本赞同	频数	1003	963	1089	1067
	百分比/%	30.9	29.7	33.6	32.9
比较赞同	频数	228	302	465	417
	百分比/%	7.0	9.3	14.3	12.9
非常赞同	频数	262	306	273	223
	百分比/%	8.1	9.4	8.4	6.9
	均值	2.37	2.50	2.67	2.55
	标准差	1.23	1.24	1.20	1.19

注：采用了李克特（Likert）5级评分法，其中"非常不赞同"为1分；"比较不赞同"为2分；"基本赞同"为3分；"比较赞同"为4分；"非常赞同"为5分。

二、城市居民休闲体育的人际限制

人际限制也称人际关系制约，是指个体因没有合适的同伴而影响其休闲体育喜好或参与度的消极因素，如缺乏伙伴、无人邀约、夫妻休闲体育的偏好不同。人际限制与个人限制都属于"先在性的"限制因素。对于人际限制因素，可从缺乏伙伴和缺乏家人支持两个方面进行考察。调查显示（图4-9），在城市居民参与休闲体育的人际限制因素中，在城市居民选择"非常不赞同"的选项中，"缺乏家人的支持"的比例（31.4%）高于"缺乏伙伴"（25.2%）；在城市居民选择"比较不赞同"的选项中,"缺乏伙伴"的比例(22.4%)略高于"缺乏家人的支持"(21.2%);在"基本赞同""比较赞同""非常赞同"的选项中,"缺乏伙伴"的比例都明显高于"缺乏家人的支持"。由此可以看出,在人际限制方面,城市居民认同"缺乏家人的支持"不是参与休闲体育的主要障碍,而"缺乏伙伴"是影响参与休闲体育的主要制约因素。对人际限制的协商调节离不开休闲体育组织的完善与壮大,这对城市休闲体育的组织供给提出了明确要求。

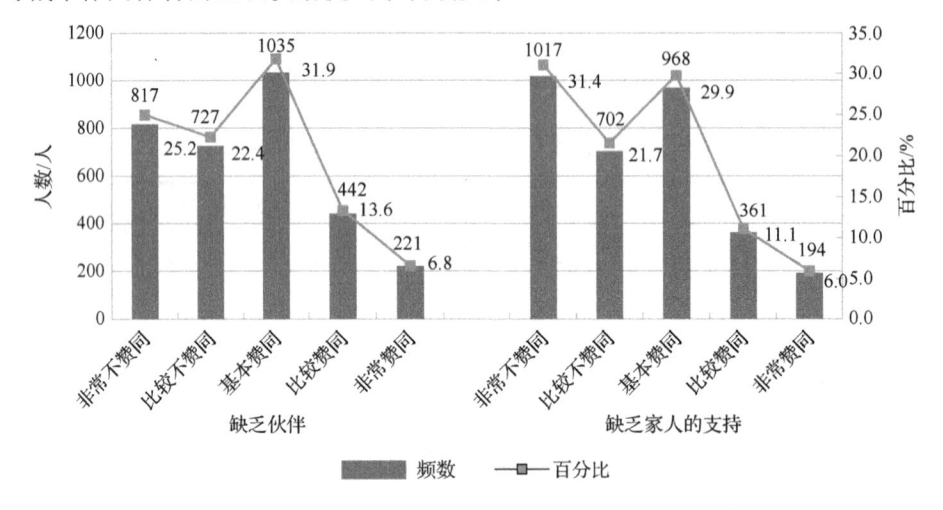

图 4-9 城市居民对参与休闲体育人际限制的认同度

三、城市居民休闲体育的结构限制

结构限制也称结构环境制约,是指影响个体参与休闲体育的外在社会环境方面的因素,是介于休闲偏好和休闲参与之间的中介制约因素,属于"扰动性的"限制因素,包括中介制约因素(时间、金钱、机会等)和社会环境制约因素(交通工具、场所设施、人潮拥挤、停车不便、空气环境等)。调查显示(表4-4),在城市居民休闲体育的结构限制因素中,城市居民选择"非常不赞同"比例最高的选项是"交通工具不便利",达到 27.1%,其次是"经济实力不足"(24.3%)"停车不方便"(23.9%)"休闲健身场所远"(22.8%)"缺乏设施和场所"(21.5%)"场所太拥挤"(20.0%)"缺乏时间"(19.1%),最低的是"空气质量不好"(18.5%);城市居民选择"比较不赞同"比例最高的选项是"经济实力不足",而比例最低的是"空气质量不好";在城市居民选择"基本赞同"的选项中,"交通工具不便利"的比例为 28.6%,其余因素的比例比较趋同,都在30%以上;城市居民选择"比较赞同"比例最高的选项是"缺乏时间",其次是"缺乏设施和场所"和"场所太拥挤",选择比例最低的是"停车不方便"和"经济实力不足";在"非常赞同"的选项中,城市居民对各因素的认同与"非常不赞同"的选项正好相反,选择"空气质量不好"的比例最高,而选择"交通工具不便利"的比例最低。由此可以看出,在结构限制因素中,城市居民认为影响参与休闲体育的最大制约因素是"空气质量不好",因为在空气污染的情况下,人们参加户外活动会吸入大量的污染颗粒,所以会对人体健康构成直接威胁,空气污染在重拳治理下虽得到了明显缓解,但根治还需时日;在城市生活压力下,"缺乏时间"也是居民参与休闲体育的主要制约因素;休闲体育场所是休闲体育活动开展的必备条件,虽然近年来休闲体育场所设施得到了改善,但还远远不能满足城市居民的需求,因此居民普遍认同"场所太拥挤""缺乏设施和场所""停车不方便""休闲健身场所远"对其参与休闲体育具有一定的制约作用;在城市经济飞速发展的背景下,"经济实力不足"对城市居民参与休闲体育的制约作用不再突出;城市公共交通网络体系的不断建设,为城市居民提供了较为便利的交通工具和出行方式,因此"交通工具不便利"对城市居民参与休闲体育的制约作用不再明显。

表 4-4 城市居民对参与休闲体育结构限制的认同

统计项目	非常不赞同 n	非常不赞同 %	比较不赞同 n	比较不赞同 %	基本赞同 n	基本赞同 %	比较赞同 n	比较赞同 %	非常赞同 n	非常赞同 %	均值	标准差
交通工具不便利	879	27.1	680	21.0	927	28.6	467	14.4	289	8.9	2.57	1.27
缺乏时间	618	19.1	631	19.5	1046	32.3	549	16.9	398	12.3	2.84	1.26
休闲健身场所远	740	22.8	656	20.2	1093	33.7	432	13.3	321	9.9	2.67	1.24
经济实力不足	788	24.3	703	21.7	1012	31.2	432	13.3	307	9.5	2.62	1.25
缺乏设施和场所	696	21.5	637	19.6	1013	31.2	514	15.9	382	11.8	2.77	1.28
场所太拥挤	650	20	626	19.3	1089	33.6	518	16	359	11.1	2.79	1.25
停车不方便	774	23.9	596	18.4	1083	33.4	425	13.1	364	11.2	2.69	1.28
空气质量不好	599	18.5	549	16.9	1083	33.4	474	14.6	538	16.6	2.94	1.31

注:n 代表频数,% 代表百分比;采用了李克特 5 级评分法,"非常不赞同"为 1 分,"比较不赞同"为 2 分,"基本赞同"为 3 分,"比较赞同"为 4 分,"非常赞同"为 5 分。

第五章 城市休闲体育的供给反馈

第一节 城市休闲体育供给的内容聚类

公共服务理念源自古典政治哲学，柏拉图在勾勒理想国时对国家"公共性"问题进行了探讨[①]。公共服务是服务型政府的一项基本职能，是以政府为核心的公共部门依托公共权力和公共资源，为满足公民的生存和发展需求而提供公共产品和服务的过程。城市休闲体育供给属于公共服务范畴，是为满足城市居民休闲体育的公共需求、实现城市居民参与休闲体育的均等化[②]，向城市居民提供的公共产品和公共服务的总称。作者采用文献梳理和专家学者评定的方式，确定了城市休闲体育供给反馈（满意度）的调查问卷内容，包括休闲体育设施、场所、服务和环境等21个条目。为便于进行城市休闲体育供给反馈的趋势分析与比较，对供给反馈因素进行了探索性因子分析。

运用SPSS21.0因子分析法进行分析，结果显示KMO=0.95，Bartlett球形度检验达到了显著水平（$P<0.001$），这表明城市休闲体育的供给反馈因素适合做因子分析，如表5-1所示。采用主成分法提取公共因子，进行Kaiser标准化的正交旋转，旋转在七次迭代后收敛，剔除共同因素归属的四个条目（第5、第6、第11、第12个条目），获得包含四个公共因子的17个条目（表5-2），方差贡献率分别为53.201%、7.621%、6.586%和4.788%，累计方差贡献率为72.195%。

城市休闲体育的供给反馈因素在进行转轴后呈现四个梯队排列的公共因子（表5-2），公共因子1包含D14、D16、D15、D13、D17五个题项（表5-3）；公共因子2包含D19、D21、D20、D18四个题项；公共因子3包含D07、D08、D09、D10四个题项；公共因子4包含D1、D2、D3、D4四个题项。根据因子内部的题

[①] 王卓，胡梦珠. 国际公共服务：供给实践与理论探析[J]. 理论与改革，2018（4）：142-150.
[②] 陈新生，楚继军. 我国城市社区休闲体育公共服务体系的结构与运行机制分析[J]. 北京体育大学学报，2012，35（10）：35-41.

项内涵和属性，将公共因子 1 命名为"服务反馈"；将公共因子 2 命名为"环境反馈"；将公共因子 3 命名为"场所反馈"；将公共因子 4 命名为"设施反馈"。

表 5-1　KMO 和 Bartlett 球形度检验

取样足够度的 Kaiser-Meyer-Olkin（KMO）度量		0.95
Bartlett 球形度检验	近似卡方	36521.655
	自由度	136
	显著性（P）	0.000

表 5-2　城市休闲体育供给反馈的探索性因子分析

题项编码	初始值	提取	因素负荷			
			公共因子 1	公共因子 2	公共因子 3	公共因子 4
D14	1	0.753	0.763			
D16	1	0.730	0.729			
D15	1	0.709	0.717			
D13	1	0.684	0.676			
D17	1	0.629	0.646			
D19	1	0.767		0.760		
D21	1	0.740		0.725		
D20	1	0.732		0.720		
D18	1	0.686		0.700		
D07	1	0.762			0.770	
D08	1	0.751			0.766	
D09	1	0.767			0.754	
D10	1	0.701			0.702	
D01	1	0.732				0.774
D02	1	0.759				0.771
D03	1	0.734				0.739
D04	1	0.637				0.629
方差贡献率/%			53.201	7.621	6.586	4.788

注：提取方法包括主成分法、旋转法、Kaiser 标准化的正交旋转法；旋转在七次迭代后收敛。

表 5-3 城市休闲体育供给反馈的因子名称及各因子条目内容

因子名称	条目内容
因子1	D14 社会体育指导员；D16 当地特色休闲体育赛事/节庆品牌；D15 城市休闲健身活动/赛事的开展；D13 休闲体育社会组织；D17 各类公共性休闲体育资源的使用价格（如门票等）
因子2	D19 公共交通条件及道路标识系统；D21 休闲健身设施和环境的安全性；D20 无障碍设施；D18 城市户外环境（空气质量、植被绿化等）
因子3	D07 商业街/Mall（综合购物中心）/城市综合体；D08 健身综合馆/滑雪场/体育公园/体育中心综合体；D09 羽毛球/乒乓球/台球/篮球/足球等一般球场/球馆；D10 高尔夫/马术/击剑/网球/保龄球等球馆/场地
因子4	D01 小区公共休闲健身活动场地及相关设施（户外）；D02 社区活动中心（室内，提供免费场地和设施）；D03 绿地/广场/城市公园/郊野公园及其他开敞空间；D04 散步/跑步/骑自行车专用道

第二节 城市休闲体育供给的服务反馈

一、服务反馈的基本呈现

在城市休闲体育供给的服务反馈因素中（表 5-4），城市居民对"社会体育指导员"的"非常不满意"比例最高（9.8%）；对"各类公共性休闲体育资源的使用价格（如门票等）"的"比较不满意"比例最高（21.8%）；对"休闲体育社会组织"的"基本满意"比例最高（44.7%）；对"城市休闲健身活动/赛事的开展"的"比较满意"比例最高（22.2%）；对"休闲体育社会组织"的"非常满意"比例最高（13.5%）。从整体上看，城市居民对"城市休闲健身活动/赛事的开展"最为满意，其次是"当地特色休闲体育赛事/节庆品牌"，最不满意的是"社会体育指导员"和"各类公共性休闲体育资源的使用价格"。虽然社会体育指导员的数量每年都在增长，但利用率一直不高，如何提高社会体育指导员的利用率是当下急需解决的难题；同时，各类公共性休闲体育资源的使用价格偏高也是城市居民普遍反映的问题，政府、市场与社会的供给协调与补充是关键。

表 5-4　城市休闲体育供给的服务反馈因素

题项编码	非常不满意 n	%	比较不满意 n	%	基本满意 n	%	比较满意 n	%	非常满意 n	%	均值	标准差
D13	220	6.8	571	17.6	1449	44.7	565	17.4	437	13.5	3.13	1.07
D14	318	9.8	680	21.0	1295	39.9	558	17.2	391	12.1	3.01	1.12
D15	191	5.9	541	16.7	1378	42.5	721	22.2	411	12.7	3.19	1.05
D16	202	6.2	582	18.0	1373	42.4	690	21.3	395	12.2	3.15	1.05
D17	312	9.6	706	21.8	1281	39.5	536	16.5	407	12.6	3.01	1.13

注：n 代表频数，%代表百分比；采用了李克特 5 级评分法，"非常不满意"为 1 分，"比较不满意"为 2 分，"基本满意"为 3 分，"比较满意"为 4 分，"非常满意"为 5 分。

二、服务反馈的差异分析

（一）地区差异

城市休闲体育供给的服务反馈在不同地区呈现出显著性差异（表 5-5），作者多重比较后发现杭州和武汉、成都之间均有显著性差异，而武汉和成都之间不存在显著性差异。通过服务满意度均值可以看出，杭州居民对休闲体育供给服务最为满意，这和杭州休闲体育公共服务的有效供给是分不开的。在赛事和品牌节庆方面，杭州以举办杭州马拉松、杭州西湖国际名校赛艇挑战赛、钱塘江国际冲浪挑战赛、国际（杭州）毅行大会、杭州大宋 108 公里国际越野赛、千岛湖公开水域游泳公开赛等十余项国际性体育赛事活动为引领，全年组织开展不同群体、不同项目、不同级别，具有一定规模的体育休闲健身活动 1000 余场（次），直接参与活动的人员达 100 余万人（次）；在"各类公共性休闲体育资源的使用价格"方面，杭州是全国的典范，杭州率先在 2002 年免费开放西湖周边景区，相继取消 130 多个景点门票，还湖于民，使景区与城市融为一体。从 2014 年 9 月至 2021 年 7 月，杭州全市 716 所符合条件开放的中小学校全部向社会开放，开放率达 100%[1]。成都居民对休闲体育供给的服务最不满意，这为成都休闲体育供给指明了努力的重点和方向。

---

[1] 佚名. 杭州 716 所学校体育场地向社会开放 进去健身方便吗？[EB/OL].（2021-07-19）[2023-06-08]. https://zjnews.zjol.com.cn/zjnews/hznews/202107/t20210719_22815879.shtml.

表 5-5　城市休闲体育服务供给反馈的地区差异

城市	n	$\bar{X} \pm S$	F	p
杭州	1128	3.32±0.93		
武汉	1059	3.00±0.84	53.090	<0.01
成都	1055	2.96±0.90		

（二）性别差异

城市休闲体育供给的服务反馈在不同性别上没有显著性差异（表5-6），不同性别的城市居民对休闲体育供给的服务满意度是一致的，并且都达到了基本满意以上的程度。

表 5-6　城市休闲体育供给服务反馈的性别差异

性别	n	$\bar{X} \pm S$	F	p
男	1508	3.09±0.90	0.105	>0.05
女	1734	3.10±0.92		

（三）年龄差异

城市休闲体育供给的服务反馈在不同年龄上有差异，且达到了显著性水平（表5-7）。多重比较结果显示，18岁以下群体和18～44岁群体之间具有显著性差异，和45岁以上群体之间没有差异；18～30岁群体和31～44岁群体之间没有差异，和其他年龄群体之间均有显著性差异；45～59岁群体和18岁以下、75岁以上群体之间没有差异，与其他年龄群体之间均有显著性差异；60～74岁群体和18岁以下、75岁以上群体之间没有差异，与其他年龄群体之间均有显著性差异。由此可以看出，18～30岁群体和31～44岁群体对休闲体育供给服务满意度最低，而45岁以上群体对休闲体育供给服务满意度相对较高，这符合年轻群体追新求异、对服务比较挑剔的年龄特征。

表 5-7　城市休闲体育供给服务反馈的年龄差异

年龄	n	$\bar{X} \pm S$	F	p
18岁以下	82	3.31±0.93		
18～30岁	774	2.94±0.79		

续表

年龄	n	$\bar{X} \pm S$	F	p
31~44 岁	1264	2.99±0.89	24.758	<0.01
45~59 岁	688	3.37±0.94		
60~74 岁	387	3.17±0.97		
75 岁以上	47	3.47±0.86		

（四）学历差异

城市休闲体育供给的服务反馈在不同学历上具有显著性差异（表5-8）。多重比较结果显示，大专或本科，以及研究生及以上学历的群体与各学历的群体之间都存在显著性差异；初中和小学及以下、高中/中专/技校学历的群体之间无显著性差异，与其他学历的群体之间均有显著性差异。由此可以看出，学历层次越低的群体对休闲体育供给的服务满意度越高，反之，学历层次越高的群体对休闲体育供给的服务满意度越低，两者之间成反比。这表明学历层次越高的群体对休闲体育供给服务越敏感，要求也越高。

表5-8 城市休闲体育供给服务反馈的学历差异

学历	n	$\bar{X} \pm S$	F	p
小学及以下	132	3.44±1.14		
初中	491	3.32±0.99		
高中/中专/技校	901	3.19±0.93	26.928	<0.01
大专或本科	1446	3.00±0.82		
研究生及以上	272	2.79±0.79		

（五）职业差异

城市休闲体育供给服务反馈在不同职业上呈现显著性差异（表5-9）。多重比较结果显示，退休人员、无业/失业人员与其他各职业的群体之间均有显著性差异，其他各职业群体之间无显著性差异。由均值结果可以看出，退休人员、无业/失业人员对休闲体育供给的服务满意度最高，军人对休闲体育供给的服务满意度最低。

表 5-9　城市休闲体育供给服务反馈的职业差异

职业	n	$\bar{X} \pm S$	F	p
政府部门/事业单位人员	447	3.06±0.93		
企业工作人员	707	3.05±0.84		
商业/服务业人员	513	3.01±0.86		
自由职业人员	436	3.14±0.90		
退休人员	488	3.25±1.01	6.150	<0.01
学生	417	3.01±0.79		
军人	114	2.86±1.45		
无业/失业人员	64	3.58±0.91		
其他	56	3.10±0.91		

（六）收入差异

城市居民对休闲体育供给的服务反馈在不同收入水平上有差异，且达到显著性水平（表 5-10）。多重比较结果显示，3 万～8 万元收入水平的群体和 3 万元以下群体、8 万～15 万元收入水平的群体之间具有显著性差异，其他各收入水平的群体之间没有差异。由均值结果可以看出，3 万～8 万元收入水平群体对休闲体供给的服务满意度最高，其次是 15 万～30 万元收入水平的群体，对休闲体育供给服务满意度最低的是 50 万元以上收入水平的群体。这表明城市居民的收入不同，对休闲体育供给的服务水平要求也不同，30 万元以上收入水平的群体似乎对休闲体育供给的服务更挑剔一些。

表 5-10　城市休闲体育供给服务反馈的收入差异

收入	n	$\bar{X} \pm S$	F	p
3 万元以下	1089	3.05±0.86		
3 万～8 万元（含 8 万元）	1275	3.19±0.93		
8 万～15 万元（含 15 万元）	513	2.99±0.88	4.885	<0.01
15 万～30 万元（含 30 万元）	301	3.10±0.97		
30 万～50 万元（含 50 万元）	30	2.95±0.93		
50 万元以上	34	2.93±1.10		

第三节 城市休闲体育供给的环境反馈

一、环境反馈的基本呈现

从城市居民对休闲体育供给的环境反馈来看（表 5-11），城市居民选择"非常不满意"比例最高的选项是"城市户外环境"（6.5%），比例最低的选项是"休闲健身设施和环境的安全性"（4.4%）；城市居民选择"非常满意"比例最高的选项是"休闲健身设施和环境安全性"（18.4%），比例最低的选项是"无障碍设施"（16.4%）。从均值上反映出，城市居民对"休闲健身设施和环境安全性"的满意度最高，对"城市户外环境"的满意度最低。在生态文明建设下，虽然城市的户外环境得到了很大改善，但还没有达到居民所期望的蓝天白云、青山绿水、虫鸣鸟叫的生态图景。无障碍设施直接关系到残疾人士的出行和休闲健身。我国残疾人总数超过 8500 万，是不容忽视的群体，而由中国消费者协会与中国残疾人联合会发布的《2017 年百城无障碍设施调查体验报告》显示，我国无障碍设施整体普及率仅为 40%，且无障碍设施往往被占为他用[1]。

表 5-11　城市休闲体育供给的环境反馈

题项编码	非常不满意 n	%	比较不满意 n	%	基本满意 n	%	比较满意 n	%	非常满意 n	%	均值	标准差
D18	212	6.5	502	15.5	1249	38.5	706	21.8	573	17.7	3.29	1.12
D19	152	4.7	446	13.8	1384	42.7	709	21.9	551	17.0	3.33	1.06
D20	159	4.9	472	14.6	1309	40.4	769	23.7	533	16.4	3.32	1.06
D21	143	4.4	347	10.7	1314	40.5	840	25.9	598	18.4	3.43	1.05

注：n 代表频数，%代表百分比；采用了李克特 5 级评分法，"非常不满意"为 1 分，"比较不满意"为 2 分，"基本满意"为 3 分，"比较满意"为 4 分，"非常满意"为 5 分。

二、环境反馈的差异分析

（一）地区差异

城市居民对休闲体育供给的环境反馈在地区上呈现显著性差异（表 5-12）。多重比较结果显示，杭州与武汉、成都之间都具有显著性差异，而武汉和成都之间

---

[1] 佚名. 残疾人出行困难，无障碍设施为何障碍重重？[N]. 中国城市报，2018-01-18（24）.

没有差异。由均值结果可以看出，杭州市居民对城市休闲体育供给环境的满意度最高，武汉和成都居民对城市休闲体育供给环境的满意度是一致的，低于杭州市民。从 2020 年三市的环境质量公报中可以看出，杭州的环境质量远远高于武汉和成都（图 5-1）。

表 5-12　城市休闲体育供给环境反馈的地区差异

城市	n	$\bar{X} \pm S$	F	p
杭州	1128	3.58±1.00		
武汉	1059	3.22±0.80	58.765	<0.01
成都	1055	3.22±0.89		

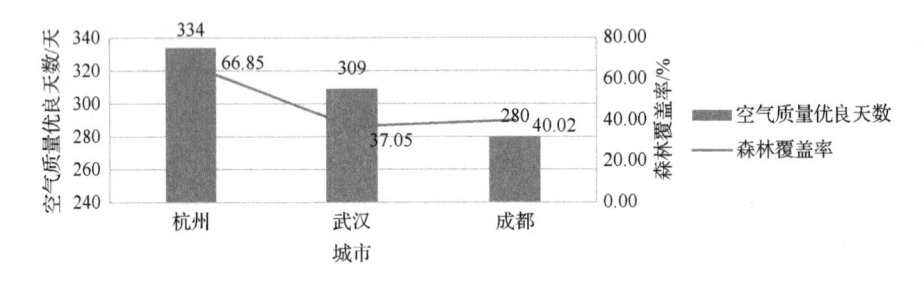

图 5-1　2020 年杭州、武汉、成都环境质量比较

（数据来源：2020 年杭州、武汉、成都的环境质量公报。）

（二）性别差异

城市居民对休闲体育供给的环境反馈在性别上没有显著性差异（表 5-13）。不同性别的城市居民对休闲体育供给环境的满意度是一致的。

表 5-13　城市休闲体育环境供给反馈的性别差异

性别	n	$\bar{X} \pm S$	F	p
男	1508	3.34±0.91		
女	1734	3.34±0.93	0.018	>0.05

（三）年龄差异

城市居民对休闲体育供给的环境反馈在年龄上有差异，且达到显著性水平（表 5-14）。多重比较结果显示，18~30 岁群体与其他年龄群体之间均具有显著性差异；31～44岁群体与18岁以下群体和60～74岁群体没有显著性差异，与其他年龄的群体之间均有显著性差异。由均值结果可以看出，各年龄阶段的群体对城市休闲体育环境供给的满意度都达到了基本满意之上，其中75岁以上群体的满意度最高（3.87），其次是45～59岁群体（3.70），18～30岁群体的满意度最低（3.03）。这反映出不同年龄的群体对环境质量的认知和要求是不一样的，而18～30岁群体属于对休闲体育环境最敏感和最挑剔的群体。

表 5-14　城市休闲体育环境供给反馈的年龄差异

年龄	n	$\bar{X} \pm S$	F	p
18岁以下	82	3.47±0.77		
18～30岁	774	3.03±0.79		
31～44岁	1264	3.30±0.91	46.716	<0.01
45～59岁	688	3.70±0.84		
60～74岁	387	3.38±1.09		
75岁以上	47	3.87±1.00		

（四）学历差异

不同学历层次的城市居民对休闲体育供给的环境反馈具有显著性差异（表 5-15）。多重比较结果显示，各学历层次的群体之间均有显著性差异。由均值结果可以看出，小学及以下学历的群体对城市休闲体育供给环境的满意度最高（3.84），之后随着学历层次的提升满意度直线下降，研究生及以上学历的群体满意度最低（3.08）。这反映出在城市休闲体育供给环境方面，学历层次与满意度成反比关系，因为学历越高的群体接受新理念越快，对休闲体育供给的环境质量要求越高。

表 5-15　城市休闲体育供给环境反馈的学历差异

学历	n	$\bar{X} \pm S$	F	p
小学及以下	132	3.84±1.01		
初中	491	3.62±1.02		
高中/中专/技校	901	3.43±0.90	39.643	<0.01
大专或本科	1446	3.20±0.86		
研究生及以上	272	3.08±0.79		

（五）职业差异

不同职业人群对城市休闲体育供给的环境反馈具有显著性差异（表5-16）。多重比较结果显示，政府部门/事业单位人员、企业工作人员、商业/服务业人员之间无显著性差异；退休人员、军人、无业/失业人员之间无显著性差异；其他不同职业的群体之间呈现显著性差异；学生与军人之间无显著性差异，与其他各职业群体之间均有显著性差异。由均值结果可以看出，对城市休闲体育供给环境满意度最高的是无业/失业人员、退休人员和自由职业人员，政府部门/事业单位人员、企业工作人员、商业/服务业人员对休闲体育供给环境相对挑剔，对城市休闲体育供给环境满意度最低的是学生和军人。

表5-16 城市休闲体育环境供给反馈的职业差异

职业	n	$\bar{X} \pm S$	F	p
政府部门/事业单位人员	447	3.26±0.91		
企业工作人员	707	3.32±0.84		
商业/服务业人员	513	3.32±0.90		
自由职业人员	436	3.47±0.90		
退休人员	488	3.52±1.08	9.558	<0.01
学生	417	3.08±0.75		
军人	114	3.20±1.32		
无业/失业人员	64	3.69±0.89		
其他	56	3.41±1.02		

（六）收入差异

城市居民对休闲体育供给的环境反馈在收入水平上具有显著性差异（表5-17）。多重比较结果显示，3万元以下收入水平群体和3万～8万元收入水平群体之间有显著性差异；3万～8万元收入水平群体和30万元以下的各收入水平群体之间都具有显著性差异；其他收入水平群体之间无显著性差异。由均值结果可以看出，3万～8万元收入水平群体对城市休闲体育供给环境满意度最高，其次是8万～15万元收入水平群体和15万～30万元收入水平群体，满意度最低的是30万元以上收入水平群体和3万元以下收入水平群体。这反映出高收入水平群体对休闲体育供给环境的挑剔性和低收入水平群体对休闲体育供给环境的依赖性。

表 5-17　城市休闲体育供给环境反馈的收入差异

收入	n	$\bar{X} \pm S$	F	p
3 万元以下	1089	3.25±0.86		
3 万~8 万元（含 8 万元）	1275	3.46±0.96		
8 万~15 万元（含 15 万元）	513	3.30±0.87	7.094	<0.01
15 万~30 万元（含 30 万元）	301	3.29±0.98		
30 万~50 万元（含 50 万元）	30	3.22±0.96		
50 万元以上	34	3.22±1.04		

第四节　城市休闲体育供给的场所反馈

一、场所反馈的基本呈现

从城市居民对休闲体育供给的场所反馈来看（表 5-18），城市居民选择"非常不满意"比例最高的选项是"高尔夫/马术/击剑/网球/保龄球等球馆/场所"（11.8%），选择比例最低的是"羽毛球/乒乓球/台球/篮球/足球等一般球场/球馆"（6.2%）。由均值结果可以看出，城市居民最满意的是"羽毛球/乒乓球/台球/篮球/足球等一般球场/球馆"和"健身综合馆/滑雪场/体育公园/体育中心综合体"，最不满意的是"高尔夫/马术/击剑/网球/保龄球等球馆/场所"。由此可以看出，城市居民对比较大众的、较为普及的场所满意度较高，对收费高的贵族运动场所满意度较低，这反映出高尔夫/马术/击剑/网球/保龄球等球馆/场所的稀缺性，休闲体育场所场地的匮乏与普及问题将是今后一段时间内须重点解决的问题。

表 5-18　城市休闲体育供给的场所反馈

题项编码	非常不满意 n	%	比较不满意 n	%	基本满意 n	%	比较满意 n	%	非常满意 n	%	均值	标准差
D07	268	8.3	612	18.9	1363	42.0	573	17.7	426	13.1	3.09	1.10
D08	208	6.4	458	14.1	1359	41.9	694	21.4	523	16.1	3.27	1.09
D09	202	6.2	488	15.1	1274	39.3	765	23.6	513	15.8	3.28	1.09
D10	383	11.8	600	18.5	1304	40.2	563	17.4	392	12.1	2.99	1.15

注：n 代表频数，%代表百分比；采用了李克特 5 级评分法，"非常不满意"为 1 分，"比较不满意"为 2 分，"基本满意"为 3 分，"比较满意"为 4 分，"非常满意"为 5 分。

二、场所反馈的差异分析

（一）地区差异

城市居民对休闲体育供给的场所反馈在地区上有差异，且达到了显著性水平（表5-19）。多重比较结果显示，杭州、武汉、成都三市之间均呈现出显著性差异。由均值结果可以看出，杭州居民对休闲体育供给场所的满意度最高，其次是成都居民，满意度最低的是武汉居民。三市居民对休闲体育供给场所满意度的高低与全民健身场所的供给现状直接相关，杭州累计建成并投用全民健身设施提升工程129处，全市人均体育场地面积达到1.90平方米[1]；成都体育健身场地面积为7 600 391.48平方米，全市人均体育场地面积达到1.79平方米[2]；武汉体育健身场地达到22000个，全市人均体育场地面积达到1.43平方米[3]。

表5-19 城市休闲体育供给场所反馈的地区差异

城市	n	$\bar{X} \pm S$	F	p
杭州	1128	3.29±0.96		
武汉	1059	3.01±0.94	23.742	<0.01
成都	1055	3.16±0.91		

（二）性别差异

城市居民对休闲体育供给的场所反馈在性别上存在显著性差异（表5-20）。从均值来看，女性对休闲体育供给场所的满意度高于男性，这反映出男性对休闲体育供给场所要求更高。这点可以从男女在休闲体育活动偏好方面存在显著性差异得到解释，男性偏爱激烈的或具有对抗性的休闲体育项目，对场地具有明显的要求；而女性比较喜欢缓和的休闲运动方式，因而对场地没有过多的要求。

（三）年龄差异

不同年龄阶段的城市居民对休闲体育供给场所的满意度具有显著性差异（表5-21）。18～30岁群体与75岁以上群体之间没有显著性差异，与其他年龄群

---

[1] 杭州市体育局. 杭州市市体育局2017年工作总结[R]. 杭州：杭州市体育局，2018.
[2] 成都市体育局. 成都市体育发展"十三五"规划[R]. 成都：成都市体育局，2017.
[3] 武汉市体育局. 武汉体育事业"十三五"规划[R]. 武汉：武汉市体育局，2016.

体之间均有显著性差异；31~44 岁群体与 18~30 岁群体、45~59 岁群体之间具有显著性差异，与其他年龄群体之间没有显著性差异；75 岁以上群体与其他年龄群体之间没有显著性差异。由均值结果可以看出，对城市休闲体育供给场所满意度最高的是 18 岁以下群体和 45~59 岁群体，满意度最低的是 18~30 岁群体。调查显示，18~30 岁群体倾向选择球类、游泳等对场地有明显要求的项目，因此 18~30 岁群体对休闲体育供给场所的数量和便利性会有更高的要求。

表 5-20 城市休闲体育供给场所反馈的性别差异

性别	n	$\bar{X} \pm S$	F	p
男	1508	3.10±0.97		
女	1734	3.20±0.92	8.945	<0.01

表 5-21 城市休闲体育供给场所反馈的年龄差异

年龄	N	$\bar{X} \pm S$	F	p
18 岁以下	82	3.35±0.95		
18~30 岁	774	3.04±0.83		
31~44 岁	1264	3.14±0.92	5.210	<0.01
45~59 岁	688	3.28±1.04		
60~74 岁	387	3.18±1.05		
75 岁以上	47	3.19±0.73		

（四）学历差异

城市居民对休闲体育供给的场所反馈在学历上存在差异，并且达到了显著性水平（表 5-22）。多重比较结果显示，小学及以下学历的群体和初中学历的群体之间没有显著性差异，其他学历的群体之间均有显著性差异。由均值结果可以看出，对城市休闲体育供给场所满意度最高的是小学及以下学历的群体，随着群体学历层次的提升满意度直线下降，研究生及以上学历群体的满意度最低。这反映出学历层次与休闲体育供给场所满意度之间成反比关系，学历层次越高的人群对休闲体育供给场所的要求越高。可以从两个方面对此进行解释：①调查显示，学历层次高的群体偏爱球类、跑步、骑马、打高尔夫球等项目；②学历层次高的群体更讲究休闲健身的质量，对场所的要求更高。

表 5-22　城市休闲体育供给场所反馈的学历差异

学历	n	$\bar{X} \pm S$	F	p
小学及以下	132	3.40±1.12		
初中	491	3.38±1.03		
高中/中专/技校	901	3.18±1.05	14.480	<0.01
大专或本科	1446	3.08±0.84		
研究生及以上	272	2.97±0.77		

（五）职业差异

不同职业的城市居民对休闲体育供给场所的满意度存在显著性差异（表5-23）。多重比较结果显示，政府部门/事业单位人员、企业工作人员、商业/服务业人员、自由职业人员之间无显著性差异；退休人员与军人、自由职业人员之间无显著性差异，与其他各职业群体之间均有显著性差异；无业/失业人员与其他各职业群体之间均有显著性差异。由均值结果可以看出，对城市休闲体育供给场所满意度较高的依次是无业/失业人员、其他人员、退休人员，对城市休闲体育供给场所满意度较低的依次是军人、学生、政府部门/事业单位人员。

表 5-23　城市休闲体育供给场所反馈的职业差异

职业	n	$\bar{X} \pm S$	F	p
政府部门/事业单位人员	447	3.09±0.88		
企业工作人员	707	3.13±0.88		
商业/服务业人员	513	3.11±0.90		
自由职业人员	436	3.14±1.07		
退休人员	488	3.26±1.02	4.279	<0.01
学生	417	3.09±0.85		
军人	114	3.07±1.32		
无业/失业人员	64	3.68±0.89		
其他	56	3.28±1.06		

（六）收入差异

不同收入水平的城市居民对休闲体育供给场所的满意度具有显著性差异

(表 5-24)。多重比较结果显示，3 万元以下收入水平的群体和 3 万～8 万元收入水平的群体之间存在显著性差异，其他各收入水平的群体之间均没有显著性差异。由均值结果可以看出，3 万元以下收入水平的群体对城市休闲体育供给场所的满意度最低，3 万～8 万元收入水平的群体对城市休闲体育供给场所的满意度最高，8 万元及以上收入水平的群体对城市休闲体育供给场所的满意度比较趋同。

表 5-24 城市休闲体育供给场所反馈的收入差异

收入	n	$\bar{X} \pm S$	F	p
3 万元以下	1089	3.06±0.96		
3 万～8 万元（含 8 万元）	1275	3.24±0.97		
8 万～15 万元（含 15 万元）	513	3.14±0.82	4.183	<0.01
15 万～30 万元（含 30 万元）	301	3.17±0.92		
30 万～50 万元（含 50 万元）	30	3.19±0.96		
50 万元以上	34	3.13±1.24		

第五节 城市休闲体育供给的设施反馈

一、设施反馈的基本呈现

从城市居民对休闲体育供给的设施反馈来看（表 5-25），均值结果显示，城市居民对休闲体育供给设施的满意度都达到了基本满意之上，其中对"绿地/广场/城市公园/郊野公园及其他开敞空间"和"散步/跑步/骑自行车专用道"的满意度相对较高，对"小区公共休闲健身活动场地及相关设施（户外）"和"社区活动中心（室内，提供免费场地和设施）"的满意度明显偏低。这反映出城市居民身边的休闲健身设施供给明显不足，存在明显的供需偏差问题；而随着城市生态的修复和全民健身的开展，公园广场和健身绿道等休闲体育设施得到明显改善。

表 5-25 城市休闲体育供给的设施反馈

题项编码	非常不满意 n	非常不满意 %	比较不满意 n	比较不满意 %	基本满意 n	基本满意 %	比较满意 n	比较满意 %	非常满意 n	非常满意 %	均值	标准差
D01	232	7.2	486	15.0	1397	43.1	595	18.4	532	16.4	3.22	1.11
D02	241	7.4	536	16.5	1234	38.1	654	20.2	577	17.8	3.24	1.15

续表

题项编码	非常不满意 n	%	比较不满意 n	%	基本满意 n	%	比较满意 n	%	非常满意 n	%	均值	标准差
D03	125	3.9	374	11.5	1246	38.4	794	24.5	703	21.7	3.49	1.07
D04	147	4.5	383	11.8	1172	36.2	865	26.7	675	20.8	3.47	1.08

注：n代表频数，%代表百分比；采用了李克特5级评分法，"非常不满意"为1分，"比较不满意"为2分，"基本满意"为3分，"比较满意"为4分，"非常满意"为5分。

二、设施反馈的差异分析

（一）地区差异

城市居民对休闲体育供给设施的满意度在地区方面存在显著性差异（表5-26）。多重比较结果显示，杭州与武汉、成都之间均具有显著性差异，而武汉和成都之间不存在显著性差异。由均值结果可以看出，杭州居民对城市休闲体育供给设施的满意度最高，武汉居民和成都市民对城市休闲体育供给设施的满意度相对差一些。2016年年底，杭州市健身苑（点）已实现了所有社区全覆盖。《杭州市体育设施专项规划修编（2019—2035年）》中提出家门口社区范围内要逐步形成"15分钟运动圈"和"5分钟健身圈"[①]。

表5-26 城市休闲体育设施供给反馈的地区差异

城市	n	$\bar{X} \pm S$	F	p
杭州	1128	3.52±0.99		
武汉	1059	3.28±0.82	28.918	<0.01
成都	1055	3.25±0.92		

（二）性别差异

城市居民对休闲体育供给设施的满意度在性别上无显著性差异（表5-27）。

（三）年龄差异

不同年龄阶段的城市居民对休闲体育供给设施的满意度有差异，并且达到了显著性水平（表5-28）。多重比较结果显示，18～30岁群体、31～44岁群体和其

---

① 杭州市规划和自然资源局. 杭州市体育设施专项规划修编（2019—2035）[EB/OL].（2019-03-20）[2023-06-08]. http://ghzy.hangzhou.gov.cn/art/2019/3/20/art_1228968051_33871.html.

他年龄群体之间均有显著性差异。由均值结果可以看出，对城市休闲体育供给设施满意度最高的群体依次是 75 岁以上群体、18 岁以下群体和 45～59 岁群体，满意度最低的是 18～30 岁群体和 31～44 岁群体。此现象也与不同年龄群体的休闲体育偏好息息相关，不再赘述。

表 5-27 城市休闲体育供给设施反馈的性别差异

性别	n	$\bar{X} \pm S$	F	p
男	1508	3.34±0.91		
女	1734	3.37±0.93	0.702	>0.05

表 5-28 城市休闲体育供给设施反馈的年龄差异

年龄	n	$\bar{X} \pm S$	F	p
18 岁以下	82	3.56±0.79		
18～30 岁	774	3.09±0.83		
31～44 岁	1264	3.29±0.90	43.280	<0.01
45～59 岁	688	3.71±0.88		
60～74 岁	387	3.43±1.03		
75 岁以上	47	3.88±0.94		

（四）学历差异

城市居民对休闲体育供给的设施反馈在学历上存在显著性差异（表 5-29）。多重比较结果显示，各学历水平的群体之间均呈现出显著性差异。由均值结果可以看出，小学及以下学历群体对城市休闲体育供给的设施满意度最高，随着群体学历的提升满意度逐渐降低，研究生及以上学历群体满意度最低。这反映出学历越高的群体对城市休闲体育供给设施的要求越高。

表 5-29 城市休闲体育供给设施反馈的学历差异

学历	n	$\bar{X} \pm S$	F	p
小学及以下	132	3.79±0.97		
初中	491	3.61±1.00		
高中/中专/技校	901	3.43±0.93	32.853	<0.01
大专或本科	1446	3.24±0.87		
研究生及以上	272	3.04±0.78		

（五）职业差异

城市居民对休闲体育供给的设施反馈在不同职业上存在显著性差异（表 5-30）。多重比较结果显示，政府部门/事业单位人员、企业工作人员、商业/服务业人员、军人之间不具有显著性差异，无业/失业人员与各职业群体之间均存在显著性差异。由均值结果可以看出，对城市休闲体育供给设施满意度较高的依次是无业/失业人员、退休人员和其他人员，满意度较低的依次是军人、学生和企业工作人员。

表 5-30 城市休闲体育供给设施反馈的职业差异

职业	n	$\bar{X} \pm S$	F	p
政府部门/事业单位人员	447	3.35±0.94		
企业工作人员	707	3.27±0.88		
商业/服务业人员	513	3.32±0.89		
自由职业人员	436	3.43±0.90		
退休人员	488	3.54±1.01	8.299	<0.01
学生	417	3.17±0.83		
军人	114	3.14±1.36		
无业/失业人员	64	3.82±0.88		
其他	56	3.44±0.99		

（六）收入差异

不同收入水平的城市居民对休闲体育供给设施的满意度存在显著性差异（表 5-31）。多重比较结果显示，3 万~8 万元收入水平群体和 3 万元以下收入水平群体、8 万~15 万元收入水平群体、15 万~30 万元收入水平群体之间存在显著性差异，其他各收入水平群体之间不具有显著性差异。由均值结果可以看出，3 万~8 万元收入水平群体对休闲体育供给设施的满意度最高，而满意度最低的是 15 万~30 万元收入水平群体。

表 5-31 城市休闲体育供给设施反馈的收入差异

收入	n	$\bar{X} \pm S$	F	p
3 万元以下	1089	3.29±0.90		
3 万~8 万元（含 8 万元）	1275	3.48±0.93		
8 万~15 万元（含 15 万元）	513	3.27±0.89	7.458	<0.01

续表

收入	n	$\bar{X} \pm S$	F	p
15万~30万元（含30万元）	301	3.23±0.94		
30万~50万元（含50万元）	30	3.33±0.96		
50万元以上	34	3.26±1.07		

第六节 城市休闲体育发展的问题呈现与困因分析

一、城市休闲体育发展的问题呈现

（一）城市"三生"空间协调不畅

1. 城市生活和生态空间被挤占

长期以来，我国城市建设背后的逻辑是先生产后生活，城市呈现出"摊大饼"式的粗放发展。城市化率从1949年的10.6%增至2020年的63.89%。我国城市高楼林立，并且成为拥有250米以上超高层建筑最多的国家。鳞次栉比的建筑物使城市生活空间和生态空间越来越小，"城市病"问题愈发严峻，严重影响居民的生命质量和身心健康。城市的本质是让生活更美好，因此宜居、宜业、宜游是对现代城市建设的根本要求。在城市发展中，要统筹生产、生活、生态三大布局，实现生产空间集约高效、生活空间宜居适度、生态空间山清水秀。

2. 城市休闲功能不突出

一直以来，我国城市建设都从属于经济建设，经济功能成为城市最主要的功能。1933年的《雅典宪章》中提出了城市居住、工作、休闲和交通的四大功能。在钢筋混凝土构成的城市中，休闲一度成为少数人的特权。《休闲宪章》中明文规定：休闲同健康、教育一样对人们的生活至关重要；任何人都享有从事休闲活动的权利；各国政府必须承认和保护公民的这种权利。为实现休闲权利的平等，城市的休闲功能必须被放在突出的位置。

3. 城市生态修复任重道远

城市经济快速发展是以生态环境恶化为代价的，从而影响了城市的可持续发展。于是，城市开启了腾退还绿、再现青山绿水的生态革命，城市生态修复虽取得了一定成就，但仍不容乐观。《2020中国生态环境状况公报》中显示，在全国

337个地级及以上城市中，有202个城市环境空气质量达标，占全国城市总数的59.9%；有135个城市环境空气质量超标，占全国城市总数的40.1%；有337个城市平均空气质量优良天数比例为87%，平均空气质量超标天数比例为13%；有3个城市空气质量优良天数低于50%[1]。城市建设要以自然为美，把好山好水好风光融入城市。

（二）城市休闲体育结构制约突出

1. 空气质量成为主要制约因素

休闲体育环境满意度调查反映出城市居民对城市的户外环境（空气质量、植被绿化）的满意度最低。人体试验研究资料显示，进行中等强度运动时，PM2.5在肺内的沉积是安静时的5倍左右，会直接刺激呼吸系统的大小气道。空气污染不仅会诱发炎症，引起支气管炎、肺炎等，还会导致哮喘恶化，增加患心血管、脑血管疾病的风险[2]。如果在雾霾天气还坚持室外休闲健身，则会对身体造成伤害。

2. 休闲体育时间严重缺乏

有61.5%的城市居民认为缺乏时间是制约其参与休闲体育的关键因素，尤其对于高学历群体和政府部门/事业单位人员、企业工作人员和商业/服务业人员来说，该因素影响更大。《中国休闲发展年度报告：2019》中显示，城镇居民休闲时间随可支配时间变化而波动，工作日劳动强度大，可支配时间少，休闲时间相对较短；33.6%的受访城镇居民工作日工作时间达9小时以上，与德国、英国、美国等发达国家居民的平均休闲时间差距较大[3]。受工作和家务劳动时间挤占休闲时间、带薪年假休假天数少且落实不到位等因素的影响，休闲时间较少仍是我国休闲体育发展的最大短板。

3. 休闲体育场所设施不便利

城市居民认为场所太拥挤（60.7%）和缺乏设施、场所（58.9%）也是影响其参与休闲体育的主要制约因素。关于休闲体育的机构限制，参与访谈的专家（LF）认为："城市空气质量很差，对北京的空气质量进行检测，一个小时的运动等于抽了半盒烟，这样的晨练行为会影响健康。"参与访谈的专家（LP）认为："制约因

---

[1] 中华人民共和国生态环境部. 2020中国生态环境状况公报[R]. 北京：中华人民共和国生态环境部，2021.
[2] 董超. 雾霾天还在室外锻炼？后果很严重，你一定要知道[EB/OL].（2016-12-22）[2023-06-08]. http://www.sohu.com/a/122253850_390952.
[3] 中国旅游研究院. 中国国民休闲发展报告（2019）[EB/OL].（2019-09-04）[2023-06-08]. https://www.sohu.com/a/338691986_425901.

素在慢慢发生变化，原来的制约因素是钱和闲暇时间，对杭州居民来说，钱的制约性在逐渐降低，闲暇时间的制约性还是很强，从总体上看，居民结构呈现两头大中间小，中间群体总是处于上有老下有小的制约中；另一个制约因素是场馆，现在居民富裕了，除了散步、跑步、逛公园等，还希望参与如乒乓球、羽毛球、网球、排球等运动，但室内的体育场馆供给显得不足，尤其是居民周边的体育场馆欠缺。"参与访谈的专家（ZLJ）认为："关于制约因素，我这个年龄段的最大制约是时间，针对不同年龄层次，制约因素是不一样的。"参与访谈的专家（WH）认为："最主要的制约因素是时间，虽然喜欢踢足球、打羽毛球，但平时根本就没有时间；家庭环境也是影响参与休闲体育的主要因素，如果自己喜欢体育运动，而家人不喜欢，那么自己就不太好意思去；还有场地的限制，成都的休闲体育场地极度匮乏，由于场地太少、价格很贵，所以即使有时间了，考虑到场地价格也会望而却步。"

（三）城市休闲体育有效供给不足

1. 休闲体育场地设施仍显匮乏

随着我国经济发展和人民生活水平的提高，城市基本公共服务的范围在扩展、服务力度在加大，休闲体育场地设施得到了大幅改善。2020年，全国城市建成区绿地面积达到230余万公顷（1公顷=10000平方米），人均公园绿地面积达到14.8平方米，城市公园数量达到1.8万个[①]。《2021年全国体育场地统计调查数据》中显示，全国共有体育场地397.14万个，体育场地面积为34.11亿平方米，人均体育场地面积为2.41平方米。虽然全国体育场地的数量和面积呈现不断增长态势，但相较于美国的人均体育场地面积（16平方米）、日本的人均体育场地面积（19平方米）还相差甚远。场地设施的改善在一定程度上促进了城市休闲体育的发展，但相对于城市居民的休闲，体育场地设施需求仍显不足。有41%的城市居民到达最近休闲体育场地设施需要15分钟以上的时间，这反映出休闲体育场地设施的普及度和便利度还远远不够。

2. 休闲体育组织比较薄弱

休闲体育组织是城市休闲体育发展中最关键的因素，关系到赛事举办、活动开展、资金支持、人才利用、场地设施配置等一系列问题。伴随着我国服务型政府建设，社会力量地位攀升、活力增强，休闲体育组织成为政府部门服务社会民

---

① 王仁宏. 住建部：全国城市建成区绿地面积达230余万公顷，较2012年前增加50%[EB/OL]. (2021-06-07) [2023-06-09]. http://finance.people.com.cn/n1/2021/0607/c1004-32124506.html.

众的有力补充。随着人们健身休闲意识的增强，由群众、社会组织、企业团体自发形成的休闲体育组织数量逐渐增多，有社区广场舞、健身走、骑行、登山、徒步、自驾、骑马、滑雪等各类组织、协会和俱乐部，但目前它们发挥的作用还比较有限（图5-2），认为社区有休闲体育相关组织并经常组织活动的城市居民仅有12.5%。在城市居民休闲体育活动方式中，选择社区组织、单位组织和协会组织的居民总数仅占3%。参与访谈的专家（LP）认为："德国参加有组织体育活动的人数超过1/3，经常参加锻炼的人数在60%以上，这种情况跟体育社团组织和组织管理有密切的关系。"由此可见，城市休闲体育组织建设还相当孱弱，没有发挥出组织应有的作用。

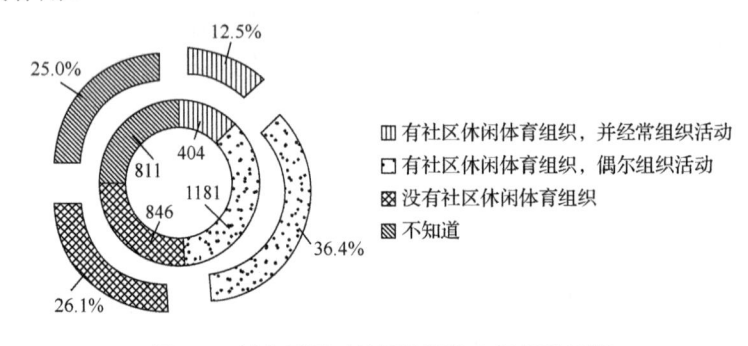

图5-2 城市居民对社区休闲体育组织的了解

3. 休闲体育指导明显欠缺

近年来，我国社会体育指导员数量不断攀升。截至2021年年底，全国社会体育指导员总人数已突破270万人[①]。据统计，杭州拥有各级社会体育指导员20692人，武汉拥有社会体育指导员30678人，成都拥有社会体育指导员23554人。但调查结果显示（图5-3），9.2%的城市居民认为所在社区有社会体育指导员并经常指导，29.6%的城市居民认为所在社区有社会体育指导员并偶尔进行指导，还有61.2%的城市居民认为所在社区没有社会体育指导员或不知道有没有。这反映出社会体育指导员的培养和利用率存在很大问题。参与访谈的专家（DCF）认为："目前社会体育指导员的作用发挥不充分，每年培养的大批社会体育指导员没有用武之地，存在社会指导员培训项目单一（只限于健身操和柔力球项目）问题，管理机制需要倒推，应该多开展其他项目的培训，这有利于全方位地指导休闲健身。"

---

① 张秋月. 社会体育指导员协会第二届全国代表大会召开[EB/OL]. （2022-02-18）[2023-06-08]. https://www.sport.gov.cn/n20001280/n20001265/n20067533/c24027310/content.html.

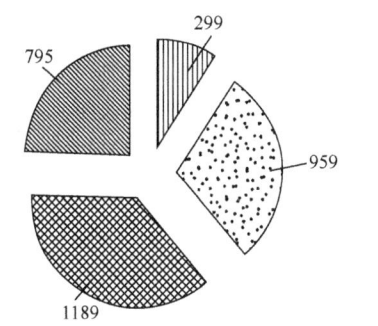

图中数据：299、795、959、1189

图例：
- 有社会体育指导员，并经常指导
- 有社会体育指导员，偶尔进行指导
- 没有社会体育指导员
- 不知道

图 5-3　城市居民对社会体育指导员的了解

4. 休闲体育顶层设计不足

休闲体育的出现是时代进步的标志，是人们心理更高层次的追求的结果。城市休闲体育创新了城市闲暇生活模式及城市体育发展模式[①]。城市休闲体育的发展涉及城市发展、旅游休闲、体育健身、社会文化等多领域、多业态，是一项惠民利民的民生工程。2011年，休闲体育首次出现在国家发展规划中。之后，国家相继出台了《国务院办公厅关于加快发展健身休闲产业的指导意见》《国民旅游休闲发展纲要（2022—2030年）》《体育产业发展"十四五"规划》等一系列政策法规（表5-32），但针对城市休闲体育发展的相关规划寥寥无几。

表 5-32　城市休闲体育发展的政策支持轨迹

序号	时间	文件名称	目标任务
1	2013年2月	《国民旅游休闲纲要（2013—2020年）》	保障国民旅游休闲时间；改善国民旅游休闲环境；推进国民旅游休闲基础设施建设；加强国民旅游休闲产品开发与活动组织；完善国民旅游休闲公共服务；提升国民旅游休闲服务质量[②]
2	2014年8月	《国务院关于促进旅游业改革发展的若干意见》	积极推动体育旅游，加强竞赛表演、健身休闲与旅游活动的融合发展，支持和引导有条件的体育运动场所面向游客开展体育旅游服务[③]
3	2016年5月	《体育发展"十三五"规划》	推动休闲健身场地设施建设，建设城市社区15分钟健身圈；广泛开展丰富多样的全民健身活动[④]

---

① 郭修金. 休闲城市建设中休闲体育时空的调控设计与规划整合——以杭州、上海、成都为例[J]. 上海体育学院学报, 2013, 37 (2): 30-33.

② 国务院办公厅. 国民旅游休闲纲要（2013—2020年）[R]. 北京：国务院办公厅, 2013.

③ 国务院. 国务院关于促进旅游业改革发展的若干意见[R]. 北京：国务院, 2014.

续表

序号	时间	文件名称	目标任务
4	2016年6月	《全民健身计划（2016—2020年）》	到2020年，群众体育健身意识普遍增强，参加体育锻炼的人数明显增加，经常参加体育锻炼的人数达到4.35亿，人均体育场地面积达到1.8平方米②
5	2016年7月	《体育产业发展"十三五"规划》	大力发展体育旅游，制定体育旅游发展纲要；试点发行"全民健身休闲卡"；重点发展健身休闲业③
6	2016年10月	《国务院办公厅关于加快发展健身休闲产业的指导意见》	普及日常健身，发展户外运动、特色运动；到2025年，基本形成布局合理、功能完善、门类齐全的健身休闲产业发展格局，总规模达到3万亿元④
7	2016年12月	《"十三五"旅游业发展规划》	加快发展自驾车旅居车旅游，大力发展海洋及滨水旅游，大力发展冰雪旅游，加快培育低空旅游⑤
8	2016年12月	《国家旅游局 国家体育总局关于大力发展体育旅游的指导意见》	到2020年，在全国建成100个具有重要影响力的体育旅游目的地，建成100家国家级体育旅游示范基地，推出100项体育旅游精品赛事，体育旅游总人数达到10亿人次，占旅游总人数的15%，体育旅游总消费规模突破1万亿元⑥
9	2018年12月	《国务院办公厅关于加快发展体育竞赛表演产业的指导意见》	创新社会力量举办业余体育赛事的组织方式，举办马拉松、武术、搏击、自行车、户外运动、航空运动、极限运动等项目的赛事，打造武术、围棋、象棋、龙舟等具有民族特色的体育竞赛表演品牌项目⑦
10	2019年8月	《国务院办公厅关于印发体育强国建设纲要的通知》	加强城市绿道、健身步道、自行车道、全民健身中心、体育健身公园、社区文体广场以及足球、冰雪运动等场地设施建设，拓展体育健身、体育观赛、体育培训、体育旅游等消费新空间，促进健身休闲、竞赛表演产业发展⑧

---

① 国家体育总局. 体育发展"十三五"规划[R]. 北京：国家体育总局，2016.
② 国务院. 全民健身计划（2016—2020年）[R]. 北京：国务院，2016.
③ 国家体育总局. 体育产业发展"十三五"规划[R]. 北京：国家体育总局，2016.
④ 国务院办公厅. 国务院办公厅关于加快发展健身休闲产业的指导意见[R]. 北京：国务院办公厅，2016.
⑤ 国务院. "十三五"旅游业发展规划[R]. 北京：国务院，2016.
⑥ 国家旅游局，国家体育总局. 国家旅游局 国家体育总局关于大力发展体育旅游的指导意见[R]. 北京：国家旅游局，国家体育总局，2016.
⑦ 国务院办公厅. 国务院办公厅关于加快发展体育竞赛表演产业的指导意见[R]. 北京：国务院办公厅，2018.
⑧ 国务院办公厅关于印发体育强国建设纲要的通知[R]. 北京：国务院办公厅，2019.

5. 休闲体育资源开放不够

休闲体育资源包括休闲体育自然资源和休闲体育社会资源两大类。首先，收费过高。有31.4%的城市居民对各类公共性休闲体育资源的使用价格不满意，在参与休闲体育场所选择中，仅有16.3%的城市居民选择收费体育场馆/健身房，居民普遍反映价格高是主要原因。其次，传统文化资源利用不够。传统文化是休闲体育的魂脉，只有具有文化底蕴的休闲体育才能持久发展。调查发现，无论是杭州的吴越文化，还是武汉的荆楚文化，或者是成都的巴蜀文化，和休闲体育的结合度都不高，传统文化资源还有待得到进一步挖掘。最后，休闲体育活动赛事资源开发不够。随着全民健身的推进，各地开展的休闲体育活动日益增多，但覆盖群体不够全面，持续效果有限。赛事是城市对外的形象符号，各种国际赛事大多是专业选手的舞台，居民能参与的赛事屈指可数。

6. 休闲体育经费保障不力

政府财政对休闲体育的支持明显不足且渠道单一。据2019年全国一般公共预算支出决算表统计，全国体育事业支出为539.70亿元，其中群众体育支出为44.74亿元，占预算总支出的0.02%[①]。经费保障不力是导致公共休闲体育场地匮乏的直接原因。城市用于场馆建设和群体体育开展的经费比例比较低，如杭州市2017年度用于体育场馆建设和维护的费用为752.33万元，用于群众体育的费用为83.5万元。在城市休闲体育发展起步阶段，由于市场化程度不高，政府财政支撑是主要手段，不能单靠体育部门微薄的财政支持，市政府应该有促进休闲体育发展的专属资金。

（四）城市休闲体育供给结构失衡

1. 供给主体失衡

城市休闲体育供给主要由政府、市场和社会多元主体合作供给。长期以来，我国休闲体育公共服务主要采取政府供给的模式，即政府既"掌舵"又"划桨"，因此企业和社会组织的作用没有得到发挥，仅仅处于补充地位[②]。我国城市休闲体育发展的资金来源渠道比较单一，市场化程度不高，主要依靠政府财政投入，社

[①] 中华人民共和国财政部. 2019年全国一般公共预算支出决算表[EB/OL].（2022-05-24）[2023-06-08]. http://yss.mof.gov.cn/2019qgczjs/202007/t20200731_3559718.htm.

[②] 宋浩. 我国体育公共服务多元主体合作供给的困境与出路[J]. 广州体育学院学报, 2018, 38（6）: 30-32.

会支持力度不够。西方国家政府对体育的投入一般占 GDP 的 0.2%~0.61%，其中社会的投入远远超过政府的投入（表 5-33）[1]。依赖国家和各级政府的财政拨款来提供休闲体育公共服务，提供最基本的休闲体育设施已显得捉襟见肘，难以满足居民逐渐增长的休闲体育需求。

表 5-33　国外发达国家体育经费来源

国家	政府对体育的投入 总值/亿美元	政府对体育的投入 占 GDP 比例/%	社会对体育的投入 总值/亿美元	社会对体育的投入 占 GDP 比例/%
德国	58.88	0.35	159.73	0.95
英国	26.19	0.24	192.38	1.76
法国	26.68	0.42	157.07	2.47
意大利	24.88	0.20	142.87	1.15
西班牙	13.02	0.23	81.02	1.43
瑞士	5.02	0.20	86.47	3.44
瑞典	4.73	0.18	20.4	0.78
芬兰	5.09	0.33	13.38	0.87
葡萄牙	4.15	0.61	8.43	1.24

2. 供给区域失衡

城市休闲体育供给在区域上表现出显著的失衡状态，随着我国城市不断地内改外扩，城市公园绿地出现了明显的外移现象，城市中心区和老城区的公园绿地大量减少，绿量明显不足[2]。我国第六次体育场地普查数据显示，全国体育场地在总量不足的情况下存在区域场地资源配置不均衡的问题，东部地区场地资源配置相对充足，占场地资源总量的 48.13%，而东北地区场地资源严重匮乏，仅占场地资源总量的 8.48%。2020 年，广东人均场地面积达到 2.5 平方米，上海人均场地面积达到 2.35 平方米，而广西人均场地面积仅有 1.81 平方米。城市内部同样也存在场地资源配置不均衡的问题。参与访谈的专家（CYX）认为：休闲体育场地在满足人们需求方面还是远远不够的，武汉的场馆数量不仅达不到全国的平均水平，还大部分集中在高校，并且过于集中在洪山区，洪山区有 37 所大学，其他区几乎没有大学，因此场地在分布上非常不合理，居民身边的场地设施是比较短缺的。

---

[1] 史松涛. 国内外体育经费来源渠道的比较分析[J]. 未来与发展, 2007（9）: 58-61.
[2] 雷芸. 持续发展城市绿地系统规划理法研究[D]. 北京：北京林业大学, 2009.

3. 供给群体失衡

休闲体育是贯穿人整个生命历程的一种生活方式，城市休闲体育的基本公共服务供给应该覆盖全人群、全生命周期，但目前还未实现公共服务的人群均等化，这主要表现在年龄和阶层方面：①在年龄群体方面，调查发现31~44岁不经常参加休闲体育活动的居民高达65.8%，而经常参加休闲体育活动的是60岁以上的群体。主要原因如下：31~44岁的群体工作压力大，并且处于上有老下有小的夹心层，缺乏时间；另外，城市在活动赛事供给方面，存在专业化和老年化两个倾向。②在阶层群体方面，对低收入群体和残疾人士的供给存在严重不足，休闲体育的基本公共服务远远不能满足需求。市场化的服务供给由于收费较高，在一定程度上限制了低收入群体参与休闲体育的积极性；同时无障碍设施的不完善和残疾人士休闲体育专用设施的缺乏，把残疾人士限制在了家中。

（五）城市休闲体育供给机制不畅

1. 资源配置方式单一垄断

长期以来，政府对公共资源具有绝对的垄断权利，因此形成了政府对公共服务供给的"托底"责任。政府在供给过程中常常大包大揽、干预过多，其结果并未实现公共服务资源配置的帕累托最优效应，反而出现了供需失衡矛盾[①]。在市场经济体制下，打破单一资源配置方式，形成多层次、多渠道供给模式是必然，但我国休闲体育公共服务供给的市场力量和社会组织力量还相当薄弱。《中国社会组织报告2020》显示，截至2019年年底，全国共有民间组织86.63万个，其中社会团体数为37.16万个，全国持证社会工作者共有53.10万人[②]，每万人拥有社会组织数为6.1个，相比于德国的每万人拥有社会组织数120个、法国的每万人拥有社会组织数110个和美国的每万人拥有社会组织数52个相差甚远。很多社会组织对政府有很强的依赖性，独立性差，发挥的作用也有限，从根本上改变不了政府在休闲体育供给中的绝对主导地位。

2. 供给决策缺乏公众参与

各级政府部门一直采用"自上而下"的决策方式进行休闲体育公共服务供给，

---

① 蒋牧宸. 基本公共服务供给机制探析[J]. 江西社会科学，2013（12）：194-197.
② 张华谢. 社会组织蓝皮书：中国社会组织报告（2020）在京发布[EB/OL].（2020-11-03）[2023-06-08]. http://whzg.chinareports.org.cn/gz/2020/1103/9930.html.

缺乏给公众需求表达的途径和机会，供给种类和数量往往与公众需求不符。决定公共服务供给种类和数量的往往是领导个人偏好。公众参与决策制度的缺失是导致供给失衡和供给质量不高的直接原因。在全民健身背景下，我国基本实现了社区和行政村全民健身工程和健身路径的全覆盖，但供给种类统一采用"1+2"模式，即一个篮球场、两个乒乓球桌。缺乏公众需求表达的结果是场地设施的闲置和浪费，很多篮球场成了停车场或者晾晒场。因此，供给决策机制应由"自上而下"的单项模式向"自上而下"+"自下而上"的双向互动模式转变。

3. 监督问责机制形同虚设

目前城市休闲体育公共服务监督主要以政府部门内部自上而下的内部监督为主，而内部监督往往存在滞后性与被动性。同时，由于相关管理部门身兼"运动员"和"裁判员"的双重身份，很难使监管奏效[①]。媒体、社会公众等外部监督渠道不畅通。为弥补政府自我评估的缺陷，开始采用社会第三方评估进行外部制衡，但处于起步阶段，外部评估机制还不够完善，对休闲体育公共服务供给的监督制约作用还没有得到充分发挥。因此，监督问责机制应逐步从内部监督过渡到内部监管调节、外部评估制衡的多重监督机制。

（六）城市休闲体育产业发展滞后

1. 市场活力不强

歌曲《燃烧我的卡路里》唱出了民众对健身和健美的需求，健身成为潮流，休闲成为时尚。体育产业近年来一直呈上升趋势，体育产业增加值逐年上升，远远跑赢GDP增速。2019年，我国体育产业总规模为2.9万亿元，增加值为11248亿元，总产出比2018年增长10.9%，增加值增长11.6%[②]。其中，体育健身休闲活动发展最快，保持了近年来的高位增长，增加值现价增长速度达到74.4%，但在整个产业领域的占比相当小，仅有6%。2017年，美国在体育上的消费高达1000亿美元，有超过一半资金（560亿美元）花在观看体育赛事上[③]。受益于北京冬季奥林匹克运动会的筹办，张家口崇礼主打高端路线的云顶、太舞等雪场在雪季生意兴隆，其滑雪、教练和食宿费用每项都以千计。卡路里确实在燃烧，健身休闲

---

① 王佳欣. 中国旅游公共服务供给机制发展变迁研究[J]. 改革与战略，2017，33（6）：152-155.
② 国家体育总局，国家统计局. 2019年全国体育产业总规模与增加值数据公告[R]. 北京：国家体育总局，2020.
③ 李丽，许基仁，王恒志. 体育产业深度调研（一）|卡路里在燃烧，但产业……[EB/OL]. （2019-01-10）[2023-06-08]. https://baijiahao.baidu.com/s?id=1622246689954803643.

需求在扩大，可整个休闲体育产业还在等待爆点。

2. 消费需求不足

中国体育人口的比例为 33.9%，意味着有 4.2 亿人较为经常进行体育锻炼，然而中国体育人群中偏重老少两头，居民整体为体育花钱的意愿不强。据江苏和上海体育局统计，在这两个地区 2019 年人均体育消费分别为 2000 元出头、不到 2500 元，仅相当于苏沪各大饭馆里的一顿普通年夜饭。杭州、武汉和成都三市居民休闲体育消费在 1000 元以上的仅有 23.8%，消费在 100 元以下的占 34.1%，可见城市居民的休闲体育消费观念还相当羸弱。人均 GDP 超过 8000 美元，休闲体育消费就会迎来爆发"奇点"是国际公认的规律，但在中国休闲体育似乎是个"慢产业"。休闲体育的市场潜力和消费前景是毋庸置疑的，但居民的消费观念和习惯还有待培育。例如，免费观看赛事在过去已成为一种潜意识和习惯，如今付费观看赛事的习惯还需一段时间来培育。

二、城市休闲体育发展的困因分析

（一）发展规律没有得到足够重视

任何事物的发展都有其自身规律，城市发展和城市休闲体育发展亦是如此，认识、尊重、顺应发展规律是良性发展的前提，反之则会揠苗助长或问题丛生。我国经历了快速城市化进程，在一味追求速度的引导下，城市建设中存在盲目开发、违背规划，脱离实际"大干快上"、急功近利追求"政绩"的现象。如今大城市的"城市病"已经非常突出，粗放式发展忽视了城市宜居性建设和服务功能的提升，带来了城市生活空间的缩小和生态环境的破坏，从而在一定程度上限制了城市休闲体育的发展。城市发展是一个自然的历史过程，有其自身规律。城市和经济发展相辅相成，城市规模要同资源环境承载能力相适应。新型城市的发展必然淘汰钢筋混凝土式的城市的无序生长，取而代之的是合理规划的舒适环境。这就要求我们贯彻创新、协调、绿色、开放、共享的发展理念，转变城市发展方式，完善城市治理体系，提高城市治理能力，着力解决"城市病"等突出问题，不断提升城市环境质量、人民生活质量，建设和谐宜居、富有活力的现代化城市，为城市休闲体育发展提供外在保障。城市休闲体育既是城市休闲和城市体育融合的新生事物，也是社会发展的必然产物。休闲体育既是事业，又是产业；既是每个人都可以参与的活动，又是个体不断实现自我超越的途径。城市休闲体育发展依托城市建设，在遵循城市发展规律下，因城市而异、因文化而异。因此，城市休闲体育的发展应该尊重城市发展规律，尊重自然规律，尊重当地文化，尊重每个人的利益。

（二）发展体制存在障碍

体制障碍是所有领域发展问题的根源，对于城市休闲体育发展问题也要追根溯源。基于"国家—社会"二元分析框架，我国一直存在"强政府、弱社会"的现象，体育主管部门集行政、事业、社团、企业职能于一身[1]。政府在休闲体育事务中的行政色彩过于浓重是休闲体育公共服务供给不充分、不均等，市场发育不足，休闲体育社会组织能力孱弱的根本原因。休闲体育发展体制障碍主要表现为：①具有无限权利的政府垄断着休闲体育的公共资源，这只"有形的手"对休闲体育管得过死和过度干预，导致市场和社会组织的主动性受限。政府与社会的关系不是博弈对立的，而是协调共生并具有正外部性效果的。转变政府行政权力过度化，实现"强政府、强社会"，权力让渡是第一步，体育主管部门的权利从无限权利转变为有限权力，包括部分职能权力的弱化和转出，从直接管理转变为间接管理。②不同政府部门之间存在壁垒，导致产业融合发展受阻。休闲体育发展涉及体育、旅游、文化、娱乐等多业态，需要多部门之间的协同发展，而目前体制的制约使各独立部门之间的协同发展机制不畅。大部制是国际趋势，全球170个国家和地区的体育部门都是与文化、娱乐、教育、交通、宗教等部门联合在一起的[2]。

（三）治理体系尚不健全

在解决城市休闲体育发展中的问题、满足人们对休闲体育日益增长的需求的过程中，体制是根源，治理是手段。传统的体育发展方式是政府管理型，通过行政指令从上到下对体育进行管理监督，这在过去一段时间内是符合国情的。但随着人们体育需求的日益多样，开启体育与文化、旅游、娱乐、教育等行业融合发展的时代，休闲体育应运而生，满足了人们不断升级的精神需求。面对这些变化，"管理主义"倾向的体育发展方式逐渐式微，与国家宏观层面改革的矛盾与冲突不断增多[3]。

---

[1] 刘亮，吕万刚，付志华，等. 新时期我国体育体制的理性化重塑——研究路径回顾与分析框架探索[J]. 体育科学，2017，37（7）：3-9.

[2] 易剑东. 中国体育产业的现状、机遇与挑战[J]. 武汉体育学院学报，2016，50（7）：5-12.

[3] 马德浩. 从管理到治理：新时代体育治理体系与治理能力现代化建设的四个主要转变[J]. 武汉体育学院学报，2018，52（7）：5-11.

从管理到治理是时代发展的必然，休闲体育治理体系的构建和完善是现实必然。目前，休闲体育治理体系不够完善，具体表现在：①治理主体多元浮于表面。政府机构囿于传统的管理理念，市场和社会组织的治理主体地位没有得到体现，市场竞争机制和社会组织不能很好地发挥作用。在构建政府部门、市场与社会组织多元治理主体过程中，体育主管部门对休闲体育的治理边界逐渐收缩，市场和社会组织的治理边界不断扩大，以达到治理边界的最佳匹配，实现从"单一"治理模式到"协同"治理模式的转变。②治理结构有待完善。传统管理型政府是垂直型结构，而"协同"治理模式是多元主体协商共治的网络型结构。政府治理从微观到宏观，市场和社会组织治理从边缘到中心，以形成主体多元、责任分担、分工协作、手段多样的稳定治理结构。③治理手段落后。传统休闲体育治理手段以"人治"为主，供给决策容易受到决策者偏好或幕后利益的影响，从而造成供需偏差或供给质量问题。现代化治理手段要求从"人治"过渡到"法治"，强化立法监督，履行社会责任，遵守道德契约，形成多元协同互补型治理渠道。

（四）运行机制缺乏联动

城市休闲体育运行机制是指城市休闲体育生存和发展的内在机能及其运行方式，是引导和制约城市休闲体育发展的内外因素及其相互关系的总称，包括激励机制、监督机制、协作机制、整合机制等。城市休闲体育运行机制存在的问题主要有以下几点：①激励机制不到位。为鼓励市场和社会组织在城市休闲体育公共服务供给中发挥主体作用，政府对市场和社会组织采取激励机制是必不可缺的，如政府购买服务、政府补贴等，但目前激励机制的范围和力度还不足。②监督机制流于形式。目前对休闲体育公共服务供给的监督主要是政府内部监督，政府既是"裁判员"，又是"运动员"，自我监督缺乏力度和执行力。第三方评估和社会监督机制还不成熟，监督效果容易受到政府因素的干扰。③协作机制不畅。政府与市场、社会组织之间由于主体地位和权利的不等，横向网络化多元主体之间缺乏有效衔接。④整合机制效率不高。城市休闲体育的开展需要政府部门的层级推动和不同政府部门之间的协作配合，但权利让渡不够和部门利益问题使纵向层级化体育管理部门之间和横向不同管理部门之间的资源整合效率不高。

第六章 生态文明视域下城市休闲体育供递系统的构建

休闲作为城市的四大功能之一，是城市居民应享有的基本权利。前美国总统詹姆斯·加菲尔德（James Garfield）指出，人类的整个斗争史可划分为两个篇章：第一篇章为享有休闲而战斗；第二篇章为该怎么休闲而战斗。城市休闲体育发展既响应了国家号召、符合了城市的本质追求，又是对居民休闲体育权利的具体实践。但随着人们对美好生活追求的不断升级，城市休闲体育发展表现出明显的供需失衡和结构限制问题，存在市场介入不足和社会组织活力不强等问题。中央城市工作会议中指出，城市工作是一个系统工程，城市发展要把握好生产空间、生活空间、生态空间的内在联系。城市休闲体育是城市系统下的一个子系统，把城市休闲体育看作一个系统生命体来构建城市休闲体育的供递系统，不仅有利于打通供需渠道，还有利于系统的自组织运行。

第一节 系统构建的基本原则

为了不断满足城市居民对美好生活的追求，根据系统特征、城市发展规律及城市休闲体育发展的现实处境，城市休闲体育系统构建应遵循的基本原则如下。

（1）目标一致性。根据系统的层级性特征，城市休闲体育系统是由多层子系统构成的复杂系统的集合，其中每个子系统都是一个独立运行的系统生命体。目标一致性要求大系统分解目标，各子系统协作配合共同朝一个目标发展。城市休闲体育发展的总目标是提升人们追求美好生活的质量，具体包括经济目标、社会目标、文化目标、环境目标等，需要休闲体育供给、需求、环境和运行等子系统协作配合来实现目标。

（2）结构稳定性。结构稳定是系统高效运行的前提，系统本身具有塑造自身结构、生成新结构的能力，通过人为干预可不断完善系统结构，促进系统良性循环运转。为保持城市休闲体育系统的结构稳定性，必须很好地平衡整体系统和各子系统之间的利益、自主权与责任。既要有足够的总部控制，以有效地协调整体系统目标的实现，又要让各子系统有充分的自主权，以维持子系统的活力、功能和自组织[①]。

（3）运行开放性。开放性是系统发展的驱动力，包括系统之间的开放和系统层级之间的开放，发展开放性有利于系统之间信息的及时反馈和自我更新调适。发展开放性会提高城市休闲体育系统的运作效率和适应力，从而有效调节供需失衡的问题，并有利于激发休闲体育市场活力。

（4）发展均衡性。城市休闲体育发展存在明显的财政支持主体失衡、场地设施区域失衡、人群发展年龄失衡和阶层失衡问题。供需失衡是城市休闲体育存在结构限制的根源，破解结构限制就要体现出供给总量和供给结构的整体均衡性，避免出现供给不充分、不平衡的问题。

第二节 系统构建的逻辑依循

一、经验借鉴：美国和加拿大的休闲供递系统

美国和加拿大的休闲发展历史悠久，加拿大休闲发展始于 11 世纪，美国的休闲发展始于 15 世纪。19 世纪末，两国政府开始提供娱乐和休闲服务，随着经济和社会的变化，政府角色也一直在发生变化。从总体上看，美国和加拿大的休闲供递系统主要包括发起部门、环境、参与者和服务形式四个子系统，但两国政治哲学的差异导致其休闲供递系统截然不同。

（一）发起部门

两国休闲供给主体都包括政府、非营利组织和商业机构。政府提供的休闲称为公共休闲。加拿大联邦政府、省和区（州）政府于1987年共同签署了《全国休闲宣言》，明确了各级政府的休闲职责和权限（表6-1）。休闲和娱乐服务在美国变得越来越重要，并成为满足社区居民健康、社交和情感交流需要的途径。地方、州和联邦政府各司其职，为公众提供各种休闲项目和服务。专业休闲组织在休闲发展方面起到了很大的推动作用。加拿大在1945年成立了加拿大公园和休闲协会

[①] 德内拉·梅多斯. 系统之美：决策者的系统思考[M]. 邱昭良, 译. 杭州：浙江人民出版社, 2012.

(Parks and Recreation Association of Canada，PRAC)，通过旗下的 13 个省和区（州）组织为国民提供休闲服务；美国在 1926 年就出现了休闲和娱乐组织，目前最大的专业休闲和娱乐组织是美国休闲和公园协会（American Recreation and Parks Association，NRPA），它在美国全国范围内拥有大量的附属机构。非营利组织是休闲供给主体之一，加拿大的非营利组织主要由社会福利、民生改善、娱乐休闲和任何非商业目的的组织构成。美国的非营利组织无处不在，根据美国社会决策组织发布的数据，美国拥有超过 147000 个协会，每年还会新增约 1000 个协会，其中直接提供休闲活动的协会组织有美国休闲协会、美国残疾人体育协会、美国休闲联盟等（表 6-2）[①]。商业机构由三部分构成：地方休闲商业、服务业和旅游业。地方休闲商业和旅游业占休闲产业的 90%。政府为所有的休闲商业和旅游业提供基础设施，给予其税收优惠、规划分区、营销宣传，为新成立企业提供服务和资源支持，为休闲企业创造积极的商业环境，辅助企业发展。

表 6-1 美国和加拿大各级政府进行休闲供递的职责和权限

国家	各级政府职责和权限		
	联邦政府	省和区（州）政府	市政府
美国	负责为某些特殊人群提供休闲服务；管理室外休闲资源；维护国土安全；提供直接的休闲服务；提供技术指导和财政支持；负责旅游推广；设立和修订相关质量标准等	提供各式各样的休闲和娱乐服务，包括维护州属公园和森林；管理野生鱼类和其他野生动物保护机构；负责管理医院和矫正学校的休闲和娱乐服务等	提供公园和休闲服务，提供的休闲项目有：休闲课程、运动、水上运动、野营、医疗服务、疗养休闲、高尔夫培训、亲近水上的公园，露营、公园和小径，市场营销和志愿者服务等特殊项目
加拿大	参与全国范围内的休闲活动（体能活动归卫生部门管理，体育活动归加拿大遗产部门管理）；支持休闲项目的持续发展；保证设施和机构能够提供相应的服务等	协调项目的运作；为项目供递机构提供信息和财务支持；规划并资助相关研究；极少成为休闲和娱乐服务的直接供给者	是直接休闲服务的主要供给者；确保任何个体和团体最大限度地获得与社区可得资源相匹配的休闲机会等

① 奥萨利文，等. 休闲与游憩：一个多层级的供递系统[M]. 张梦，译. 北京：中国旅游出版社，2010.

表 6-2　美国本土直接提供休闲活动的组织

美国健康、体育教育、休闲和舞蹈协会	全国休闲资源规划师协会
美国积极生活方式与健康协会	全国医疗休闲认证委员会
美国健康教育协会	全国户外休闲合作组织
美国休闲协会	全国休闲与公园协会
美国公园与休闲协会	全国休闲车经销商协会
美国休闲联盟	全国医疗休闲社团
美国医疗休闲协会	传统美国休闲与体育组织
美国遗产与休闲组织	休闲车行业协会
美国残疾人体育协会	户外行业协会
雇员服务管理协会	休闲车租赁协会
公园与休闲教育者组织	度假与商业休闲协会
全国女性运动联盟	国际健康、体育教育、休闲和舞蹈协会
全国乡村公园与休闲官方联盟	全国健康、体育教育与休闲指导专家组织

（二）环境

公园是加拿大和美国文化的重要组成部分，也是最主要的休闲环境。两国第一批公园建立在城市中，并逐渐拓展到郊区、荒野，形成完善的公园管理体系（图 6-1）。加拿大公园管理体系在 1900 年初具雏形，由五种公园构成：城市公园、地区公园、省级公园、联邦国家公园和野生动植物保护地。加拿大每个村庄和城镇都有公园，其功能多样，以运动、休闲和健康为主。城市公园的日常管理由一些职业经理人、专业的兼职雇员和志愿者负责，管理费用多数从土地费中支付，如出租社区会堂或组织运动课程的收入。安大略省拥有加拿大最大的地区公园体系，设立的保护机构每年服务的户外休闲群体多达 500 万人/天。加拿大公园管理体系十分庞大且资金充裕，公园数量一直在增加。加拿大公园管理局作为联邦公园管理机构，负责四个主要的公园和保护区系统：国家公园和保护区系统、国家历史公园和遗址系统、国家运河系统和国家海洋保护地系统。加拿大还拥有大量利用废弃铁路线开发的步道，这些步道由当地一些远足发起者经管，偶尔会得到省级政府的一些支持。

生态文明与我国城市休闲体育

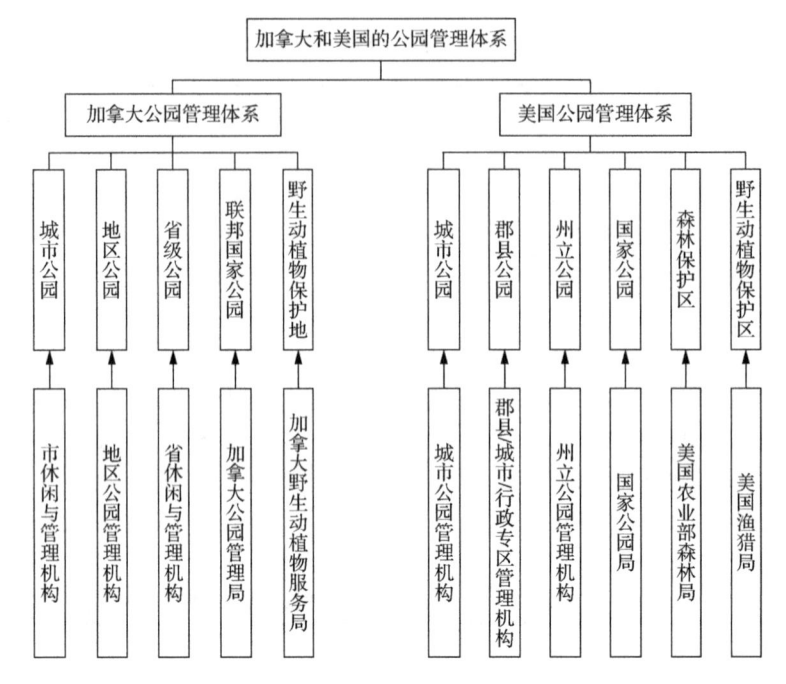

```
                    加拿大和美国的公园管理体系
                    ┌───────────────┴───────────────┐
            加拿大公园管理体系                美国公园管理体系
     ┌────┬────┬────┬────┬────┐      ┌────┬────┬────┬────┬────┐
    城市 地区 省级 联邦 野生       城市 郡县 州立 国家 森林 野生
    公园 公园 公园 国家 动植       公园 公园 公园 公园 保护 动植
              公园 物保             区   物保
                   护地                  护区
     ↑    ↑    ↑    ↑    ↑        ↑    ↑    ↑    ↑    ↑    ↑
    市   地   省   加   加         城   郡   州   国   美   美
    休   区   休   拿   拿         市   县   立   家   国   国
    闲   公   闲   大   大         公   ( 城  公   公   农   渔
    与   园   与   公   野         园   市   园   园   业   猎
    管   管   管   园   生         管   行   管   局   部   局
    理   理   理   管   植         理   政   理            森
    机   机   机   理   物         机   专   机            林
    构   构   构   局   服         构   区 ) 构            局
                        务              管
                        局              理
                                        机
                                        构
```

图 6-1 加拿大和美国的公园管理体系

美国最早的公园是建于 1963 年的波士顿公园，美国在城市公园运动之后开启了自然保护区建设，随后是步道开拓和荒野保护。美国城市公园的规模相对较小，城市公园主要用于解决社会问题，人工化的环境较多，包括网球场、高尔夫球场、游泳池、温泉、人行步道、溜冰场、滑板坡道、足球场和游戏场等。郡县公园规模比城市公园大一些，更具有自然特征，公园里有游泳、徒步、划船、垂钓和露营等项目。州立公园更加关注对地区自然特征的保护，远离城市人口聚集中心，为游客提供露营地、野餐区、步道、游客中心和环境教育等。美国国家公园管理局共有 388 个下属单位，整个国家公园体系面积大约为 8360 万英亩（1 英亩≈4046.86 平方米），并管理着许多类别的公园。美国国家公园管理局的使命是在对公园和野生动植物不造成或极少造成损害的前提下为人们提供休闲的机会。加拿大和美国公园体系的区别在于：美国公园拥有的荒野面积更多；土地所有权不同，美国联邦政府拥有大部分公共土地的所有权并设有大量的土地管理机构，而加拿大更多土地、林地由省级机构管理，加拿大的省级公园比美国的州立公园规模更大、发展更成熟。

（三）参与者

爱尔兰剧作家乔治·伯纳德·萧（George Bernard Shaw）曾说，人不是因为长大才停止了玩耍,而是因停止了玩耍才长大、变老。休闲与游憩的作用已经在国家层面得到了认可,具体作用如下:能够促进身心健康;降低青少年危险行为发生的概率;增强社区成员的社会凝聚力[①]。休闲活动并不是目标,而是完成挑战、成就、自我效能、自我表达、享受愉悦的载体,是贯穿于人一生的生活方式。在休闲供递系统中,休闲服务供给者向不同人群提供全生命周期的项目和活动。从幼年期、儿童早期、儿童中后期、青春期、成年早期到中年期、老年期,休闲供递系统会根据处于不同年龄周期的群体的身体能力、认知能力、社会情绪特征来提供不同的休闲项目和服务(表 6-3)。休闲在人的各年龄周期中发挥的作用不同,但都是个体获得幸福感和良好身体机能的重要方式,为所有年龄的群体提供了情感及身体机能的发展空间。

表 6-3 休闲供递系统为各年龄群体提供的项目策划要素和休闲服务

年龄	项目策划要素	休闲服务
幼年期 (0~2岁)	颜色鲜艳的图片;会发声的动物玩具;投掷球类;堆砌积木、填充容器;玩偶手偶	公共公园和休闲机构提供各式项目和服务;摇摇摆摆笑笑乐(音乐、艺术和玩耍);幼儿街舞;聊天与玩耍(学习滚、坐、爬的技能)
儿童早期 (3~6岁)	跑、踢、投掷和追逐类软球类活动;捉人、红灯绿灯游戏;同伴分享	度假地提供训练营项目;记忆匹配游戏;捉影子;唱歌
儿童中后期 (7~12岁)	童子军、剧院、休闲运动和其他特殊兴趣俱乐部;日间训练营有运动、游戏、艺术和手工艺等项目	学习新技能(运动强化课、高级艺术和手工艺、模型飞机和火车制作、乐器);掌握规则和竞争(捉人、俘获旗帜、棋牌游戏);竞争与协作
青春期 (13~19岁)	自由自在的社交;四处闲逛;坚持完成任务	创立项目,做闲暇时光的制造者;自主决定游戏风格、空间利用方式
成年早期 (20~39岁)	旅游;音乐会;休闲运动;做义工	足球、橄榄球、垒球等团体运动;扑克、飞镖等游戏;瑜伽、皮划艇、攀岩等活动;派对、慈善活动、运动联盟和节日节事
中年期 (40~59岁)	自我表达和自我探索的活动;具有生命活力的休闲项目	锻炼活动与运动(跑步、健身操、舞蹈、徒步等活动);表达式活动(陶艺、油画、摄影、木工、园艺、模型制作、观鸟等)
老年期 (60岁以上)	参与性;个体多样性;选择多样性;社会联系	慢性疾病培训;同辈导师;健康与保健研讨会;社会活动;旅行和外出

---

① 奥萨利文,等. 休闲与游憩:一个多层级的供递系统[M]. 张梦,译. 北京:中国旅游出版社,2010.

(四) 服务形式

对休闲参与者而言，重要的是参与活动，而不是活动本身的目标。所有发起部门、环境和参与者的服务形式都是活动，这些活动将休闲供递系统的各层级联系起来。休闲活动项目包括：游憩性运动、艺术与文化、健身与康乐、社会化游憩及自然中的探险游憩。休闲涉及的领域广阔而多变，休闲服务包括直接面对参与者或休闲资源的一线服务，以及相关系统或组织的管理。传统的运动管理偏重于商业和企业，如市场营销、公共、推广、运动用品、媒体关系和资金筹集等。近年来，休闲运动管理更加强调在各种活动参与或休闲过程中对人事和资源的领导与管理，强调主动参与。休闲活动的参与者或观众都是不可或缺的。休闲运动管理是一个从参与者到观众、从教育性运动到职业性运动层级递进的管理过程（图 6-2）。在休闲运动管理模型中，参与者基于健身的需要和兴趣主动参与教育式、休闲式等不同层级的运动。随着参与层次的提升，参与休闲的体验从主动融入活动逐渐转变为作为观众来欣赏比赛，如在职业性运动层面，大部分居民的休闲体验是观看表演而不是参与其中。休闲性运动由五类基本的项目供递方式构成：指导式运动、自主式运动、团体内部运动、团体联盟运动和俱乐部运动。在休闲时代，休闲的作用越发凸显，人们确实需要更多的信息、指导和支持，才能让休闲对形成健康的生活方式有所贡献。休闲促进主要是指休闲服务供给者有意识地鼓励参与者全面发展，并达到最佳的健康状况。休闲促进的层次包括意识、教育、指导和顾问。休闲意识是通过提高人们对休闲活动的积极贡献和感知来实现的；休闲教育是指发展技能和提高参与各种休闲活动的体验；休闲指导和休闲顾问密切相关，都把终身追求积极的休闲生活方式作为一项期望成果，以改变参与者的态度和消除参与障碍。

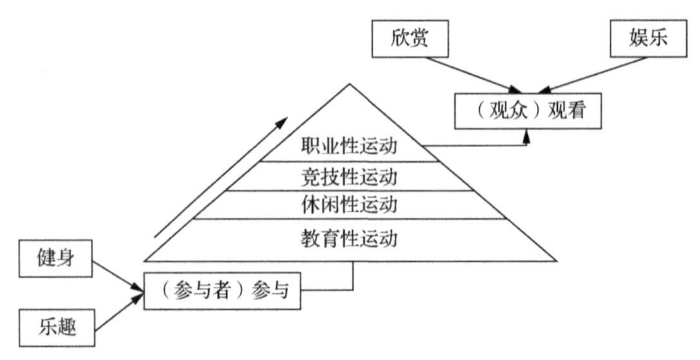

图 6-2 休闲运动管理模型

二、国家文件：休闲体育系统构建的有力支撑

（一）基本公共服务

为实现"学有所教、劳有所得、文体有获"等生存与发展需求，《"十三五"推进基本公共服务均等化规划》中列出了包括公共教育、社会服务、住房保障、公共文化体育、残疾人服务等八个领域的供给清单，并提出了实施机制和保障措施。《"十四五"公共服务规划》中提出，到2035年基本公共服务实现均等化，强调实施全民健身计划，提供便利的健身场地、丰富的健身赛事活动、科学的健身指导等服务；免费提供公园、绿地等公共场所所需的全民健身器材；鼓励公共体育设施免费或低收费开放，推进学校体育设施逐步向公众开放；重点支持全国重点文物保护单位、国家历史文化名城、国家级非物质文化遗产、国家级风景名胜区、国家森林公园、国家地质公园等的文化和自然遗产保护利用设施建设。《"十四五"公共服务规划》中的全民健身基本公共服务体系涉及供给侧、需求侧、实施机制、保障措施等内容，为城市休闲体育供递系统的构建奠定了要素结构。

（二）休闲纲要

在大众休闲时代，为满足人们的休闲需求、提升生活质量，《国民旅游休闲纲要（2013—2020年）》（以下简称《纲要》）中以满足人民群众日益增长的旅游休闲需求为出发点和落脚点，全面推广旅游休闲理念，重点提出保障国民休闲时间、改善休闲环境、建设基础公共设施、完善公共服务等工作任务，明确了落实带薪休假、提升休闲意识、提高休闲质量等一系列发展目标，是对小康生活内涵的进一步丰富。《纲要》的颁布与实施，不仅引领、推动了国民休闲的发展，还反映了国家对人民的关注，顺应了让各族人民过上美好生活的宗旨和期待，契合了全面建成小康社会的宏伟目标。"职工带薪年休假制度的基本落实""健康、文明、环保旅游休闲理念的形成""现代国民旅游休闲体系的构建"等为城市休闲体育供递系统的构建提供了依循与驱动。

三、他山之石：旅游与休闲系统构建的借鉴

在系统论视角下，旅游和休闲是一个由各种吸引物、设施、服务、经营、管理等要素构成的循环系统。较为典型的旅游系统框架包括四个部分（图6-3）：一是客源市场系统，涉及各类休闲者和游客，主要是从旅游需求视角展开的；二是出行系统，由交通设施、旅游咨询、旅行服务、信息服务、旅游宣传、旅游营销等构成的子系统；三是目的地系统，包括目的地为游客提供的旅游资源、旅游设

施和旅游服务等，从供给角度展开；四是支持系统，从政策、制度到资金、人才等，是其他三个系统不可或缺的外在支持与保障系统。较为典型的城市休闲系统框架包括城市休闲需求子系统、城市休闲供给子系统、城市休闲管理子系统和城市休闲支持子系统四个部分（图 6-4）。在旅游和休闲系统结构中，供给、需求、运行和支持四维系统结构为城市休闲体育供递系统提供了构建思路，勾勒了系统结构。

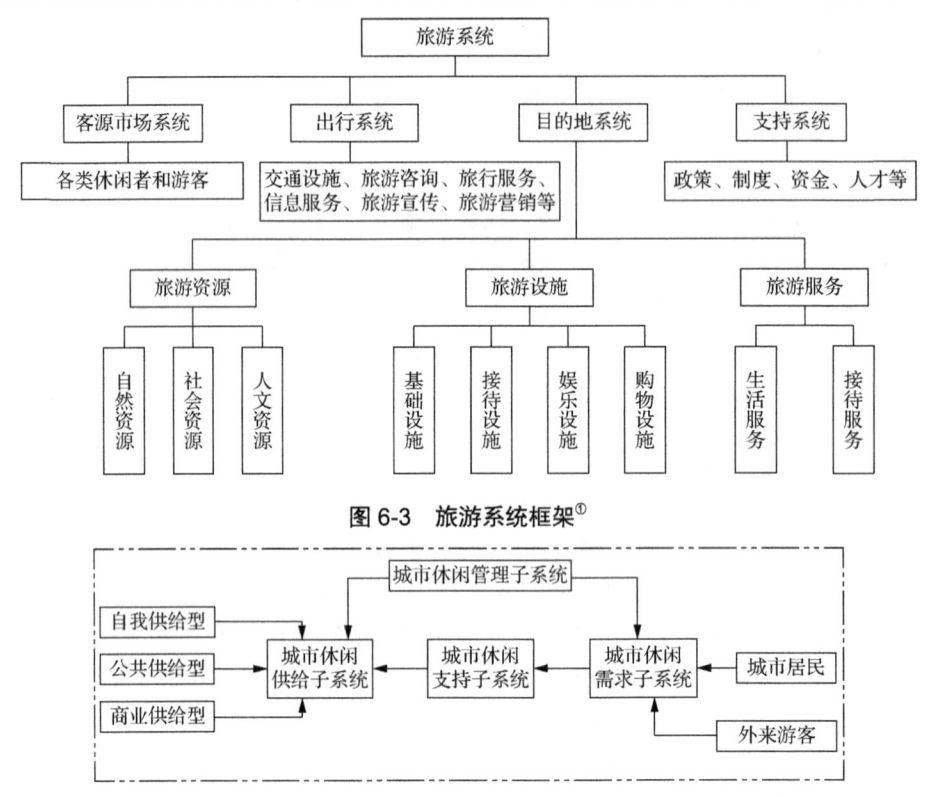

图 6-3 旅游系统框架①

图 6-4 城市休闲系统框架②

四、城市休闲体育供递系统的生成

系统是由各要素相互联系、相互作用构成的有机体③。由此可见，系统包括两部分内容：①构成要素；②构成要素之间的关联与互动④。在梳理分析美国和加拿

---

① 吴必虎. 旅游系统：对旅游活动与旅游科学的一种解释[J]. 旅游学刊, 1998（1）: 21-25.
② 华钢, 楼嘉军. 城市休闲系统研究[J]. 旅游论坛, 2009, 2（3）: 419-423.
③ 焦培民, 赵亚平. 系统实践哲学刍议[J]. 系统科学学报, 2017（2）: 13.
④ 董健, 李兆友. 系统论视野中的政府创新[J]. 系统科学学报, 2019, 27（2）: 110-115.

大休闲供递系统、全民健身基本公共服务体系、休闲纲要目标、旅游和休闲系统构建的基础上，依循系统的构成原理，在生态文明视域下构建了我国城市休闲体育供递系统（图6-5）。首先，根据国外休闲供递系统、旅游和休闲系统构建的供给侧-需求侧模式（S-D Pattern）确定城市休闲体育供递循环的两端：城市休闲体育供给子系统与城市休闲体育需求子系统；其次，在生态文明视域下，环境是实现城市"青山绿水""宜居宜业宜游"核心目标的生态基础，城市休闲体育环境子系统是联结城市休闲体育供给子系统和需求子系统的必不可少的中间介质；最后，系统构成要素之间的联动是系统循环发展的生命力，依此逻辑，城市休闲体育运行子系统是联结城市休闲体育供递系统中的构成要素的联动系统，是一个依附并作用于供给子系统、环境子系统和需求子系统的动力系统。

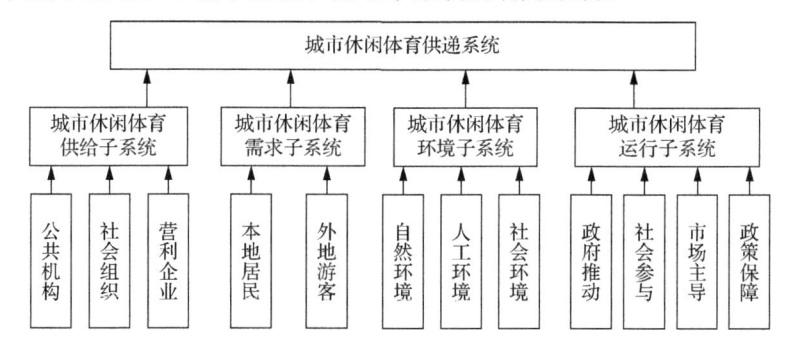

图6-5 我国城市休闲体育供递系统框架

第三节 城市休闲体育供递系统的构成

一、城市休闲体育供递系统的内涵

城市休闲体育供递系统是指在城市特定的经济、文化、社会、生态背景下，以城市环境为依托，通过运行动力将供给侧和需求侧联结在一起，形成的一个自然—经济—文化—社会的复合系统。城市休闲体育供递系统是一个动态开放性系统，城市休闲体育发展也是城市休闲体育供递系统动态变化过程的呈现，不同子系统在城市大环境下相互作用、协调配合，共同促进城市休闲体育供递系统的良性循环发展。

城市休闲体育供递系统结构内涵可表示为：

$$\text{CLSS} \subset \{S_1 S_2 \cdots S_m, E_n, C_n, F_n, R_{el}, O, R_{st}, T, L\}(m \geq 2) \quad (6\text{-}1)$$

式（6-1）中的 CLSS 包含于 $\{S_1 S_2 \cdots S_m, E_n, C_n, F_n, R_{el}, O, R_{st}, T, L\}$。

式中，S 表示子系统；S_m 表示第 m 个子系统；E_n 表示第 n 个子系统的要素；C_n 表示第 n 个子系统的结构；F_n 表示第 n 个子系统的功能；R_{el} 表示城市休闲体育供递系统的关联集合，包括子系统之间和子系统内部要素之间的关联关系，以及城市休闲体育供递系统与城市系统之间的关联关系；O 表示 CLSS 的目标集；R_{st} 表示 CLSS 的约束集；T、L 分别表示时间向量和空间向量；m 表示子系统的数量。

城市休闲体育供递系统主要由城市休闲体育供给子系统、城市休闲体育需求子系统、城市休闲体育环境子系统和城市休闲体育运行子系统四个子系统构成，各子系统又包含若干要素（图6-5）。城市休闲体育供递系统的运行环境是城市所在区域，而城市本身就是一个包含制度、经济、文化、生态、社会的复杂系统。从系统论视角来看，城市休闲体育供递系统是城市系统中的一个子系统，城市休闲体育供递系统与城市系统之间是一个互动发展的过程：一方面，城市休闲体育供递系统的运行发展须在城市特定的经济文化和生态环境下进行，城市系统对城市休闲体育供递系统的发展起到促进和制约作用；另一方面，城市休闲体育供递系统运行发展须遵循城市发展规律，与城市系统协调发展，只有这样，才能实现促进城市环境的改善优化、城市经济的转型升级、城市传统文化的传承发扬、城市社会的和谐进步、城市居民的身心健康和生命质量提升的系统运行目标。

二、城市休闲体育供给子系统：引领与保障

在经济学中，供给与需求（Supply-Demand，S-D）是不可拆分的一对。为满足城市居民多样化的休闲体育需求，须发挥休闲体育供给的引领与保障作用。供给理论最早可追溯到19世纪初法国经济学家提出的萨伊定律，该理论认为"供给创造其自身的需求"。与其相对的是凯恩斯（Keynes）主义，该理论认为"需求决定供给"。然而无论是萨伊定律还是凯恩斯主义，都只关注了供给和需求的静态平衡，没有考察经济的动态发展，二者都存在不足，城市休闲体育发展应该结合二者，取其长、去其短。萨伊定律与凯恩斯主义相比，一个是积极的态度，一个是消极的态度，萨伊定律为供给侧改革提供了思想源头[1]。

（一）供给主体

随着政府职能的转变和市场经济的发展，公共产品的多元供给主体逐步形成，

---

[1] 吴敬琏，等. 供给侧改革：经济转型重塑中国布局[M]. 北京：中国文史出版社，2016.

城市休闲体育兼具事业和产业的双重属性，具有部分公共产品的属性。城市休闲体育的供给主体包括政府、市场和社会（图6-6）。具体如下：①政府也称公共机构，由地方（市、县、镇）、省、国家等各级行政管理机构组成。政府侧重于为城市居民提供免费的休闲体育基本公共服务，包括公共事业服务和基本公共服务设施，以满足城市居民基本的休闲体育需求；②市场主要是指营利性企业，包括体育企业、旅游企业和相关企业，注重营利，强调营销和服务，主要为城市居民提供收费的多样化的休闲体育产品和服务，旨在满足不同阶层城市居民的休闲体育需求；③社会主要是指非营利性组织，包括人类服务机构和私营非营利性机构，主要为一些弱势群体和特殊群体提供特殊的休闲体育服务供给，旨在实现休闲体育公共服务均等化。人类服务机构多为公益机构，包括慈善机构、志愿者组织、社区等，其服务是免费的；私营非营利性机构包括行业协会、体育俱乐部等，主要为其会员提供特别服务，会员缴纳费用入会才能享受服务。

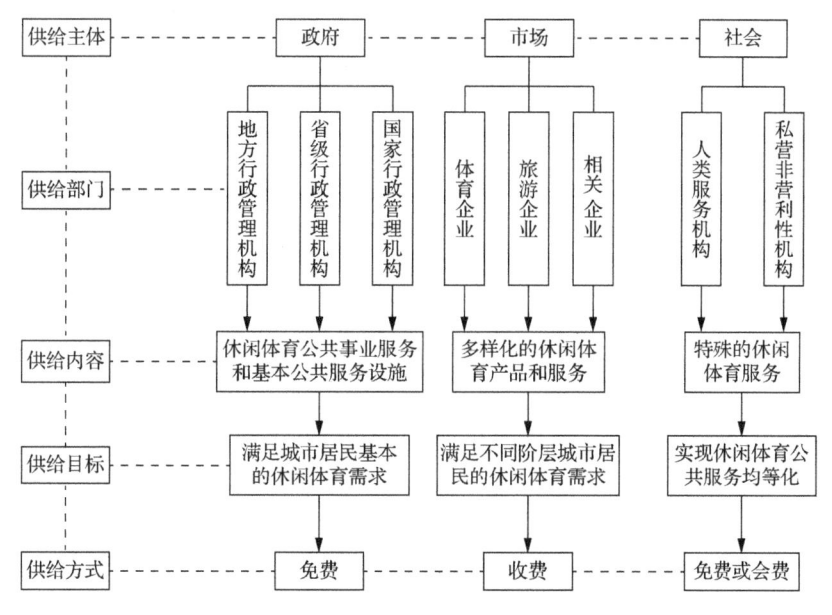

图 6-6　城市休闲体育供给主体内涵

（二）供给机制

公共产品供给机制是对公共产品的需求表达、供给决策、供给动力、资金筹措和使用监督等的制度安排[①]。从供给主体来看，有三种城市休闲体育公共产品供

---

① 李西源. 西部城乡公共产品供给研究——基于经济利益协调的视角[M]. 成都：西南财经大学出版社，2011.

给机制，即政府供给机制、市场供给机制和自愿供给机制（表6-4）。具体如下。

（1）政府供给机制是以强制性的方式实现公共利益的制度安排。政府作为城市休闲体育公共利益的代表，具有促进休闲体育公共服务优化、促进休闲体育公共服务均等分配的责任。政府在进行供给选择和决策时，一般采用自上而下的方式，而自下而上的群众需求表达机制也逐渐被政府采纳。政府供给的休闲体育公共产品一般是免费的，用以保障居民的基本休闲体育需求。但在政府供给现实中，往往存在"家长主义"和"利益链条"等现象，造成政府供给失灵，产生供需不均衡、供给不均等问题。

（2）市场供给机制是营利性组织基于利益最大化，结合市场需求，通过价格机制和竞争机制进行休闲体育产品和服务的供给[①]。休闲体育市场供给的是一些具有消费排他性并可以营利的产品和服务。市场供给机制能够在一定程度上缓解政府的资金压力，并且市场竞争机制有利于更灵活、更多样化地进行产品供给，以满足居民对休闲体育的需求。对于投资大、成本难以回收的公共产品，市场机制显得力不从心、难以调节供给。

（3）自愿供给机制是群众个人、社会组织，以非营利性为目的，进行的无偿或部分无偿的休闲体育产品和服务的供给。自愿供给机制以追求公共利益均等化为目标，可以满足弱势群体和特殊群体的休闲体育需求，在一定程度上弥补了政府和市场供给的不足，促进了城市休闲体育公共服务供给的均等化。自愿供给机制往往存在资金不足、供给能力有限等问题，具有随机性和不可控制性，只能作为城市休闲体育公共服务供给的"有益补充"。

表6-4 政府供给机制、市场供给机制和自愿供给机制的比较

供给机制	决策机制	筹资机制	监管机制	调控机制
政府供给机制	集体决策	以税收为主，以收费为辅	内部监督、立法监督、社会监督	经济、法律和行政调节
市场供给机制	自主决策	向使用者收费	消费者监督、执法机关监督	市场调节
自愿供给机制	分散决策	无偿捐助或会员收费	政府监督、社会监督	社会评价和公众监督

（三）供给内容

供给内容主要是指供给主体面向城市居民所提供的休闲体育公共服务，是引

---

① 樊丽明. 中国公共产品市场自愿供给分析[M]. 北京：人民出版社，2005.

领和保障城市休闲体育发展的重要内容。城市休闲体育供给内容涉及广泛，包括政策引领、场地设施、赛事活动、组织建设、产业发展等方面。政策引领和场地设施同时作为城市休闲体育环境子系统的主要内容，会在环境子系统中得到进一步阐释，而组织建设和产业发展同时作为城市休闲体育运行子系统的主要内容，会在运行子系统中得到详细介绍。城市休闲体育供给内容的核心是休闲体育赛事和活动的供给。杭州、武汉和成都三市的休闲体育供给内容如下。

1. 杭州休闲体育赛事和活动

休闲体育赛事的举办，不仅可以塑造城市的品牌形象，提升城市影响力，还能营造城市休闲体育氛围，激发居民参与休闲体育的意识和热情，更重要的是能为城市居民打造活跃健康的生活方式，是城市休闲体育开展的引擎和风向标。为实现"世界名城"的目标，杭州一直致力于打造品牌赛事，2022年亚运会的申办带动杭州迈向发展新台阶。在休闲体育赛事方面，杭州成功打造了本土赛事的"杭州模式"，形成的品牌赛事有"舞动中国-排舞联赛"、杭州西湖国际女子马拉松、安利纽崔莱健康跑等10余项国际休闲体育赛事，极大地丰富了杭州的城市内涵和城市元素，带动了杭州休闲体育的蓬勃开展。在大型休闲体育赛事的引领下，杭州营造了居民参与休闲体育的浓厚氛围。为建设"健康杭州"，杭州市区两级每年举办针对不同群体、不同层次、不同规模的各类群众的休闲体育活动1000次以上，吸引200余万人直接或间接参与休闲体育活动。休闲体育活动种类繁多、异彩纷呈，包括幼儿体操、登山、健美、无线电测向、海模、空模、门球、钓鱼等近40个群众性休闲体育比赛，形成了"月月有赛事、周周有活动"的局面，使休闲体育走进居民的日常生活中，成为人们生活之必需。休闲体育活动有围绕"全民健身日"组织的"横渡钱塘江活动""奔跑吧城市杭州城市定向赛"等，还有迎接新年的"青春毅行"活动、"在华世界500强企业体育系列赛"、西湖·龙坞单车文化节、寻找浙江省运动休闲旅游达人活动等。此外，还有社会各类组织或群众自发组织的各类休闲体育活动，如西湖边跑步、绿道上骑行、江边垂钓等。富春江畔，有人喜欢寒江垂钓，甚至吃住都在这里，扎帐篷一住就是二十多天。在全民健身和休闲体育活动带动下，杭州"动"起来了，经常参加体育运动的人口达到了40.5%。

赛事简介如下。

赛事简介1：国际（杭州）毅行大会以"健康生活、休闲运动"为核心，倾力打造属于老百姓自己的户外休闲运动盛典。该活动自2011年在杭州举办以来被赋予了全新的概念，减少了"毅行"本身的疯狂暴走成分，增加了休闲运动的元素，将"杭州毅行"常态化，成为杭州全民参与的休闲群众体育运动。该活动参赛人数从2011年首届的2000余人，到2017年增至15000个名额（报名通道开启5小时内便全部报满），逐步发展为杭州最具影响力的群众体育休闲运动，形成"杭州毅行"特有的运动品牌。国际（杭州）毅行大会始终以宣传环保理念为己任，在活动现场，垃圾箱、环保提示语贯穿全程，而选手们也用自身行动践行环保理念，所到之处不留一片垃圾。在该活动组委会及社会各界的共同努力下，赛事服务全面升级，赛事体验获得满分好评。国际（杭州）毅行大会展现出杭州特有的城市精神和文化，更向世界展示了杭州人民热爱生活、追求品质的一面。（资料来自杭州市体育局网站）

赛事简介2：2013年，由国家体育总局体操运动管理中心、杭州市体育局、滨江区人民政府三方共同组建的全国排舞广场舞推广中心落户杭州滨江。为让更多的人享受休闲体育带来的健康和快乐，五年来，杭州举办"舞动中国"系列赛事60余场，累计参赛地区覆盖全国20多个省市，直接参与人数近10万。舞动中国已成为中国排舞、广场舞界最具知名度和影响力的赛事。2014年11月8日，杭州筛选出来自全国各地的25703名排舞精英共跳同名IP排舞《舞动中国》，成功创下"最大规模排舞"吉尼斯世界纪录。自2014年起，杭州每年选拔优秀队伍组成中国排舞代表队参加世界排舞联赛分站赛和总决赛，将优秀原创曲目《舞动中国》《舞动太极》带上世界舞台，取得了优异成绩。作为一项群众性体育文化活动，排舞、广场舞已成为大家追求"科学、健康、文明"生活方式的一部分，且有健身、健心、健脑、健美的作用，深受广大人民群众的喜爱。（资料来自杭州市体育局网站）

2. 武汉休闲体育赛事和活动

一项项大型体育和旅游休闲赛事的举办，不仅激发了武汉居民的休闲动机和运动热情，还通过媒体聚焦，使武汉以全新的风姿走进了国内外大众的视野。《湖北日报》曾报道，武汉承办国际国内大赛的数量已紧追北京、上海、广州，在中部地区位居第一。武汉承办的赛事有武汉国际渡江节、武汉国际赛马节、武汉网球公开赛、国际名校赛艇挑战赛、环中国国际公路自行车赛、武汉木兰登山节、汽车露营旅游节、国际旅游节等100多项次高水平休闲体育赛事及节庆活动（表6-5），其中，武汉马拉松和武汉网球公开赛均入选中国体育旅游精品赛事名单。武汉市全民健身运动会每两年举办一届，有篮球、足球、排球、乒乓球、羽毛球、健身走、广场健身舞等20多项赛事活动，通过面向社会公开报名的形式，为各类健身爱好者提供了良好的交流和展示平台，参与人数达20万余人次。武汉精心打造的"四马奔腾"休闲体育赛事已经成为崭新的城市名片。

表6-5 武汉休闲体育相关赛事及节庆活动汇总

类别	赛事节庆名称
健身休闲类	武汉国际渡江节、武汉国际赛马节、武汉木兰登山节、"同城双星"龙舟友谊赛、国际名校赛艇挑战赛、国际风筝邀请赛、武汉市全民健身运动会、武汉市运动会、"谁是球王"民间足球争霸赛、武汉城市羽毛球超级联赛、武汉马拉松、武汉坐标城市定向户外挑战赛等
竞技体育类	世界体育舞蹈大奖赛、武汉网球公开赛、世界中学生田径锦标赛、环中国国际公路自行车赛、国际足球锦标赛、亚洲男女篮球锦标赛、亚洲田径锦标赛、亚洲羽毛球锦标赛、东亚杯足球赛等
娱乐休闲类	东湖樱花节、东湖梅花节、武汉国际旅游节、汽车露营旅游节等

精彩纷呈的休闲体育赛事及节庆活动使武汉居民的休闲体育活动变得丰富多彩。武汉国际渡江节是游泳爱好者的狂欢盛宴，极大地促进了武汉居民参加游泳健身活动的热情。武汉木兰登山节是户外爱好者的节日，2019年武汉木兰登山节吸引了10000余名户外登山爱好者齐聚木兰山。来一场说走就走的山地徒步，在蓝天白云下放飞心情、徒步登山，这种运动深受群众喜爱，成为一种时尚健康的生活方式。随着休闲体育相关赛事及节庆活动影响力的扩大和全民健身活动的广泛开展，武汉休闲体育活动日趋丰富，形成了春日登山望远、夏日游泳纳凉、秋日徒步骑行、冬日迎雪赏梅等多元休闲体育行为。为满足居民不断增长的休闲健身需求，武汉每年举办各类全民健身休闲活动1000余项次，使经常参加健身休闲的人口达到358.4万人，并于2018年选择有一定基础的健身广场舞进行休闲健身活动普及，举办了2018武汉市第三届"千队万人大联跳"活动。通过街道海选赛、区级分站赛，武汉全市共有1273支队、25461人参加该活动，共计吸引17500人到场观看[1]。

---

[1] 佚名. 与军运同行 为全国广场舞联赛助力——武汉市第三届"千队万人大联跳"全民健身大赛江复区分站赛如期举行[EB/OL]. (2019-06-25) [2023-06-08]. https://m.sohu.com/a/237695327_503692.

"四马奔腾"休闲体育赛事简介如下。

"汉马"被称为"最美赛道"的马拉松赛事。在起点可以穿梭沉浸于武汉的旧日时光，咀嚼汉口深处的沧桑故事；在中段可以用脚步丈量长江第一大桥；在末段可以领略绝美湖光山色。无论是何其漫长的奔跑，都能变成值得留恋的漫步时光。

"赛马"，2003年武汉举办首届中国武汉赛马节，赛马运动从此在武汉逐步升温。迄今为止，武汉已举办超过2000场赛马赛事。2011年武汉速度赛马公开赛获批后，武汉速度赛马比赛常态化，武汉成为全国赛马中心。

"水马"，武汉国际渡江节至今已举办了43届，深受国内外游泳爱好者喜爱。2017年，武汉首届水上马拉松应运而生。首届水上马拉松分为10千米专业竞技游和方队健康游两部分。方队健康游共1030名队员参加，其中年龄最大的66岁，最小的27岁。

"天马"，2017国际航联世界飞行者大会在武汉举行，来自全球60多个国家和地区的千余名运动员、1000余架航空器，在武汉上演"天空马拉松"，包含特技飞行表演、跳伞造型、动力伞特技、编队表演等7项飞行表演，以及中国国际热气球公开赛、中国无人机公开赛、创意飞行器比赛等5项竞赛活动。

3. 成都休闲体育赛事和活动

在成都打造"赛事名城"的影响下，成都运动赛事活动持续升温，"一座来了就不想离开的城市"正在变身为"一座来了就要运动起来的城市"。近几年，成都举办的国际体育赛事逐年增加，2018—2020年成都举办的国际体育赛事达到67项，既有中国马术节、都江堰（虹口）国际漂流节、成都国际极限运动会，又有成都双遗马拉松赛、中国龙舟公开赛、成都国际马拉松赛、环中国国际公路自行车赛等。成都规划到2030年重点举办256个国际体育赛事，其中自行车、马拉松、山地户外运动项目和水上运动项目将是重点打造项目[①]。在旅游休闲节庆方面，成都既有本土的传统节庆，如成都灯会、黄龙溪火龙节、成都花会、新津龙舟会、望丛祠赛歌会、武侯大庙会、都江堰放水节，又有现代的节日庆典，如中国国际美食旅游节、西部自驾车旅游节、钓鱼节、石象湖郁金香节、成都国际桃花节、国际非物质文化遗产节等。

成都双遗马拉松赛事和都江堰放水节庆典简介如下。

成都双遗马拉松，是一项奔跑在世界文化遗产（都江堰）和世界自然遗产（青城山）之间、"带上跑鞋去旅行"的赛事，该赛事举办四年以来年年参与者爆满，2018年参与人数达到3万。远处的雪山皑皑，道路两旁的油菜花田，时不时抬头就能看到的著名景点，使跑友们可以拥抱美景，尽情享受这段路途。"跑步+旅行"既颠覆了传统意义上旅行模式，也赋予了跑步更深层次的含义。成都双遗马拉松将跑步和旅行、文化相结合，走出了另一条办赛之路。

都江堰放水节，每年清明时节，都江堰市便迎来了从978年开始的一年一度的清明放水节大型旅游休闲活动，以纪念率众修建都江堰水利工程、造福成都平原的李冰父子。2018年都江堰放水节除祈福仪式及拜水大典以外，还推出了2018中国·都江堰水生态文明论坛、都江堰（国际）旅游美食狂欢节等活动，吸引了十余万游客参与。都江堰放水节既是对传统文化的传承，又是旅游、文化、休闲、运动的深度融合。

随着体育和旅游休闲赛事及节庆活动的不断丰富，以及居民休闲运动新风尚的形成，成都正在由"休闲之都"转变为"运动成都"。首先，采取"运动成都·赛事定制"的方式开展全民休闲健身活动。"定制赛事"营造了一种"想运动，你就来"的休闲环境，每年影响人数至少超过10万。古镇、茶园、蔬菜园……许多平时难以跟体育挂钩的地方都举行了"订制赛事"，商家迎来了大批消费人群。其次，创新全民健身运动会，设立毽球、跳绳、拔河、柔力球、徒步、平板支撑、冰上雪上、农耕赛事等5个组别107个项目，该运动会从3月开幕式到12月闭幕式，共有8个多月的跨度，吸引来自学校、机关、企事业单位、各基层社区和乡镇的

---

① 包晶晶，李亚馨. 256个国际体育赛事加持，"休闲之都"将变身"赛事名城"[EB/OL]. （2018-03-12）[2023-06-28]. https://baijiahao.baidu.com/s?id=1594701636199197889&wfr=spider&for=pc.

不同年龄段的数百万人次参加。最后，积极开展各级各类休闲体育活动，推进休闲体育生活化。2018年，成都共开展各级各类全民健身休闲活动3000余场（不含社会组织举办的健身活动），有"太极蓉城"系列健身活动、四百惠民活动、天天羽毛球、平板支撑大赛、棋类进社区、广场健身、百万市民绿道、国家登山健身步道（徒步）健身、特色农耕活动、乡村趣味运动会等。

三、城市休闲体育需求子系统：内源与动力

根据马克思（Marx）需要理论，无论是人类活动，还是社会历史发展，其原动力都来自人的需要[①]。马克思把人的需要分为两种，即"自然需要"和"社会需要"，并把人的需要视为人的本质。所谓需要是有机体对客观事物主观需求的一种反映，需要程度越强烈，所引起的活动就越有力、有效。依据马斯洛需求层次理论，人的需要是层级递进的，当人的某一层级需要得到满足之后，就会产生更高层级的需求。城市休闲体育正是人们生活需求不断升级的产物，城市居民对休闲体育的需求是城市休闲体育发展的内源与动力。

（一）需求主体分析

城市休闲体育需求主体以本地居民为主，包括外来游客。在城市休闲体育供递系统中，供给主体向不同的人口细分群体提供各种场地设施、项目和服务。根据社会学人口统计特征，需求市场可以根据区域、性别、年龄、受教育程度、收入、职业等进行人口细分。对需求主体进行市场细分，从中找出细分市场的同质性和异质性，不仅可以作为判断休闲体育行为取向的重要依据，还能为评估休闲体育供给的有效性和精准性提供重要参考，有利于填补缝隙市场，进行休闲体育市场供给的无死角全覆盖。

1. 按照区域划分

可根据国家的地理分布和城市的区域分布进行划分，不同区域的人群由于资源禀赋、经济发展、传统文化、休闲体育公共服务供给的差异，在休闲体育偏好方面表现出区域之间明显的差异性和同一区域的趋同性（图6-7）。杭州、武汉和成都三市城市居民在休闲体育项目选择上表现出明显的差异性。例如，杭州居民最爱健身走，这和杭州每年举办毅行大会、学校场地100%开放及杭州公园、绿道、

---

① 冉凌宇. 马克思需要理论及其对贯彻以人民为中心思想的启示[J]. 重庆邮电大学学报（社会科学版），2019，31（1）：121-129.

健身步道的增多是分不开的；成都居民的休闲体育热情最高，其中选择跑步、骑行和登山/徒步旅游的居民是三市中比例最高的，这和巴蜀文化"俗尚游乐"的传统及成都 16930 千米的绿道体系建设是分不开的；武汉居民热衷于新潮时尚类的休闲体育项目，这和荆楚文化的创新精神、码头文化的开放精神是分不开的。

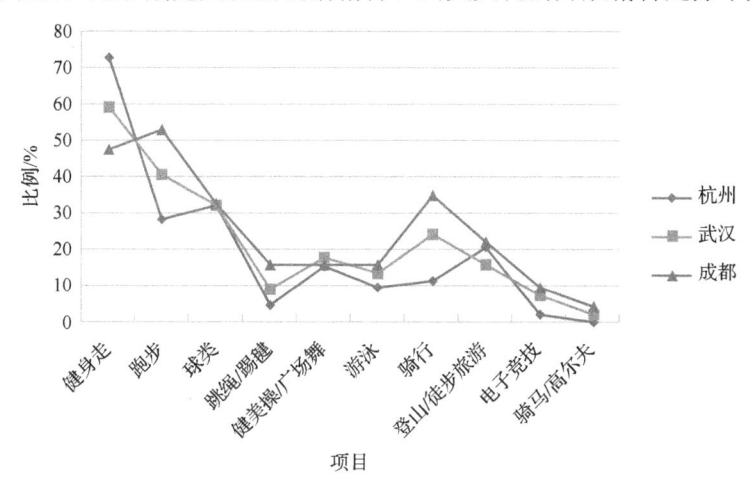

图 6-7　杭州、武汉、成都居民的休闲体育偏好

2. 按照性别划分

按照性别，需求主体可分为男性和女性，男性和女性在休闲行为方面存在很大差异，男性偏爱运动强度大、对抗性强、团体性强的休闲体育项目，而女性比较喜欢轻缓、时尚、有韵律节奏的休闲体育项目。男性和女性相比，受到时间、家庭和金钱的限制小于女性，因此参与休闲体育活动的频率、时间和花费多于女性。

3. 按照年龄划分

按照年龄可进行从幼儿期到老年期的全生命周期的市场细分。休闲体育活动是贯穿人一生的行为需求和生活方式（图 6-8），但不同年龄阶段的群体在身心特征、角色变化、职业发展等方面是完全不同的，因此其对休闲体育的需求也存在明显的差异。年轻人一般参加球类、登山、野营、跑步、骑马、冲浪等休闲体育项目，而老年人则更多地参与健身走、骑行、广场舞、垂钓等休闲体育运动。但年轻人由于工作和家庭的限制，往往在参与频次和时间上少于老年人。

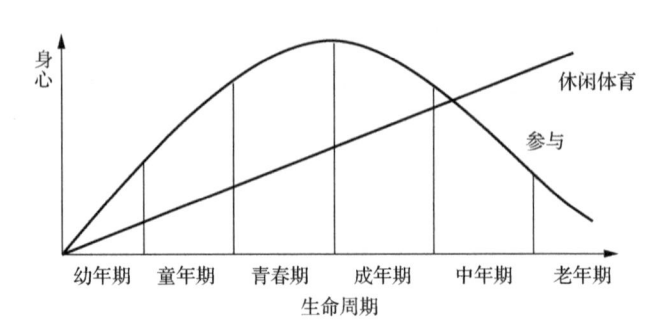

图 6-8　不同生命周期的身心发展和贯穿人一生的休闲体育参与

4. 按照教育水平划分

按照教育水平，可将需求主体从小学到研究生划分为不同学历层次的群体。不同学历层次群体的休闲体育意识和观念是不同的，受教育程度越高的群体往往对休闲体育的需求越强烈，参与频率越高，偏爱于时尚、新颖、环保的休闲体育项目，但对休闲体育服务敏感和挑剔。

5. 按照职业划分

不同职业群体对休闲体育的偏好是有差异的。因为职业特点在一定程度上会影响休闲体育的参与率和参与形式，从事创造性、脑力劳动的人更喜欢参与休闲体育活动。

6. 按照收入水平划分

按照收入水平，可把需求主体分为高中低等不同收入水平的群体。收入水平高的群体普遍喜欢去收费场所进行休闲体育活动，对服务质量有更高的要求；收入水平中等的群体往往因受到工作和生活压力的影响而很少有时间参与休闲体育活动；收入水平低的群体参与休闲体育的时间更充裕，但往往会选择免费场所和设施。

（二）需求行为分析

行为产生的动力来自本能、驱动力或需要。随着我国经济的不断攀升和闲暇时间的逐渐增多，城市居民的生活需求从"吃住行"升级到"游购娱"，又再次跃升为"运健休"（运动、健康、休闲）。城市休闲体育的应运而生，不仅是人类自我机能修复的需要，还是应对城市"文明病"的实践需求。城市居民休闲体育行为的产生首先来自自我本能和外在驱力的需要，这种需要达到一定强度后，便转化为休闲体育动机，成为休闲体育发生的首要条件。

1. 休闲体育动机

休闲体育动机是激励人们参与休闲体育活动的主观愿望和内在驱力。有什么样的内在需求，就会形成什么样的休闲体育动机，动机是动态发展的，随着需要的满足而不断产生新的动机（图6-9）。休闲体育动机的形成是内在需要和外在诱因共同作用的结果，内在需要是一种包含意向和愿望的心理活动，外在诱因是对内在需要的一种刺激、强化与维持。1917年，美国心理学家库尔特·勒温（Kurt Lewin）提出了 $B = f(PE)$ 行为模型，式中 B 表示行为，f 表示函数关系（也可以称为一项定律）；P 表示具体的一个人；E 表示全部的对心理场的解释环境[①]。也就是说，行为随着人（心理、生理因素）与环境（个人所处外部环境）这两个因素的变化而变化。城市休闲体育行为的发生来自内在的生物性动机和外在的社会性动机。首先，城市化是对人们生活方式的一种变革，使人们产生了本能的休闲体育动机。具体表现如下：脑力劳动的增加、体力活动的减少使人们的身体机能逐渐下降；生活和工作节奏的加快使人们感到压力倍增；高楼林立的城市把人禁锢在钢筋混凝土的狭小天地中，使人们迫切想回归大自然的怀抱。其次，城市"文明病"对人们的身心健康构成了直接威胁，使人们主观产生休闲体育动机。具体表现如下：在城市"文明病"中，心脑血管疾病成为现代疾病中的第一杀手，癌症排第二，糖尿病排第三。有效预防城市"文明病"最直接的方法是"人的自然化"，休闲体育则是最经济有效的途径。最后，城市生态文明建设开启了"腾退空间、留白增绿"、提升城市人居环境工程，公园广场、场馆设施、绿道、骑行道、环城游憩带等不断增加，为城市居民提供了便利的休闲体育设施和空间，外在环境和空间在一定程度上激发了城市居民休闲体育动机的发生。

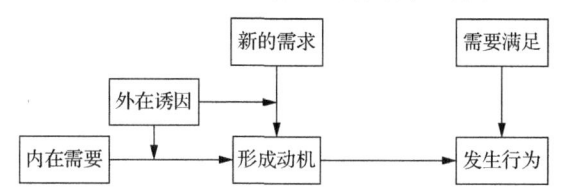

图6-9 休闲体育需要和休闲体育动机的动态发展

---

① 肖亮. 城市休闲系统研究[D]. 天津：天津大学，2010.

2. 休闲体育制约

休闲体育制约是指影响或限制休闲体育行为发生的各种主客观因素，这些因素往往通过学者假定或通过个人感知体验而得出[①]。依据休闲体育制约理论，休闲体育制约因素可分为三类：个人内在制约、人际交往制约和结构限制制约。个人内在制约是指阻碍居民参与某项休闲体育活动的个人身体和心理方面的因素，如个人没有兴趣、身体状况较差、身心疲劳、技能欠缺等。这些身体和心理方面的因素是阻碍居民参与休闲体育的首要因素，而创伤性体验会造成更深的内在休闲体育制约，并会使居民对这类休闲体育活动产生一种排斥的心理。在调查中发现，城市居民普遍认为身心疲劳和技能欠缺是影响其参与休闲体育的主要个人制约因素。休闲体育是一种动态的休闲活动，很多活动项目需要参与者具有一定的运动技能，这样才能达到休闲体育"畅"的最佳体验，因此缺乏技能对居民参与休闲体育构成了很大障碍。人际交往制约涉及人与人之间的相互关系和相互作用，来源于家庭、朋友和相关群体，在休闲体育活动中通常表现为缺乏伙伴和家人的支持。调查显示，城市居民认为在人际限制因素中，缺乏伙伴支持比缺乏家人支持的制约作用更明显。很多休闲体育活动需要同伴一起参与，并且很多人认为和朋友一起参与休闲体育比和家人一起参与休闲体育有更高的体验质量。结构性制约是指影响休闲体育参与的客观存在因素，对于有主观参与愿望的人来说，属于外在干扰因素，如经济能力、闲暇时间、设施场所、交通工具、环境状况等因素。调查显示，在结构限制制约因素中，城市居民普遍认为空气质量差、缺乏时间、设施场地供给不足是主要的制约因素。另外，发现结构限制制约因素是动态发展的，因经济、区域、年龄、职业、学历而异：在我国人均 GDP 不断增长的当下，经济实力不足已不再是主要的结构限制制约因素；不同区域因经济发展、生态环境、场地设施供给等差异而存在不同的结构限制制约因素；不同年龄、职业和学历的人群也存在明显的结构限制制约因素差异。

3. 休闲体育动机与休闲体育制约的协商

休闲体育动机是休闲体育行为发生的基础，但不会造成休闲体育行为的必然发生，因为在从动机产生到行为达成的过程中还会受到来自内在和外在的多重因素的制约。根据中文名（Jackson）等的观点，尽管遭遇制约因素，人们参与休闲体育的程度会有所不同，但还是会设法找到途径参与并享受休闲体育[②]。因此，休

[①] 埃德加·杰克逊. 休闲的制约[M]. 凌平, 刘晓杰, 刘慧梅, 译. 杭州：浙江大学出版社, 2009.

[②] JACKSON E L, CRAWFORD D W, GODBEY G. Negotiation of leisure constraints[J].Leisure sciences,1993, 15(1):1-11.

闲体育制约因素的作用是相对的而不是绝对的，经过协商后是可以被部分或全部克服的。休闲体育动机的产生，首先会受到个人内在制约的影响，个人内在制约是影响力最大的限制因素，在克服个人内在制约后才会进入下个阶段的制约；其次会受到来自人际交往方面的制约，人际关系得到协调后会进入最后一个阶段的制约；最后会受到结构限制的制约，结构限制制约是最高层级的制约，但也是影响力最小的制约因素。从休闲体育动机产生开始就必须逐层克服制约因素，只有这样，才能最终促成休闲体育行为的发生（图6-10）。

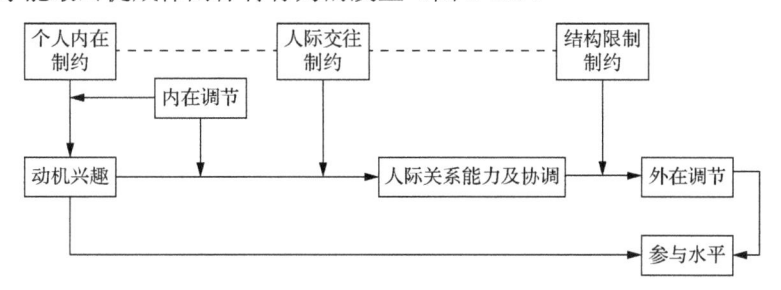

图 6-10　休闲体育动机与休闲体育制约的协商模型

（三）需求影响因素分析

休闲体育需求影响因素是指对城市居民休闲体育行为能够起到积极或消极作用的因素，整体上可归为休闲体育偏好、城市经济因素、城市文化因素、城市环境因素和城市供给因素五类。

1. 休闲体育偏好

"偏好"一词最初用于微观经济学的基本假设，是指消费者对商品或商品组合的喜好程度。休闲体育偏好反映了一个人对休闲体育的喜爱及价值取向，对休闲体育行为有一种内在规定性和导向性[1]。城市居民休闲体育偏好主要表现为在活动项目、参与方式、场所环境、设施服务、消费行为、时空维度等方面的选择倾向与选择频率。

2. 城市经济因素

城市经济发展水平决定了城市居民可自由支配收入水平，也决定了城市居民在休闲体育方面的消费能力和需求水平。调查显示，杭州、武汉和成都三市居民的休闲体育需求和行为存在显著性差异。

---

[1] 马勇，周青. 休闲学概论[M]. 重庆：重庆大学出版社，2008.

3. 城市文化因素

城市文化因素是一个较广的范畴，包括休闲体育观念、休闲体育文化和休闲体育风尚等方面。不同城市具有不同的地域文化，会形成不同的传统观念和文化风尚。杭州的吴越文化造就了运动休闲和水上休闲的休闲体育传统观念和文化；武汉神秘浪漫的荆楚文化形成了节庆、山水、市井和写意的休闲体育传统文化；而成都的巴蜀文化自古便有俗尚游乐的传统风俗，形成了今天成都居民喜欢户外运动休闲的观念和文化。

4. 城市环境因素

城市环境因素是指城市休闲体育项目开展的基础条件和空间依托，良好的城市环境能激发城市居民对休闲体育的需求；反之，恶劣的城市环境是提升居民休闲体育需求的最大障碍。调查显示，城市空气质量不好成为影响当前城市居民参与休闲体育活动的最大制约因素，而公园绿地、健身绿道成为城市居民进行运动休闲的主要场所。

5. 城市供给因素

城市休闲体育供给因素包括休闲体育公共事业服务和基本公共服务设施，它为城市居民休闲体育需求提供外在刺激和依托保障，同时城市休闲体育供给不足会造成城市居民休闲体育的需求障碍。调查发现，城市居民对休闲体育活动场所的选择与城市休闲体育供给场所的类型、数量和便利性息息相关。休闲体育供给与需求是不可分割的两端，供给的目的是满足城市居民对休闲体育不断增长的需求，而了解需求则是为了实现城市休闲体育的有效供给。

四、城市休闲体育环境子系统：支持与依托

在环境科学中，环境是指围绕着人群的空间及其中可以直接、间接影响人类生活和发展的各种自然因素的总和[1]。李道增认为，一个有机体，它的环境被定义为那些周围的可变因素（Variables），这些变化的因素既影响着这个机体，也被这个机体的行为所改变[2]。人作为环境中的一个客体，不仅受环境的影响，还在积极地改造环境。人与环境始终处于一个积极的互动过程中（图6-11）。城市休闲体育

---

[1] 王国平. 城市学总论（中册）[M]. 北京：人民出版社，2013.

[2] 李道增. 环境行为学概论[M]. 北京：清华大学出版社，1999.

的发展是主体人和客体环境之间的互动过程，城市休闲体育环境为人的休闲运动提供了支持与依托，同时休闲体育活动又在潜移默化地改变着环境。按照环境的属性，可将城市休闲体育环境分为自然环境、人工环境和社会环境。

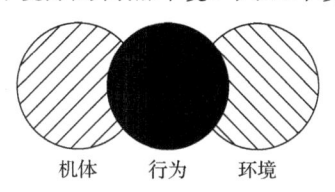

图 6-11　机体与环境的关系

（一）城市休闲体育自然环境

自然环境是指未经过人的加工改造而天然存在的环境。按环境要素，可将自然环境分为大气环境、水资源环境、山林植被环境等。城市休闲体育自然环境主要是指大气、水土、山石、江河、湖海、植被等城市资源禀赋，它为城市休闲体育项目的开展提供了天然场所，如杭州的钱塘江冲浪、龙井问茶，武汉的横渡长江、东湖绿道骑行、登山寻梅，成都的都江堰漂流、双遗马拉松等活动的开展，都离不开当地的自然环境。

1. 大气环境

大气环境与人的身体健康息息相关，大气污染直接威胁人体健康，诱发呼吸系统疾病，增加病毒感染概率，伤害人体神经系统，可能导致心脏疾病、癌症、白血病等。休闲体育大部分在室外进行，因此大气环境是城市休闲体育开展的最关键要素。随着城市现代化进程的加速，城市交通、城市生活、城市工业导致严重的空气污染。在城市生态文明建设背景下，城市重拳治理大气污染，空气质量得到了不断改善。但调查发现，空气质量不好依然是影响城市居民参与休闲体育的最大制约因素。

2. 水资源环境

水是生命的源泉，滋润了万物，哺育了生命。水资源不仅是城市居民生存的命脉，还让城市变得灵动和充满活力，并且孕育了丰富的水上运动项目。杭州水资源丰富，有西湖、钱塘江、大运河，还有千岛湖、新安江、富春江等，自古便形成了依赖水、战胜水、利用水的浓厚水文化，孕育了船拳、赛龙舟、西湖泛舟、钱塘江冲浪等传统水上运动项目。武汉自古便有"百湖之市"之称，全市湖泊、河流众多，全市长度在 5 千米以上的河流共有 165 条；长江穿城而过，武汉拥有全国最大的城中湖，面积为 33 平方千米，为杭州西湖的 5 倍。江湖相济、人水相依，充足的水资源不仅让武汉变得灵动秀美，还为武汉城市居民的休闲运动提供了天然条件。成都拥有"世界水利文化的鼻祖"——都江堰水利工程，形成了龙舟会、双遗马拉松等休闲体育项目。如今成都水上健身休闲项目更是丰富多彩，有帆船、帆板、皮划艇、赛艇、摩托艇、漂流、龙舟、滑水等。

3. 山林植被环境

山林植被是户外运动的天然场所，可开展登山、攀岩、徒步、野营、定向运动、速降、滑翔伞、滑草、滑雪、探险等丰富的休闲体育运动项目。杭州拥有两个国家级风景名胜区、两个国家级自然保护区、七个国家森林公园、一个国家级旅游度假区、全国首个国家级湿地。（表 6-6）杭州的山体资源与西湖相得益彰，周边葱茏苍翠的群山更加映衬出西湖的美。无论是吴山、宝石山、凤凰山，还是玉皇山、五云山、龙井山、虎跑山等，都林泉秀美、洞壑幽深。此外，还有离市区较远、山势比较高峻、更有野趣的美人峰、龙门山、老焦山等。武汉拥有一个国家级风景名胜区——东湖风景名胜区；两个国家级森林公园——九峰国家森林公园和素山寺国家森林公园；一个国家地质公园——木兰山国家地质公园；四个省级森林公园——青龙山森林公园、嵩阳森林公园、将军山森林公园和九真森林公园。武汉山体较平缓，属丘陵性质的小山有龟山、珞珈山、龙泉山、蛇山、木兰山、马鞍山、磨山、九峰山等，常年举办国际 A 级赛事——全国山地户外挑战赛和登山节。成都拥有五个国家级风景名胜区——青城山国家级风景名胜区、都江堰国家级风景名胜区、西岭雪山国家级风景名胜区、天台山国家级风景名胜区和龙门山国家级风景名胜区；一个国家级地质公园；六个国家级森林公园、两个省级森林公园和 17 个市级森林公园。丰富的山林植被资源为成都市开展多样化休闲体育运动提供了便利条件。

表 6-6 杭州山林植被资源环境表

资源类型	名称
国家级风景名胜区	西湖风景名胜区、"两江两湖"风景名胜区
国家级自然保护区	天目山自然保护区、清凉峰自然保护区
国家森林公园	千岛湖、大奇山、午潮山、富春江、青山湖、半山和桐庐瑶琳森林公园

续表

资源类型	名称
国家级旅游度假区	之江国家旅游度假区
国家级湿地	西溪国家湿地公园
山体资源	孤山、吴山、宝石山、凤凰山、玉皇山、五云山、龙井山、北高峰、天竺山、虎跑山等

（二）城市休闲体育人工环境

人工环境是指在自然环境的基础上经过人为加工改造而形成的环境，或人为创造的环境。城市休闲体育人工环境主要是指城市休闲体育活动开展所依赖的道路、建筑、场所、设施、公园、广场等，良好的城市休闲体育人工环境有利于促进城市休闲体育的蓬勃开展，反之，较差的城市休闲体育人工环境则会成为休闲体育开展的制约因素。随着全民健身和生态文明建设被列入国家重点战略，城市休闲体育人工环境得到了很大改善，休闲体育场馆设施在不断增加，公园广场在不断完善。调查显示，城市居民对比较大众的、较为普及的场所和绿地/广场/城市公园/郊野公园及其他开敞空间和散步/跑步/骑自行车专用道的满意度相对较高，而对小区公共休闲健身活动场地、社区活动中心和高尔夫/马术/击剑/网球/保龄球等场所设施的满意度明显较低。

城市休闲体育人工环境是城市休闲体育活动开展的重要外在条件，关系到城市居民的健康程度和幸福指数，人工环境建设被列入杭州的民生工程。2020年，杭州市体育场地总面积为2546.89万平方米，人均体育场地面积从2019年的2.1平方米增长至2.13平方米。预计到2025年，杭州人均体育场地面积将达到2.8平方米以上，形成供给丰富、布局合理、功能完善的"10分钟健身圈"[①]。近些年，武汉不断推动各类基层休闲体育设施建设，努力实现"运动休闲就在家门口"。《武汉市体育事业"十四五"规划》中提出打造"中部体育休闲之都"的目标，重点建设武汉全民健身中心、武汉体育中心、光谷国际网球中心等体育地标建设和"两江四岸"、汉江湾、环后官湖体育休闲景观带，打造国家级公共体育设施示范区。武汉加快建设公园和绿道，已完成2000千米的绿道网络体系建设，其中，东湖绿道入选"联合国人居署中国改善城市公共空间示范项目"，为武汉赢得世界级

---

① 宏说. 杭州：今年将建设204处全民健身体育设施 城市闲置空间变身运动场地[EB/OL]. (2021-11-02) [2023-06-08]. https://www.163.com/dy/article/GNQQVQGA0529TBV9.html.

赞誉。为缓解居民休闲体育需求与休闲体育场地匮乏之间的矛盾，成都市不断加大力度进行城市休闲体育人工环境的改善，2020年完成了区（市）县"一场一馆一池两中心"建设，一批便民利民的多功能健身活动中心和户外多功能球场得到完善，形成了"城市社区15分钟健身圈"。随着《成都市公共体育设施布局规划（2017—2035）》的不断推进，将形成"四级三类"公共体育设施体系和"一城、两区、多点"的大型赛事场馆格局。届时成都休闲体育场地设施将大大增加，以缓解休闲体育场地少、设施单一的问题，满足居民休闲体育活动对场地的需求。

（三）城市休闲体育社会环境

社会环境，也称文化-社会环境，是指由人与人之间的各种关系所形成的社会状况，包括制度、文化、传统等。宏观的社会环境包括社会政治环境、经济环境、文化环境和心理环境等，而微观的社会环境是指人或事物生存发展的具体环境。城市休闲体育社会环境主要是指休闲体育发展所依赖的政策和文化传统，为城市休闲体育开展指明了道路。

1. 在政策引领方面

（1）杭州。杭州休闲体育的蓬勃开展离不开一系列顶层设计的引领推动（表6-7）。《杭州市城市总体规划（2001—2020）》中确定形成"一主三副、双心双轴、六大组团、六条生态带"开放式空间结构模式，为杭州休闲体育发展提供了强大动力和有力支撑。《杭州市旅游休闲业发展"十三五"规划》中提出重点进行运动休闲产业配套链、延展链、运营链建设，创新业态建设，开发多类型运动休闲旅游产品。在一系列顶层设计的带动下，杭州休闲体育发展势头强劲，无论在赛事举办和活动开展方面，还是在组织建设和设施场地方面，都得到了长足的发展。

表6-7 杭州市休闲体育发展的政策支持情况

序号	时间	文件名称	目标任务
1	2015年1月	《杭州市人民政府关于推进旅游休闲业转型升级的实施意见》	助推温泉、滑雪等高端、新型旅游休闲产品落户杭州，加快游艇、低空飞行、大型科技游乐项目等新业态培育。进一步增加绿地公园、休闲广场等公共休闲空间的供给，加快环湖、环江、环河、环溪等绿道骑游圈、休闲带、步行廊道、生态慢行系统等休闲区块的建设

续表

序号	时间	文件名称	目标任务
2	2016年5月	《杭州市"十三五"体育产业发展规划》	打响"活力杭州·运动之都"品牌，重点发展水上运动、户外运动、山地运动、极限运动、空中休闲等特色休闲运动，创建区域特色品牌。结合品牌基地建设，积极开发水上游艇、赛车、马术等高端运动休闲项目，扩大品牌影响力。到2020年，建成10个运动休闲示范基地
3	2016年9月	《杭州市旅游休闲业发展"十三五"规划》	重点发展低空飞行、游艇、帆船、皮划艇、龙舟、自驾、骑行、房车营地等新业态，为居民健身运动提供舒适环境，深化游客休闲方式，推进产业回归生活的健康理念
4	2016年9月	《杭州市体育发展"十三五"规划》	重点发展水上运动、户外运动、山地运动、极限运动、空中休闲等特色休闲运动，积极发展水上游艇、赛车、马术、航空体育运动、航模、电子竞技等体育运动
5	2018年3月	《杭州市人民政府关于实施全域旅游发展战略加快国际重要的旅游休闲中心建设的若干意见》	积极发展冰雪运动、山地户外、水上运动、汽车摩托车运动等体育旅游新产品。加快推进城市绿道、骑行公园等慢行系统建设，支持旅游休闲新业态创新发展
6	2021年6月	《杭州市体育发展"十四五"规划》	重点推动"体育+文化旅游"融合发展，积极培育房车露营、摩托艇、蹦极、攀岩、漂流、运动滑翔伞、跳伞、运动飞机、马术等户外运动项目

（2）武汉。武汉休闲体育的发展离不开相关政策红利的释放（表6-8）。随着武汉被评为"国家旅游休闲示范城市"，武汉市政府出台了《建设国家旅游休闲示范城市三年提升计划》，旨在完善城市休闲服务功能，强化"汉味休闲、触手可及"的城市休闲旅游特色。武汉市体育局大力推动全民健身与全民健康的深度融合，打造了功能齐全的"互联网+科学健身"服务综合体——"江城健身e家"，在一定程度上满足了社区居民多元化、多样性的运动健身需求，不断提高居民的健康水平，不断增强居民的科学健身意识。

表 6-8　武汉市休闲体育发展的政策支持情况

序号	时间	文件名称	目标任务
1	2015年8月	《湖北省人民政府关于加快发展体育产业促进体育消费的实施意见》	优化产业布局。把武汉建成体育产业发展核心区，打造全国性的体育赛事中心、科教服务中心、赛马产业中心和中部地区的体育商贸中心、产权交易中心、汽车运动产业中心
2	2016年2月	《武汉市2016—2018年两江四岸旅游功能提升三年行动计划》	合理布局观景点休闲服务功能设施，结合武汉国际渡江节的举办，加快完成横渡长江文化展示厅改造项目及汉阳门下水点、三阳路横渡起水点、南岸嘴抢渡起水点等配套项目建设，使之有机融入江滩生态景观
3	2016年7月	《武汉体育事业"十三五"规划》	突出以武汉全民健身中心、武汉体育中心、光谷国际网球中心等七军会筹备场馆为重点的体育地标建设和"两江四岸"、汉江湾、环后官湖体育休闲景观带建设，加快布局建设长江、汉江、三环线等全民休闲健身带，打造"中部体育休闲之都"
4	2016年12月	《武汉市全民健身实施计划（2016—2020年）》	促进体育与健康生活方式融合，统筹布局航空运动、汽车运动、马术运动以及网球、击剑、帆船、露营等新兴、时尚的体育休闲项目，形成规模化休闲运动集聚区，提供高水平体育休闲服务
5	2017年9月	《武汉市体育设施空间布局规划（2014—2020年）》	规划形成"4+3+1+N"的空间体系，结合滨江、滨湖、临山、沿路等区域，布局26处体育公园，形成具有武汉地域特色的专业化的体育休闲场地，丰富运动类型，改善健身环境
6	2017年8月	《建设国家旅游休闲示范城市三年提升计划》	充分利用水城一体的自然生态格局，重点加强东湖绿心等核心区块建设，进一步改善城市空气质量和生态环境，逐步完善城市休闲服务功能，打造汉味浓郁的旅游休闲产品
7	2021年11月	《武汉市体育事业发展"十四五"规划》	全面推进互联网与体育装备制造、健身休闲、体育旅游等深度融合；加快体育与文化旅游融合，打造一批体育旅游目的地、国家级体育旅游示范基地；打造集体育、文化、旅游、商贸、娱乐等多种功能于一体的体育综合体

（3）成都。成都休闲体育的健康发展依赖体育和旅游业发展体制的不断健全（表6-9）。成都在打造"三市三都"的目标下，积极推进休闲体育发展的体制建设。在一系列顶层设计的保驾护航下，成都休闲体育获得了成长空间和发展动力。

表 6-9　成都市休闲体育发展的政策支持情况

序号	时间	文件名称	目标任务
1	2016 年 3 月	《成都市人民政府关于加快发展体育产业促进体育消费的实施意见》	打造成都平原健身休闲综合聚集区，做大做强马拉松、自行车、徒步穿越等特色赛事，大力发展马术、射击、射箭、极限、房车露营、电子竞技等具有时尚和消费引领特征的运动项目。大力推广登山、武术、龙舟、舞龙舞狮等传统体育项目。鼓励开发适合不同人群特点的休闲运动项目
2	2016 年 11 月	《成都市体育产业 2025 发展规划纲要》	大力推进"运动成都"品牌建设，广泛开展体育健身娱乐活动、体育用品销售、场馆组织及管理、体育设施建设等工作，形成与经济社会发展相适应的体育健身休闲业体系
3	2017 年 4 月	《成都市体育发展"十三五"规划》	发展户外运动产业，大力发展路跑、房车露营、自驾车营地、自行车、马术、登山、漂流、冰雪、皮划艇、热气球、航空体育等富有特色的户外运动项目
4	2017 年 5 月	《成都市旅游业发展"十三五"规划》	构建"7+4"的旅游产品体系，包含遗产观光、蓉城休闲、时尚购物、美食体验、商务会展、文化创意、养生度假等核心支撑产品和山水运动旅游等特色创意产品
5	2018 年 5 月	《成都市公共体育设施布局规划（2017—2035）》	推进天府奥体城、天府绿道赛事体系建设，致力于打造"世界赛事名城""全国全民健身引领城市""国家竞技人才基地城市""体育产业发展特色城市"的城市体育发展目标
6	2022 年 3 月	《成都市全民健身实施计划（2021—2025 年）》	大力发展以极限、冰雪、航空、汽摩、电子竞技等时尚运动项目为引领的新兴运动项目产业，拓展体育消费新领域。鼓励发展体育主题乡村民宿、体育主题乐园，大力推动数字体育、体育会展、体育旅游、运动康养、体育用品租赁、体育团建定制服务等新业态和新模式发展

2. 在文化传统方面

（1）杭州。杭州被称为"人间天堂"，曾是吴国、越国和南宋的都城，形成了极具地域特色的传统文化，并孕育了独特的休闲文化。吴越文化形成了诸多运动休闲项目,如海盐滚灯、龙舟竞渡等;山水秀美与物产丰富的地域优势使杭州人闲来喜欢游山玩水、聊天品茗、下棋垂钓、赏花观月等;喜奢华、厚滋味的南宋遗风养成了杭州人高雅精致、高消费的风俗;祭祀礼佛的历史传统留下了吴山庙会、"翻九楼"和放河灯祭先祖的祭祀活动;江河湖海纵横交错的地形特征造就了杭州特有的水上运动项目,如船拳和"水嬉"(包括水秋千、水傀儡、游泳、弄潮等)。

(2)武汉。作为荆楚文化的发源地,武汉拥有神秘浪漫的荆楚文化,1861年武汉开埠后又被注入了码头文化。荆楚历史风俗形成了采莲船、蚌蛙精、腰鼓、秧歌、汉阳高龙等传统休闲体育表演项目;江河湖泊的天然禀赋形成了当地浓郁的淡水休闲运动项目,如横渡长江、乘船游江、百湖垂钓、江边戏水、江滩休闲等;长江码头文化滋生了市井休闲方式,如民间文艺、杂耍、武术等;荆楚文化的浪漫情趣培养了武汉人的浪漫情怀,江上泛舟、湖边散步,抑或是驻足花海、策马扬鞭,都会让人觉得无限美好与惬意。

(3)成都。成都是古蜀文明发祥地。俗尚游乐的巴蜀文化形成了成都人爱游乐的习俗,如游江、游山、游寺、游郊野等;人才辈出的历史使成都成为文旅休闲的好去处;得天独厚的地理环境赋予成都人逍遥自在的生活休闲传统;神秘灿烂的巴蜀文化为成都留下了绚丽的节庆休闲活动,如成都灯会、黄龙溪火龙节、都江堰放水节、新津龙舟会等。

五、城市休闲体育运行子系统:协调与驱动

供给子系统、需求子系统和环境子系统是城市休闲体育系统的要素系统,而运行子系统是联结并作用于要素系统的动力系统,负责城市休闲体育系统的协调与驱动,保证了城市休闲体育系统的良好发展。城市休闲体育系统的运行离不开供给、需求、环境三大关键要素之间的互相协调与相互作用。在城市休闲体育系统运行的"三要素"中,供给是保障,需求是核心,环境是依托(图6-12)。休闲体育供给是运行系统的发起者,在环境的支持与依托下,最大限度地满足城市居民的休闲体育需求。运行系统的目的在于打通三要素之间的屏障,使三要素系统之间的协调更畅通,通过不断提升供给水平、调节居民需求和改善环境现状,达到帕累托最优的效果。

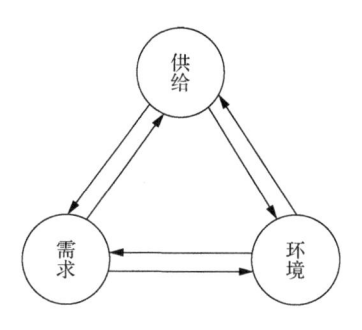

图 6-12　城市休闲体育系统运行的"三要素"

（一）运行环境

城市休闲体育系统是城市系统的一个子系统，因此城市休闲体育系统的运行不是完全独立的，而是和城市系统中的其他子系统及城市大环境不断交互影响的过程（图 6-13）。城市系统中的其他子系统包括城市经济系统、城市生态系统、城市社会系统、城市空间系统等；城市大环境包括城市规划、城市经济、城市环境和城市文化等。城市休闲体育系统运行受外界环境的影响，同时又对外界环境施加影响。城市休闲体育系统的运行受到城市大环境的制约，同时城市大环境是城市休闲体育系统运行的重要保障。

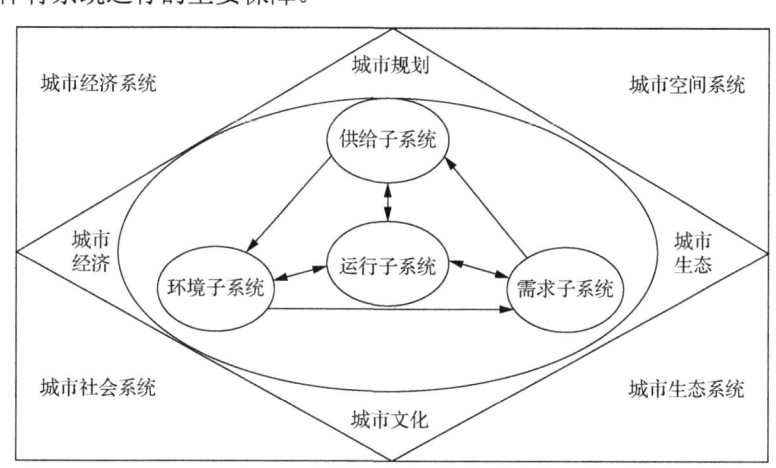

图 6-13　城市休闲体育供递系统的运行环境

1. 运行系统与城市规划

城市发展，规划先行，城市规划是龙头、先导，可以指导城市有序发展。城市规划的作用在于合理利用城市土地空间，发挥城市综合效益，维护城市生态平衡，保障城市交通畅通，塑造城市特色形象等。城市规划涉及城市的方方面面，对于城市休闲体育系统运行来说，城市规划者是运行环境的缔造者与设计者，为城市休闲体育系统运行提供了环境支撑，同时又规定了城市休闲体育系统运行的范围空间。《杭州城市总体规划（2001—2020）》中规划设计了杭州生态发展的"一圈、两轴、六条生态带"的生态景观绿地系统和"六园、多区、多廊"的城市绿地系统，对杭州市休闲体育发展空间进行了很好的优化布局。

2. 运行系统与城市经济

英国城市经济学家认为，城市化、城市现代化，都是一种经济现象，也是一种经济过程[①]。城市经济是城市发展的第一符号，是城市休闲体育系统发展的基础，城市市场环境、产业环境直接影响城市休闲体育系统的运行。同时，城市休闲体育系统的运行会起到优化市场环境、促进产业发展的作用。城市休闲体育产品的开发和供给需要以市场为导向，对休闲体育资源进行合理配置与开发，以满足市场的休闲体育需求。在休闲体育产品开发—产品—市场—需求者的过程中，需要对休闲体育相关产业进行积极投入，鼓励投资主体的多元化。城市休闲体育产业发展不仅有利用促进城市经济结构的转型升级，还能促进相关产业的融合发展。

3. 运行系统与城市生态

城市生态是指城市空间范围内城市居民与自然环境、社会环境相互作用形成的人工生态系统，是一个自然、经济、社会复合的生态系统。城市生态对城市休闲体育发展具有两面性：一方面，良好的城市生态是城市休闲体育发展的外在推力，不仅能促进休闲体育行为，还能丰富休闲体育活动；另一方面，糟糕的城市生态环境会成为城市休闲体育系统发展的障碍，制约城市居民休闲体育行为。城市休闲体育供递系统运行的目标之一是实现城市生态效益的最大化，在其运行过程中不仅可以推动人居环境的改善、拉动低碳经济的增长，还能实现生命价值的提升。

4. 运行系统与城市文化

城市文化是城市发展的灵魂与动力，是城市居民在社会实践中创造出来的为该城市社会成员所共有的物质财富和精神财富的总和。城市文化具有明显的地域

---

① 王国平. 城市学总论（中册）[M]. 北京：人民出版社，2013.

性，并潜移默化地影响着当地居民的休闲体育观念、行为和消费等。例如，杭州在吴越文化和南宋文化的影响下形成的休闲体育文化与传统和武汉在荆楚文化、码头文化影响下形成的休闲体育文化与传统是完全不一样的。城市休闲体育系统运行与城市文化之间的作用是相互的，既会受到城市文化的影响（推动或制约），又会对城市文化起到丰富、传播、传承的作用。

（二）运行模式

随着社会的进步和城市的发展，城市发展在管理上出现了从政府管理到多元主体治理的转变，在经营上出现了从政府主导的城市运营到市场主导的城市运营的转变。随着城市管理方式和经营方式的转变，城市休闲体育供递系统的运行模式必须紧跟城市发展的步伐，遵循城市治理和城市运营的逻辑和思路。首先，城市休闲体育系统运行的主体是政府、市场、社会多元供给主体；其次，城市休闲体育供递系统运行应符合以市场为主导的城市运营逻辑；最后，在城市休闲体育供递系统运行中，应以市场为主导，政府退居幕后发挥推动与监管的作用，鼓励社会积极参与，是更好的运行模式。

1. 政府推动

城市休闲体育供递系统的运行离不开政府、市场和社会的密切合作和共同努力。但政府在系统运行中担任什么角色呢？以政府为主导的运行模式往往因政府意志过强而导致政府调节失灵，弗里德曼（Friedmann）指出，"市场失灵"固然可怕，但是"政府失灵"危害更大[1]。在城市休闲体育运行中，政府的主要职责是创造一个有效率的市场环境，规范市场，并纠正"市场失灵"，搞好调控和再分配。政府是"掌舵者"，而不是"划桨者"。政府在城市休闲体育供递系统运行中的职能主要表现为：①调控者，维持供需基本平衡，并指导休闲体育产业结构趋向合理；②公益者，提供休闲体育公共产品和准公共产品，以维护城市居民的利益，提高社会福利；③监管者，防止市场垄断，防止过度竞争，健全市场机制，营造一个公平竞争的市场环境；④服务者，做好休闲体育基本公共服务的供给工作，并为市场运作提供指导服务；⑤仲裁者，对运行中的企业或个人发生的利益冲突进行公正的协调和处理；⑥"守夜人"，维持市场秩序和社会安定，打击运行中发生的违法犯罪行为。

---

[1] 王国平. 城市学总论（下册）[M]. 北京：人民出版社，2013.

2. 市场主导

随着"发挥市场在资源配置中的决定性作用,更好发挥政府作用"被写入《中国共产党章程》,市场在资源配置中的作用进一步凸显。在城市休闲体育系统运行中,应突出市场的主导作用,对城市休闲体育资源进行更加有效合理的配置与开发。有些社会成员存在免费"搭便车"的心理,希望别人来提供公共产品、自己坐享其成,因此单纯依靠市场很难实现公共产品的有效供给。在城市休闲体育供递系统运行中,必须在政府的监管与调控下以市场为主导,充分调动休闲体育相关企业的积极性,促进休闲体育产业的繁荣发展。

随着人们健身意识的增强和心理需求层次的提高,"花钱买健康、花钱买体验"已成为大众消费的主流。在相关政策的引领带动下,杭州休闲体育产业蓬勃发展。2019年,杭州体育产业总产值达到685亿元,提前完成"十三五"规划的600亿元产值目标。截至2020年年末,杭州市体育企业名录库收录体育企业7790家,其中6111条数据经核实完善被录入浙江省体育企业名录库。杭州成功创建国家级运动休闲特色乡镇1个,列入省级运动休闲乡镇培养清单的有4个,有运动休闲旅游示范基地5个、精品线路7条,列入省体育品牌赛事名录库的项目有19个,努力发挥产业品牌的示范和引导作用[①]。近年来,杭州体育产业与旅游、健康、文化创意和养老等产业进行了有效融合,休闲体育产业逐渐成为体育产业和旅游休闲产业的主导。

体育休闲具有前沿、体验和时尚特征,在都市体验经济时代下,休闲体育产业将成为体育产业和旅游休闲产业发展的支柱。在《湖北省人民政府关于加快发展体育产业促进体育消费的若干意见》的带动下,武汉体育产业得到大力发展,以武汉昊康体育产业发展有限公司、武汉贝蒂舞蹈文化发展有限公司为代表的体育制造企业产量年年攀升;东方神马实业(武汉)有限公司、武汉汉为体育用品销售有限公司等一批体育赛事企业壮大了武汉竞赛表演市场;以长江传媒、湖北腾讯为代表的传统媒体和新媒体企业扩张了体育传播的版图;武汉体育中心、武汉乐泽体育等近千家体育场馆运营企业在市场的洗礼下稳步发展;武汉励众、木兰武校等体育培训企业也呈现勃勃生机;武汉羽毛球协会、武汉足球协会、武汉网球协会、武汉登山户外运动协会等一批协会的大众化、社会化、实体化建设取得了新成绩。

---

① 生态体育.《杭州市"十四五"体育产业发展规划》印发[EB/OL].(2021-08-29)[2023-06-08]. https://www.sohu.com/a/486362894_505583.

成都大力推进体育产业创新升级发展，使产业融合不断深化，以体育运动、健身休闲、竞赛表演和体育培训为主要动力的发展模式日渐成熟，使产业结构更加优化。成都体育产业保持高增长率，2015年成都体育产业总规模为392.24亿元，到2022年成都体育产业总规模突破1000亿元，成都体育产业发展驶入平稳快速、高质量发展的快车道。《2020年成都市居民体育消费调查报告》显示，健身休闲与体育旅游消费已分别跻身成都体育费的第二和第三位，户外休闲运动、群众性健身活动成为人们的自发性需求和消费新热点，体育旅游作为复合型消费形态满足了居民的需求。成都正在积极推进运动休闲特色小镇建设，进一步促进了体旅融合创新发展。

3. 社会参与

城市休闲体育系统运行在政府推动、市场主导下，还需要社会组织和社会公众的积极参与。休闲体育组织是休闲体育活动开展的中坚力量，是城市休闲体育系统运行中的核心要素。应通过政府出台相关政策文件，对社会组织进行制度激励和资金扶持。满足城市居民的休闲体育需求是城市休闲体育系统运行的主要目标，应建立城市居民的需求表达机制，并畅通需求表达通道。在实践中，虽然城市休闲体育社会参与的积极性有所增加，但还有待进一步提升。

截至2018年，杭州有各级体育社团组织463家，其中市级体育社团62家。各级体育社团组织举办全民休闲健身活动100余场，带动20余万人直接参与体育锻炼，杭州市水上救生协会承办的横渡钱塘江活动，不仅成功打造了杭州特色休闲体育品牌，还展示了杭州"五水共治"的重要成果和杭州新貌。杭州市休闲运动协会成立于2006年，致力于推进休闲运动发展，在青少年运动休闲方面，为青少年创造了多样化的健身锻炼平台。杭州市体育休闲行业协会成立于2008年，有会员单位168家。

2016年，武汉出台了《武汉市体育局关于加强晨晚练体育活动点规范管理的通知》，通过制度化的管理对全民健身活动站点的条件、申请核准、登记注册及分级管理进行了明确规定。经过全面统计，截至2019年年底，武汉登记注册的全民健身活动站（点）共计4000余个；拥有5个全民健身站点的街道占比为100%。武汉居民身边的休闲体育组织不断壮大，市区两级单项体育协会近200个，全市各街道98%的社区拥有全民健身活动站（点）[1]。在休闲健身指导方面，武汉有

---

[1] 佚名. 新时代 新理念 新作为[EB/OL].（2019-12-19）[2023-06-08]. http://tyj.wuhan.gov.cn/sytpxw/tpxw/202004/t20200413_995442.html.

各级各类社会体育指导员 3.5 万余人遍布城乡，广泛开展科学健身公益活动，让更多的健身群众找到了"组织"和"归属"。

成都积极鼓励休闲体育相关组织成立与发展。截至 2021 年年底，成都范围内共有各类各级注册体育社会组织 837 个，其中综合协会数量最多，武术、舞蹈、信鸽、自行车、棋牌、乒乓球、网球等开展较为普及、群众参与程度较高的项目协会数量相对较多。《成都市全民健身实施计划（2021—2025 年）》中提出要发挥体育社会组织枢纽阵地职能，推动体育总会向街道（镇）延伸、各类体育社会组织下沉社区（村）。成都各区（市）县积极构建"1+2+1"基层组织网络，即各街道（镇）均建成 1 个综合性体育社会组织，社区体育社会组织不少于 2 个、村级体育社会组织不少于 1 个[①]。

---

① 成都市体育局. 成都市全民健身实施计划（2021—2025 年）[R]. 成都：成都市体育局，2022.

第七章 生态文明视域下城市休闲体育发展建言

第一节 城市休闲体育发展理念

一、新发展理念，助推城市生态文明建设

发展理念是发展行动的先导，科学的发展理念能破解发展难题、增强发展动力、补上发展短板、厚植发展优势。十八届五中全会上提出的"创新、协调、绿色、开放、共享"的新发展理念，为我国今后各领域的发展提供了发展思路、发展方向和发展着力点。在快速的城镇化进程中结出了"城市病"的苦果，这给城市居民的身心健康带来了严峻挑战，也使城市发展进退维谷。生态文明建设关系着人民福祉和民族未来，是美丽城市建设的基础和保障。为找寻城市的健康与活力，急需进行城市生态文明建设，形成节约资源和保护环境的城市空间格局、产业结构、生产方式和生活方式，重现城市的蓝天白云、青山碧水、鸟语花香与和谐美丽，为城市居民创造良好的生产和生活环境。"创新、协调、绿色、开放、共享"五大发展理念为生态文明建设提供了理念引领，因此城市生态文明建设应该坚持绿色创新、绿色协调、绿色发展、绿色开放和绿色共享。

休闲体育作为时尚健康的休闲方式，让城市生活更有品质。但目前城市休闲体育发展尚处于起步阶段，在蹒跚前行之时，"五大发展理念"犹如一盏明灯照亮了城市休闲体育发展的未来。创新是城市休闲体育发展的关键驱动因素。城市休闲体育是一项民生工程，需要顶层设计、跨界思维来创新驱动。我们应通过不断的理念创新、产品创新、业态创新、技术创新和主体创新，为城市休闲体育的发展提供持续动力。"不谋全局者，不足谋一域"，协调是城市休闲体育健康发展的内在要求。由于城市休闲体育在发展中存在资源要素、区域空间、目标群体和文化生态等方面的不均衡态势，所以需要通过协调发展来弥补短板和薄弱环节，并从中拓宽发展空间、寻求发展契机，实现城市休闲体育全方位的均衡协调发展。"生态兴则文明兴，生态衰则文明衰"，绿色是实现城市休闲体育永续发展的必要

条件。城市休闲体育的发展要以节约资源、保护环境为宗旨，坚持人与自然的和谐发展，实施绿色休闲体育开发，倡导绿色休闲体育方式，创新绿色休闲体育发展机制。历史证明"开放促进发展，封闭导致落后"，开放是城市休闲体育繁荣发展的必由之路。城市休闲体育的开放发展有利于促进不同区域、不同业态之间资源的整合，从而拓展发展空间、提升发展水平。"天地之大，黎元为先"，共享是城市休闲体育发展的本质要求。城市休闲体育的共享发展要求不断推进休闲体育公共服务的均等化，构建 10 分钟休闲体育圈，让城市居民共享发展成果，实现居民休闲体育权的均等化。

二、新发展理念，实现城市休闲体育发展的实践超越

（一）创新发展：培育发展新动力

2000 多年前，老子在《道德经》中提到："天下万物生于有，有生于无。"如今社会的进步与繁华皆从无到有，可见创新是社会发展的第一动力。城市休闲体育作为新生事物，其发展更离不开创新。

（1）理念创新。开启城市休闲体育创新之路，理念创新是先导，转变发展方式，从供给侧和需求侧两端同时发力，实现城市休闲体育发展战略的提升。突出城市休闲体育特色建设，完善休闲体育基础设施和公共服务设施，方便居民参与休闲体育活动，激发居民休闲体育行为的内在动力，加强体育游憩公园、社区健身广场、公共空间健身步道、自行车道的完善和供给。例如，杭州千岛湖国家登山健身步道开启了登山健身步道的"全程智能化"时代；武汉建成的环东湖绿道，自行车道与步行道分行，步行道宽不小于 1.5 米，自行车道宽不小于 6 米。

（2）制度创新。制度供给和制度创新的作用是不可忽视的，制度创新不仅能引领城市休闲体育的发展风尚，还能释放市场活力、规范发展环境。例如，商业性和群众性体育赛事审批制度被取消以后，马拉松市场炙手可热，马拉松赛事从少数人参与的活动变成了大众参与的项目。根据中国马拉松年会发布的数据，2014 年马拉松及相关运动赛事共有 51 场，2015 年马拉松赛事审批制度被取消，同年马拉松及相关运动赛事达到了 134 场，而 2019 年已升至 1828 场，比赛场次的增加带来了参与人数的暴涨。共享单车的出现引领了城市骑行的新风潮，带动了环保健身的发展。城市应通过制度创新来鼓励发展共享单车。例如，成都于 2017 年 3 月率先发布全国首个鼓励发展共享单车的试行意见，明确规定对蓄意破坏、盗窃共享单车等行为进行依法查处，为共享单车的发展营造了良好的法治秩序。

（3）业态创新。具体如下：①促进休闲体育与旅游融合发展，建设一批融滑雪、露营、登山、徒步、骑马等特色休闲体育项目为一体的体育休闲游示范基地，培育具有国际知名度和市场竞争力的体育旅游企业和品牌，支持体育旅游设施设备和运动装备开发。②促进休闲体育与文化融合发展，打造融传统节日、地方文化与休闲体育活动于一体的地方知名体育节庆活动，如端午节的赛龙舟、重阳节的登高已成为全国各地重要的节日庆典活动，广西侗族的花炮节、蒙古族的那达慕大会、山东潍坊的风筝节等都属于休闲体育活动。③促进休闲体育与教育培训融合发展，鼓励各地利用地方资源优势，建设一批具有影响力的休闲体育教育培训基地。例如，洛阳凤凰岭射击休闲基地，占地 3000 余亩，已成为集射击射箭、国防教育、拓展训练、汽摩训练、足球培训、休闲度假为一体的户外休闲体育教育培训示范产业基地。④促进休闲体育与互联网融合发展，积极推动线上休闲体育平台发展壮大，提供在线场馆预定、运动指导与监测、健身交流、赛事参与、器材装备定制等综合服务。

（二）协调发展：谋求发展新格局

"唱和如一，宫商协调"，从古代中国的传统智慧到当代中国的协调发展新理念，皆表明只有社会各方面发展协调一致、相得益彰，社会才能持续健康、行稳致远。城市休闲体育是一个涉及供给部门、设施和环境、群体、服务和教育职业等多层级的供递系统，为避免"木桶效应"，系统内各层级内部及各层级之间都需要协调发展。

（1）供给部门间的协调。城市休闲体育的发起离不开三类部门：政府部门、非营利组织及私营营利性企业。政府部门侧重于为辖区内的纳税人提供休闲体育公共服务，包括休闲体育空间和环境、休闲体育设施和场地、休闲体育组织与服务等；非营利组织是以公益为主的社会组织，主要向其会员提供服务（信息服务、组织服务、指导服务等），其会员资格面向有需要的群体广泛开放；私营营利性企业是指以提供休闲体育产品和服务为主、向消费者收取费用、重视营销和消费者满意度的商业企业。三类城市休闲体育供给部门之间互相补充、缺一不可。统筹政府部门、非营利组织、私营营利性企业三大供给主体，协调公共服务、公益服务和有偿服务的有效配比，提高各供给主体推动城市休闲体育发展的积极性。

（2）资源和环境的协调。具体如下：①协调公园绿地、休闲广场、社区空置区域、建筑物屋顶、地下室等的配置，建设一批便民利民的休闲健身场地设施，形成"15 分钟城市休闲健身圈"；②协调水、陆、空资源，打造城市步道系统和自行车路网，重点建设一批山地户外营地、徒步骑行服务站、自驾车房车营地、运动船艇码头、航空飞行营地等健身休闲设施；③鼓励和引导旅游景区、旅游度假区、乡村旅游区等根据自身特点，建设特色休闲健身设施，开发特色休闲体育项目。

（3）需求群体的协调。具体如下：①不同年龄群体间的协调。休闲体育是贯穿人一生的生活方式，在各生命阶段中都占据着重要地位。由于不同年龄阶段群体的身心发展水平不同，所以对休闲体育方式和项目的需求也不一样。健身走、广场舞成为老年人参与休闲体育的主流方式，而跑步、游泳、滑雪、登山等活动更为年轻人所青睐。在全社会较多关注老年人健身休闲的当下，应积极推动对中年群体和青少年群体的休闲体育供给。②不同社会阶层间的协调。不同阶层因其文化资本、经济资本乃至社会资本的不同而经常在休闲体育活动中表现出与其阶层地位特征相联系的价值观、行为方式[①]。具有较强经济实力和较高受教育程度的群体，在进行休闲体育选择时有更多的机会与更强的灵活性。城市休闲体育作为一项关注居民健康幸福的民生工程，不能遗忘弱势群体和特殊群体（如城市边缘人、残疾人等），应通过加大公共服务和公益服务的力度，有针对性地满足这些群体的休闲体育需求。

（三）绿色发展：构建发展新模式

"青山不墨千秋画，绿水无弦万古琴"，这是多么美妙的自然图景。我国在经济发展的快车道上驰骋了几十年，与之相伴的是生态环境的严重恶化。从党的十七大报告中明确提出"建设生态文明"的重大任务，到党的十八大报告中提出的"五位一体"总布局，再到十八届五中全会上提出的绿色发展理念，这些是对人类文明发展史和中国发展经验教训的深刻总结。绿色发展是推进"美丽中国"建设的必由之路，也是实现城市休闲体育永续发展的必要条件。

（1）实施绿色开发模式。坚持"保护优先、开发服务于保护"的方针。推动绿色休闲体育环境空间建设，打造生态体验项目，拓展绿色宜人的生态空间。例如，杭州打造的西山游道总长有107.9千米，是集生态、野趣、健身、氧吧于一体的养肺健身工程，是杭州居民和外来游客的休闲体育好去处；武汉修建的后官湖郊野绿道，带有郊野骑行专用自行车道和步道，绿道打通四湖岸线，总长为110千米；武汉东湖风景区打造了各种健身休闲项目，如水上自行车、水上瑜伽、摩托艇、帆船等项目极大地丰富了武汉居民的生活，激发了全民休闲体育的热情；

---

① 许凤，柏慧敏. 城市不同社会阶层的休闲体育文化模式[J]. 上海体育学院学报，2012，36（6）：33-38.

成都规划了世界最长的绿道体系——天府绿道，串联生态区、公园、小游园、微绿地，总长为 16930 千米，形成五级绿化体系。

（2）倡导绿色参与行为。具体如下：①低碳出行。大力推广公共交通、骑行或徒步等绿色生态出行方式。例如，杭州最早推出的公共自行车系统和遍布于各大城市的共享单车，在践行低碳理念基础上引领了绿色出行方式。②低碳消费。倡导绿色消费，拒绝非绿行为，减少在休闲体育活动中一次性用品、过度包装产品、电子产品等的使用。③低碳宣传教育。开展绿色休闲体育公益宣传，在休闲体育场所和空间中进行标识提醒，如"除了脚印和汗水，什么也别留下；除了回忆和拼搏，什么也别带走"。加强绿色教育和培训工作，制定绿色消费奖励措施，引导全行业、全社会形成绿色消费自觉。

（3）创新绿色发展机制。具体如下：①实施绿色认证制度。建立健全以绿色休闲健身示范基地、绿色建筑、绿色交通为核心的绿色标识标准体系，推行绿色休闲体育项目、绿色休闲体育企业认证制度，统一绿色休闲体育认证标识，开展绿色发展教育培训，引导企业执行绿色标准。②健全绿色发展监管制度。在休闲体育营地（场所），实施生态环境审计和问责制度；在生态保护区和生态脆弱区，对休闲体育项目实施类型限制、空间规制和强度管制，完善休闲体育开发利用规划与建设项目环境影响评价信息公开机制。

（四）开放发展：开拓发展新空间

"一花独放不是春，百花齐放春满园"，开放促发展已被古今中外的发展实践所证实。走出去，天地宽。以扩大开放带动创新、促进改革，为发展不断注入新动力、增添新活力、拓展新空间。坚持开放发展，是城市休闲体育发展的必然选择。

（1）推进场馆设施和公共资源逐步开放。具体如下：①加快推进企事业单位等体育场馆设施向社会开放。2017 年 2 月 3 日《教育部 体育总局关于推进学校体育场馆向社会开放的实施意见》的颁布，进一步推动学校体育场馆设施对在校学生和社会公众有序开放。政府通过购买服务的方式将公共体育设施以免费或合理收费的形式进行开放，增加休闲体育设施供给，满足基本休闲体育需求。通过管办分离、PPP（Public-Private Partnership，公私合作）等模式，推行市场化商业运作，满足多层次群体的休闲体育消费需求。②推动公共资源的公益化进程，将公共资源逐步以免费或合理收费的形式向社会开放。例如，杭州西湖（2002 年）和武汉东湖磨山风景区（2017 年）的免费开放，为城市居民提供了休闲健身的场所，延展了休闲体育的时空结构。

（2）促进区域休闲体育发展。积极推进城市与周边区域的休闲体育协同发展，形成休闲体育发展城市群、城市圈、城市带，如京津冀、长三角、珠三角、成渝、长江中游城市群等。具体如下：①构建区域休闲体育协同发展机制，合理确定各城市休闲体育的功能定位，形成区域城市休闲体育错位发展的合作模式，避免竞争大于合作。②建立区域休闲体育共建共享机制，促进区域休闲体育资源共享、要素互补，共同打造合作平台，发挥资源集聚效应。③建立区域休闲体育长效合作机制，有效发挥核心城市休闲体育产业的带动作用，推动区域在休闲体育圈建设、体育赛事举办、休闲体育产业发展、休闲体育人才培养交流等方面的合作发展。

（3）扩大对外休闲体育交流与合作。具体如下：①以筹办世界休闲体育大会、世界休闲大会、国际性休闲体育赛事为契机，拓展与国际休闲体育组织的合作领域，促进国际休闲体育产业的合作共赢，增强在国际休闲体育圈的话语权。例如，杭州举办的世界休闲大会，为杭州成为具有东方特色的"世界休闲之都"奠定了基础；青岛举办的世界休闲大会，极大地促进了国际休闲体育组织、学术研究、文化、项目、产品、企业等方面的交流学习与合作发展。2021年4月，北京举办了第十六届世界休闲大会，有8万余人线上线下参与，为世界休闲体育的共生共荣营造了良好的外部环境。②加强人才培养国际合作，开展"一带一路"等国际休闲体育人才开发合作，推动高校开展国际交流。大力引进海外高端休闲体育教育人才和创新创业人才，支持休闲体育专业骨干教师和优秀学生到海外留学进修。

（五）共享发展：共享发展新成果

《吕氏春秋》中写道："治天下也，必先公。"共享发展，着力增进人民福祉，增强人民获得感，是社会发展赋于我们的历史使命，也是社会安定祥和的必要条件。实现我国人民的全面小康，解决社会的公平正义问题是关键。坚持共享发展，是城市休闲体育发展的本质要求。

（1）推进区域休闲体育公共服务均等化。具体如下：①加大城市公园绿地供给，重点解决城市公园分布不均、功能不全、类型单一等问题。随着我国城市不断的内改外扩，城市公园绿地出现了明显的外移现象，城市中心区和老城区公园绿地大量减少，绿量明显不足[①]。《国家园林城市标准》中规定城市公共绿地布局合理，分布均匀，服务半径达到500米（1000平方米以上公共绿地）的要求。以城市规划为抓手，逐步推动"城市公园绿地10分钟服务圈"基本实现全覆盖。②引导和鼓励各系统体育场馆、设施和基地向社会开放共享。我国第六次体育场

---

① 雷芸. 持续发展城市绿地系统规划理法研究[D]. 北京：北京林业大学，2009.

地普查数据显示,全国体育场地存在总量不足、场地资源配置不均衡、场地利用率不高等问题。应统筹利用体育场馆设施、公园绿地、城市建筑及空置场所等区域,规划建设便民利民的休闲体育场地设施,打造"10分钟城市休闲健身圈"。

(2)完善休闲体育发展利益共享机制。具体如下:①实施休闲体育扶农助农工程。组织动员休闲体育企业、产业基地、体育院校等单位,通过扶农、安置就业、项目开发、定点采购、指导培训等方式帮助经济落后区域重点发展休闲体育业。②搭建休闲体育创业就业平台。支持各类休闲体育产业发展孵化器建设,完善创业扶持激励政策,为高校毕业生搭建创新创业服务平台。建设国家休闲体育就业需求服务平台,统筹市场人力资源,杜绝性别歧视,营造劳动者平等就业的环境。③加强休闲体育志愿者队伍建设。推进休闲体育志愿服务体系建设,建立休闲体育指导员、安全管理员、教练员等志愿者队伍。完善志愿者活动激励制度,树立先进模范志愿者、志愿者组织。

(3)构建休闲体育安全保障体系。具体如下:①强化休闲体育安全管理意识。落实有关部门安全监管责任,加强休闲体育活动安全风险提示和教育,做好高风险休闲体育项目的安全管理。完善休闲体育突发事件应急预案体系,建设应急管理指挥平台,建立突发事件信息报送和应急值守制度,加强对休闲体育赛事和节庆活动的安全管理,减少人身伤亡事故的发生。如今举办马拉松赛事如火如荼,但偶然发生的猝死事件令人心痛,对参赛者进行健康安全管理成为当务之急。②丰富休闲体育保险产品。与保险公司深度合作,创新休闲体育保险产品的种类和范围,扩大保险覆盖范围,提升保险产品的灵活度和保障额度,改进保险理赔服务水平。

第二节 城市休闲体育发展建言

一、强化生态文明,改善城市休闲体育发展环境

(一)缓解城市休闲体育发展的环境制约问题

工业文明在给人类生活带来极大便利的同时,也使人类遭受了自然界的报复,生态环境的恶化使人类健康受到威胁、社会可持续发展遇到阻碍。生态文明强调人与自然的和谐发展,是对工业文明的拯救与超越。生态文明作为一种独立的文明形态,包含生态观念、生态行为、生态制度和生态经济四个层次[1]。我国高度重

---

[1] 姬振海.生态文明论[M].北京:人民出版社,2007.

视生态文明建设，并将生态文明作为"五位一体"国家发展战略。党的十九大报告中指出，建设生态文明是中华民族永续发展的千年大计。在生态文明建设背景下，我国城市开始全面治理生态环境，虽然生态环境得到了持续改善，但空气质量不好仍是当下影响城市居民参与休闲体育的最大制约因素。有64.6%的城市居民认为空气质量不好是影响其参与休闲体育的制约因素（图7-1）。由此可见，城市生态修复任重道远，城市生态文明建设还须加强。调查发现，城市居民对空气质量不好限制参与休闲体育的认同与每天参与休闲体育时间之间呈现显著的负相关关系（表7-1），城市居民对空气质量不好限制参与休闲体育的认同度越高，其参与休闲体育的时间越短；反之，认为受到的空气质量不好限制影响越小，其参与休闲体育的时间越长。对杭州、武汉、成都三市进行比较（图7-2），杭州居民对空气质量不好限制参与休闲体育的认同度最低，符合杭州空气质量明显高于武汉、成都的现实。杭州在空气质量治理方面为其他城市树立了典范，杭州深入开展"五水共治""五气共治"等工作，大力治理燃煤烟气、工业废气、车船尾气、扬尘灰气、餐饮排气等污染源。2016年，杭州成为全国城市中为数不多的全面实现无燃煤火电厂、全面实现无钢铁生产基地、全面实现无黄标车的"三无"城市。杭州采取了加强车辆源头管理、实施限行禁行措施、完成对公交运营车辆的新能源车辆和清洁能源车辆全替代等措施，使空气质量得到了显著提升。随着城市生态环境的不断修复，城市休闲体育发展的环境制约将大大降低。

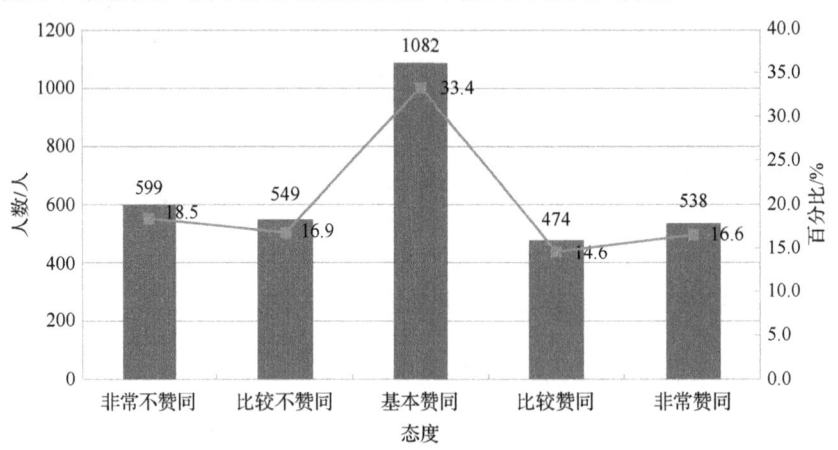

图7-1 城市居民对空气质量不好限制参与休闲体育的认同

第七章 生态文明视域下城市休闲体育发展建言

表 7-1 城市居民对空气质量不好限制参与休闲体育的认同和城市居民每天参加休闲体育活动时间的相关性

变量	Pearson 相关性	显著性（p）
空气质量不好 每天参加休闲体育活动的时间	−0.096**	0.000

**相关关系的差异数值 $p<0.01$，差异性非常显著（$n=3242$）。

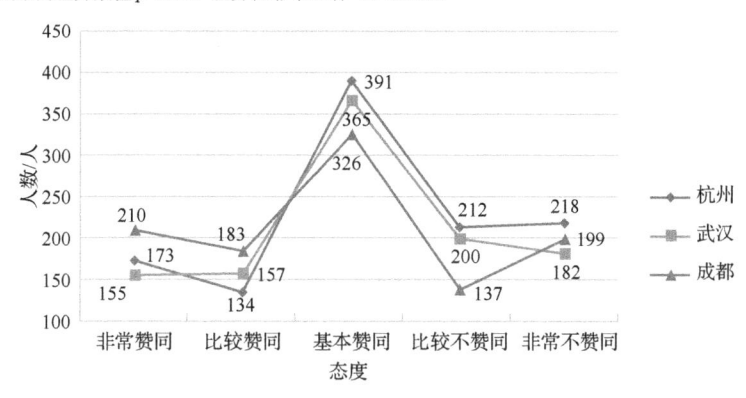

图 7-2 杭州、武汉、成都三市居民对空气质量不好限制参与休闲体育的认同比较

（二）促进城市居民休闲体育需求的释放

环境行为理论认为，人与周边环境是互动的，二者之间关系的潜在复杂性从微观到中观再到宏观是逐步上升的，在微观上聚焦个体与环境的互动，在中观上主要指组群与环境的互动，在宏观上主要指社区与环境的互动[1]。人类的活动常常受环境的影响。例如，房子外面的空场会诱使小孩奔跑、玩耍、做游戏；空间能引导人们移动的线路，不用指示牌，人们就会顺着空间方向行进，这就是空间环境对人们行为的影响[2]。依据环境行为学理论，城市休闲体育环境对休闲体育行为能起到明显的暗示、引导和促进作用，如楼下的运动健身设施与场地会促使小区居民参与休闲体育，环境优美的城市绿道会激发人们散步、跑步或骑行的动机。良好的城市生态环境满足了人们向往与回归大自然的需求，自然会激发人们参与户外运动休闲的内在需求。调查证实，城市良好的生态环境与人们每天参与休闲体育活动的时间呈现显著的正相关关系（表 7-2）。

---

[1] 腾瀚，方明. 环境心理和行为研究[M]. 北京：经济管理出版社，2017.
[2] 李道增. 环境行为学概论[M]. 北京：清华大学出版社，1999.

表 7-2　城市居民对城市生态环境的满意度与城市居民每天参加休闲体育活动的时间的相关性

变量	Pearson 相关性	显著性（p）
城市良好的生态环境 每天参加休闲体育活动的时间	0.089**	0.000

**相关关系的差异数值 $p<0.01$，差异性非常显著（$n=3242$）。

生态文明建设在不断改善城市休闲体育环境，而良好的生态环境能极大地激发城市居民参与休闲体育的需求。参与访谈的专家（ZLJ）认为："生态文明建设对城市休闲体育发展的促进作用表现为环境与氛围的营造，尤其是很多户外运动如山地运动、航空运动、冰雪运动、水上运动等都依赖于自然环境。"参与访谈的专家（LYH）认为："生态文明建设是人类的福祉，有很大一部分休闲体育是在室外的，这就是人类福祉的一个体现。城市生态文明建设是以城市为背景的，但它又非常具体地影响着休闲体育，我觉得生态文明建设对城市休闲体育的开展起到非常强大的助推作用。"参与访谈的专家（CYX）认为："环境对行为是有一定影响的，如现在有些城市在居民楼楼道、楼下推广的共享跑步机，对提升群众参与健身的积极性有一定影响的。"杭州东湖绿道一期和二期建成之后，骑行散步的人非常多，周末也会举行大学生马拉松比赛，东湖绿道带动了全民健身的开展。武汉的江滩利用得比较好，"两江四岸"集城市防洪、景观、旅游、休闲、体育健身为一体。每天清晨，当漫步在江滩时，你会发现这里已成为居民休闲健身的乐园，唱歌、跳舞、打太极拳、练习书法，这些场景汇聚在一起，犹如一幅和谐的江滩风情画。

二、重视城市规划，优化城市休闲体育空间结构

（一）协调城市"三生"空间结构

城市健康有序的发展依赖科学合理的城市规划，城市规划是城市发展的起点与方向引领。城市规划任务包括：城市发展目标的研究与确定、城市土地和空间资源的利用、城市发展的空间布局、城市各项建设的部署和安排[①]。城市空间布局作为城市规划的重要任务之一，是城市规划更新发展的重点，而传统的城市规划过分关注城市的生产功能，使城市的生活和生态空间受到严重的挤压和破坏。生活和生态空间是城市休闲体育发展的外在环境，生活和生态空间的合理布局是优化、延展城市休闲体育空间结构的前提。在生产、生活和生态三者的关系上，参与访谈的专家（LYH）认为："以生态为本，生产是围绕着生活来展开的，生活是

---

① 王国平. 城市学总论（下册）[M]. 北京：人民出版社，2013.

我们的核心，但是我们的核心一定离不开生态的支撑。"《国家新型城镇化规划（2014—2020年）》中指出，在城镇化快速发展过程中，出现城市空间的无序开发、部分城市贪大求洋、部分城市的"建设性"破坏不断蔓延、城市的自然和文化被破坏等情况，并提出了城市生活和谐宜人、建设宜居城市的目标[①]。2015年中央城市工作会议上又提出统筹生产、生活、生态（"三生"）三大空间布局的重要部署，对城市规划提出了目标和要求。城市规划如何协调"三生"空间结构？具体如下：①坚持集约发展，实现生产空间的集约高效。形成绿色低碳的生产生活方式和城市建设运营模式，推动城市发展由外延扩张式向内涵提升式转变。②坚持特色发展，实现生活空间宜居适度。加强对城市的空间立体性、平面协调性、风貌整体性、文脉延续性等方面的规划和管控，留住城市特有的地域环境、文化特色、建筑风格等"基因"。③坚持绿色发展，实现生态空间山清水秀。城市规划应以自然为美，提倡城市生态修复，找回城市的青山绿水和蓝天白云。

城市规划的核心是创造更好的人居环境，让城市居民的生活更美好。因此，城市规划要接地气、重视社会的参与度，可邀请被规划企事业单位、建设方、管理方参与其中，还可邀请居民代表共同参与；重视城市设计，避免换一届领导、改一次规划的现象。在公众参与城市规划方面，武汉于2015年上线全国首个"众规平台"，从东湖绿道试水"众规"。"众规"即众人规划，让公众从一开始就参与规划，让公众与专业机构共同做规划。例如，居民登录页面就可以在页面基础地图上直接描线勾画、打点，标注自己认为应该建设驿站、商店和自行车租赁点的位置，实现"一张底图，众人规划"。"众规"方式最大的好处是能通过系统大数据反映民意，如某个地点有10000个人标注应该设置一个停车场，就说明周边居民对此的呼声很高，规划部门在确定方案时应予以考虑。参与访谈的专家（LYH）认为："无论是城市规划，还是城市休闲体育空间布局，公众参与都是一个很重要的途径。我在美国所在城市参加了几次听证会，政府先说这块地需要建什么，再让居民表达自己的想法，把大家的意见收集起来，由政府和专家据此做决策。另外，我在德国做过一个小课题调研，是关于公众参与的高效性的，发现越具体的空间、越小尺度的空间，公众参与的支撑就越强，因为居民都是很具体的个体，高端的区域规划需要听取具有非常高专业素养的专家和教授的意见。"

（二）拓展城市休闲体育活动空间

城市休闲体育空间是休闲体育活动开展的重要空间载体和必要条件。在拥挤

---

① 中共中央、国务院. 中共中央 国务院印发《国家新型城镇化规划（2014—2020年）》[EB/OL]. （2014-03-16）[2023-08-03]. https://www.gov.cn/gongbao/content/2014/content_2644805.htm.

紧凑的城市中，如何最大限度地开拓城市居民参与休闲体育活动的空间？关键在于对城市的空间规划。城市从粗放发展方式向集约紧凑发展方式的转变，引领城市空间规划的改变，城市空间规划由"外围增长"转向"内部优化"，不再盲目扩张，而是转向科学规划、合理布局、节约高效的空间规划，从空间的横向规划转变为横向+纵向的立体空间规划。依循城市空间规划原则和范围，城市休闲体育活动的空间拓展包括横向空间的合理规划和纵向空间的有效利用。

1. 城市空间规划是外在保障

城市空间规划为城市休闲体育活动空间的发展和布局指明了方向和要求。《杭州市国土空间总体规划（2021—2035年）（草案）》中提出完善"一核九星、双网融合、三江绿楔"的空间格局，实现多中心、网络化、组团式、生态型，打开新空间，加快构建特大城市新型空间格局。杭州城市空间规划，尤其是生态空间的规划布局，如一条条生态带和一座座公园的建成，是对城市休闲体育活动空间的延展。在城市总体规划的基础上，《杭州市城市绿道系统规划》中确定了"一轴四纵三横"布局，最终建成总规模为3100千米的杭州绿道网，而休闲健身被列为绿道的首要功能。

2. 城市空间有机更新是不断拓展

杭州微空间的有机更新值得借鉴，如今杭州随处可见的口袋公园极大地丰富了城市居民的休闲体育活动空间。口袋公园也称袖珍公园，包括城市中的各种小型绿地、小公园、街心花园、社区小型运动场所等。口袋公园是一个浓缩美丽的地方，在一个不到50平方米的空间内种植各种花卉、布置假山假石，设置夜景亮灯、配置休闲坐凳和健身器材，既可以提升街景品质，又给居民提供了休闲空间。

3. 城市腾退空间再利用是有效手段

杭州半山区号称"十里钢城"，辖区内有重工企业270余家，工业污染和生活污染导致环境一度恶化。在杭州市委的部署下，大量工业企业被迁出，半山区的三山公园成了杭州新的"十里银铠"，是一座集生态、文化、休闲、旅游为一体的开放式市政公园，为杭州休闲体育的发展释放了大量空间。

4. 城市纵向空间开发是灵活补充

城市纵向空间开发是在城市有限的空间范围内向纵深方向有效利用空间，是对城市休闲体育活动空间的延展。空中运动是一种新兴的运动，包括高空弹跳、跳伞、热气球、悬挂式滑翔器、滑翔翼等项目。武汉的航空运动发展迅速，正在争创世界航空运动"第八城"。在杭州举办的国际航联世界飞行者大会云集了世界航空运动的爱好者，该大会包含特技飞行、动力悬挂、热气球、跳伞、动力伞、旋翼机、航空模型、无人机八个表演项目和热气球、动力伞、跳伞、无人机、创意飞行器五项航空竞赛活动。此外，建筑屋顶和地下室都可成为城市休闲体育空间的拓展部分，如成都的金沙公交综合枢纽不仅是成都最大的停车场，还在大约2万平方米的屋顶建有一个空中体育花园、三个五人制足球场、两个半场篮球场、一个全场篮球场，球场旁边种上了青草、三角梅等各种植物。

（三）构建城市休闲体育活动的圈层结构

城市休闲体育的发展需要空间的合理布局，应在城市范围内对城市空间进行重组，进行不同空间的功能分区，以便实现不同的休闲体育发展任务和目标。城市圈层结构理论认为，由城市建成区至外围、由城市核心至郊外，各种生活方式、经济活动、用地方式都是从中心向外围呈现圈层状的有规律变化，形成以建成区为核心的集聚和扩散的圈层状的空间分布结构[1]。由城市圈层结构理论推断，城市休闲体育空间也呈现从核心到外围的圈层状结构。根据城市居民到达休闲体育场所的时间和距离的不同，可以把休闲体育的空间范围分为三种圈层结构：社区休闲体育空间、城市休闲体育空间和都市休闲体育空间[2]。结合城市圈由内到外的圈层状结构，城市居民休闲体育空间的构成为：内圈层—社区休闲体育空间；中圈层——城市休闲体育空间；外圈层—城市圈休闲体育空间。不同休闲体育圈层所集聚的休闲体育资源和环境不一样，因此城市居民到不同圈层空间参与休闲体育的需求和动机也不一样。宋瑞和杰弗瑞·戈德比把休闲活动分为两类：一类是核心性休闲活动（Core Leisure Activity），是指常规的、一般在社区或社区附近进行的、花费不高的、无须精心组织的活动；另一类是平衡性休闲活动（Balance Leisure Activity），是指特殊的、需要精心策划、花费较高、涉及旅行、能提供独特体验的活动[3]。

在此基础上，借鉴需求发展理论认为，可将休闲体育活动分为核心性休闲体育活动、发展性休闲体育活动和平衡性休闲体育活动。结合城市休闲体育的圈层状结构，可将不同休闲体育空间进行的休闲体育活动概括为：内圈层—社区休闲体育空间—核心性休闲体育活动；中圈层—城市休闲体育空间—发展性休闲体育活动；外圈层—城市圈休闲体育空间—平衡性休闲体育活动（图7-3）。具体如下。

---

[1] 刘磊. 上海城市圈层结构研究[D]. 上海：上海交通大学，2008.

[2] 郭修金，单凤霞，陈德旭. 生态文明视域下城市休闲体育发展研究——以上海、成都、杭州为例[J]. 武汉体育学院学报，2016（4）：40-45.

[3] 宋瑞，杰弗瑞·戈德比. 寻找中国的休闲：跨越太平洋的对话[M]. 北京：社会科学文献出版社，2015.

（1）社区休闲体育空间。社区休闲体育空间大约是城市居民居住地周围 1000 米以内或步行 15 分钟以内能到达的圆形空间，是城市居民日常进行运动休闲活动的重要空间。社区内的健身苑点、社区公园、广场、健身房等为城市居民提供核心性休闲体育活动。核心性休闲体育活动是城市居民在家附近所日常进行的休闲运动，和城市居民日常生活质量息息相关。因此，核心性休闲体育活动是城市休闲体育开展的基础，应成为政府关注的重点。

（2）城市休闲体育空间。城市休闲体育空间是活动半径为 1～10 千米或车程在 1 小时以内的圆形空间，是城市居民休闲体育活动空间的延展。城市公园、绿道、广场、体育中心、景区和各类运动健身场所为城市居民提供发展性休闲体育活动。发展性休闲体育活动是指需要进行提前选择并准备、花费稍高、能满足居民更高休闲体育需求的活动，关系到城市居民对生活质量的满意度和幸福感。

（3）城市圈休闲体育空间。城市圈休闲体育空间是活动半径为车程在 1～4 小时的圆形空间，是城市居民参与户外运动的主要空间。城市的郊野公园、自然风景区、高尔夫球场、骑马场和各类大型户外休闲运动场地为城市居民提供平衡性休闲体育活动。平衡性休闲体育活动是指需要精心计划、花费较高的户外运动或旅行，会带来独特的体验，能满足城市居民对休闲体育活动的最高需求，关系到城市居民的生命质量。

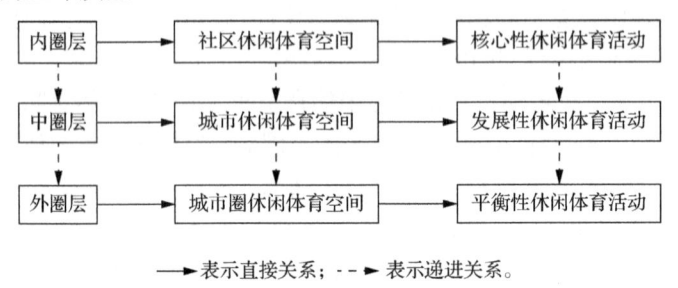

⟶表示直接关系；--▶表示递进关系。

图 7-3　城市休闲体育空间与休闲体育活动的关系

在城市休闲体育空间布局方面，武汉市体育局和武汉市国土规划局先试先行，联合组织发布了《武汉市体育设施空间布局规划（2016—2030）》。

三、探究发展规律，因地制宜地发展城市休闲体育

（一）尊重城市发展规律

城市规划是一个系统工程，城市发展是一个自然历史过程，有其自身规律。城市休闲体育作为城市系统的一个子系统，其发展在给城市发展注入活力的同时，

也必然会受到城市经济发展、文化传承、生态环境、空间演化、人口流动等方面的影响和制约。尊重城市发展规律是城市休闲体育发展的内在规约和前提条件，只有顺应城市发展规律，才能使城市休闲体育与城市经济、文化、环境和资源更好地融合发展。城市发展的内在规律包括城市与自然协调发展的规律、城市经济发展规律、城市文化发展规律、城市人口流动规律、城市空间演化规律、城市基础设施发展规律等，了解城市发展规律有利于发现城市休闲体育发展的规律。

1. 与自然协调发展

自然是城市发展的先决条件，为城市发展提供物质基础，但对自然的过度利用会导致自然的报复，出现环境的恶化，直接威胁城市的可持续发展。城市休闲体育发展必须遵循城市与自然协调发展的规律，依据自然条件，尊重自然基础，以自然为美。例如，成都打造的青城山国际登山节、青城山高尔夫运动，武汉的横渡长江和杭州的钱塘江冲浪，都已成为国际品牌赛事。

2. 与经济协调发展

城市是经济增长的发动机，而经济功能也是城市的主要功能。城市经济具有复杂性和多功能性，并且城市发展与经济发展相互依托。对于城市休闲体育发展来说，城市经济既是物质基础和保障，又是制约因素，与城市经济协调发展是关键。城市休闲体育发展要顺应城市经济变化，及时进行休闲体育产业发展的转型升级；积极参与城市经济分工，带动休闲体育产业的不断壮大发展，实现城市休闲体育产业的开放发展。

3. 与文化协调发展

城市规划学家刘易斯·芒福德认为，储存文化、流传文化和创造文化是城市的三个基本使命[①]。文化是城市发展的灵魂，文化底蕴的缺乏必然导致城市发展的千城一面，形成特色危机。城市建设中对文化的遗弃还会隔断城市肌理，切断城市记忆。因此，城市休闲体育必然要和城市文化协调发展，担负起传承、传播和繁荣文化的重任，利用并保护好城市文化，延续城市历史文脉。

（二）依托城市自然资源禀赋

城市固有的资源环境是城市休闲体育发展的先天条件，每个城市的不同资源

---

① 中国城市规划设计研究院. 城市发展规律——知与行[M]. 北京：中国建筑工业出版社，2016.

禀赋决定了每个城市休闲体育发展可利用的外在条件不同。因此，城市休闲体育发展没有固定模式，应因地制宜。

1. 地理环境不同影响居民的休闲体育需求和行为

俗话说，一方水土养育一方人。城市地理气候条件的不同形成了城市居民不同的休闲体育观念和需求。成都地处四川盆地，气候宜人，土地肥沃，物产丰饶，优越的自然地理环境在一定程度上影响着成都人的休闲体育需求和行为。参与访谈的专家（LF）认为："应先了解一下成都的空气湿度、自然环境等改变不了的因素，这里土地肥沃，以前是海底，有很多生物养料。一年四季非常湿润，都江堰保证了供水，当地人不需要去挑水灌溉田地，水来了把沟刨开就行，因此这个地方千百年以来都很休闲，没什么事可做，这就是为什么这么多年来成都茶馆最多、美食最多的原因。成都和杭州、武汉比起来，地势不平坦，这边骑行的人会多些，而杭州和武汉参与健身走的人会多些。在气候方面，武汉炎热，人们进行休闲体育运动时会偏向于选择室内，而成都一年四季天气比较凉爽，人们更喜欢进行户外休闲体育活动，因此成都的休闲体育场馆少和气候是息息相关的。"调查发现，在杭州、武汉和成都三市居民中，成都人骑行的比例最高，而健身走的比例最低（图7-4）。这和参与访谈的专家（LF）的观点是一致的。

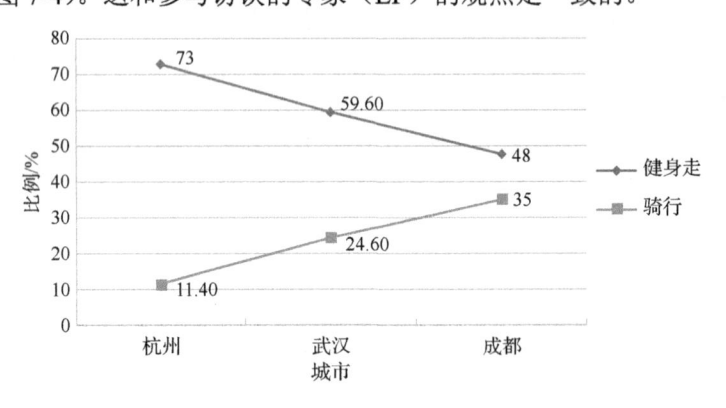

图 7-4 杭州、武汉、成都居民参与健身走和骑行休闲运动的比较

2. 因循就势发展城市休闲体育

与自然协调发展是城市休闲体育发展的基本规律，这要求城市结合当地自然条件，因循就势地发展城市休闲体育。依托山、水资源，可打造自行车骑行、汽车越野、漂流、皮划艇、滑翔伞等体育休闲活动，建设国家登山步道、水上运动旅游休闲基地、山地户外旅游休闲基地、汽车房车露营基地等。例如，杭州有着

江、河、湖、山交融的自然环境，依循资源环境优势，杭州形成的休闲体育赛事和活动有杭州西湖国际名校赛艇挑战赛、钱塘江国际冲浪挑战赛、国际（杭州）毅行大会（钱江湖畔）、杭州西湖国际女子马拉松、西湖·龙坞单车文化节、横渡钱塘江活动、富春江畔垂钓、绿道健身走等。武汉依托"大江大湖"水资源优势，形成的休闲体育赛事和活动有武汉国际名校赛艇挑战赛、武汉国际渡江节、武汉国际赛马节、武汉木兰登山节、"同城双星"龙舟友谊赛、汽车露营旅游节等。成都依托自然和人文资源优势，形成的休闲体育赛事和活动有都江堰（虹口）国际漂流节、成都国际名校赛艇挑战赛、成都双遗马拉松赛、中国龙舟公开赛、新津龙舟会、都江堰放水节等。

（三）利用区域特色传统文化

文化是城市发展的恒久载体和精神家园，割裂文化的城市建设如没有灵魂的躯壳，缺乏生命力和吸引力。每个城市因历史发展和地理环境的不同而形成了各具特色的城市文化。杭州和成都都是全国久负盛名的休闲之都，但两个城市的休闲文化差异很大，杭州的休闲、精致、优雅存在于典雅的茶楼、喧嚣的酒吧中；而成都的休闲无处不在，存在于街头巷尾。如果把杭州的休闲比作阳春白雪，成都的休闲就是下里巴人。对于杭州人来说，休闲是暂时的，是为了更好地工作；而对于成都人来说，休闲是常态，工作是为了更好地休闲。武汉具有的荆楚文化和码头文化形成了武汉人敢为人先、拼搏进取和不畏辛劳的精神，其休闲文化自然没有杭州和成都浓郁，留下更多的是市井休闲和滨水休闲。对于城市休闲体育来说，区域特色传统文化是其发展的基础和动力。如何利用区域特色传统文化来发展城市休闲体育？具体如下。

（1）培育休闲体育文化和观念。挖掘传统文化中的休闲和休闲体育元素，通过组织活动或节庆赛事等方式对传统休闲体育活动进行传承推广，以便使更多人了解传统休闲体育活动，如杭州的钱塘冲浪、武汉的舞高龙、成都的木兰登山节等；此外，还可以通过休闲体育的活动普及和知识传播等途径进行休闲体育文化的培育和观念的养成。

（2）进行传统文化的"活态保护"。"活态保护"是指在文化产生或发展的环境中，在人民群众生产生活过程中，进行保护、传承与发展的文化传承方式，目的是延续传统休闲体育文化的"具体记忆"。早期开发乌镇时，如果把乌镇人安置到镇外的新建楼宇里，则现在的乌镇可能就是一个江南古镇的博物馆[①]，而对乌镇

---

① 戴斌. 城市：可以触摸的生活，可以分享的文明[M]. 北京：旅游教育出版社，2014.

的原生态保护和开发，可以让我们分享乌镇历史的记忆。因此，进行传统休闲体育文化的"活态保护"，需要保护文化的原生态空间载体，把传统休闲体育文化与城市休闲体育环境和物质空间建设结合起来，恢复文化的原有风貌，如杭州的宋城、武汉的高龙城等。

（3）活化利用地域文化资源。地域文化资源的利用是塑造城市休闲体育品牌和特色的关键。活化利用就是通过赛事、节庆、活动等方式，促进地域休闲体育文化的传承与创新，发展城市休闲体育特色产业。

四、推进公共服务，破解城市休闲体育发展矛盾

（一）多元共治：扩大公共服务的有效供给

在新时代，城市休闲体育发展中存在的主要矛盾是城市居民日益增长的休闲体育需要和城市休闲体育不平衡、不充分的发展之间的矛盾，具体表现为城市休闲体育供给不能有效满足城市居民的休闲体育需求。在城市居民参与休闲体育的制约因素中，结构限制表现尤为突出。在结构限制因素中，经济因素已不再是主要制约因素，而场所太拥挤、缺乏设施和场所、停车不方便和休闲健身场所远，依然是城市居民参与休闲体育的主要制约因素。虽然城市休闲体育场所和设施在不断增加，但依然不能有效满足城市居民的需求，主要问题在于城市休闲体育场所和设施的有效供给不足，表现为城市休闲体育场所和设施的供给匮乏与供给过量并存的现状。城市居民对休闲体育设施、场所和服务供给的满意度与参与休闲体育的时间是密切相关的，表现为显著的正相关关系（表7-3）。

表7-3 城市居民对休闲体育设施、城所和服务供给的满意度与参与休闲体育的时间的关系

序号	变量	Pearson 相关性	显著性
1	每天参加休闲体育活动的时间 城市居民对休闲体育设施供给的满意度	0.139**	0.000
2	每天参加休闲体育活动的时间 城市居民对休闲体育场所供给的满意度	0.161**	0.000
3	每天参加休闲体育活动的时间 城市居民对休闲体育服务供给的满意度	0.201**	0.000

**在0.01级别（双尾）相关性显著。

因此，为提高城市居民休闲体育的参与度，推进公共服务均等化、增加城市休闲体育的有效供给是当务之急。当前，我国正在建设以公共服务为主要职责的

服务型政府,政府职能目标从"大政府、小社会"转变为"有限政府、大社会"[①]。在我国社会治理实践中,政府或市场为主的"一元治理"模式造成了"政府失灵"和"市场失灵",因此从"一元治理"模式转变为政府、市场和社会组成的"多元治理"模式是社会治理的进步与创新。城市休闲体育的多元共治不仅能灵活配置资源,还能有效增加供给,满足更多人群的需求。城市休闲体育的多元共治主要表现为主体多元、机制多元和途径多元。

1. 主体多元

城市休闲体育公共服务治理主体由政府、市场主体和社会公众构成。政府做好"掌舵者",扮演好协调者、服务者、监管者的角色;市场主体和社会公众做好"划桨者",发挥市场在休闲体育资源配置中的决定性作用,并逐步过渡到"有限政府、大社会"。应让市场和社会成为城市休闲体育治理的主角,不断推动"资源下沉、权力下放、人力下移、资金下投",把"错装在政府身上的手"换成"市场和社会的手"[②]。在划分治理边界的基础上,推进政府推动、社会自治、市场主导三者之间的协调运转和有机融合[③],使它们既分工又协作,共同促进城市休闲体育公共服务的供给。

2. 机制多元

多元机制是城市休闲体育供给治理的运行保障,包括激励机制、合作机制、监督机制、协调机制和保障机制。激励机制主要通过税收减免、土地优惠、财政支持等方式鼓励企业和社会积极参与城市休闲体育建设;合作机制主要通过招标采购、合约出租、特许经营、政府参股等形式,形成政企社合作供给模式;监督机制主要采用政府监督、社会监督、第三方监督和自我监督等多种监督方式对供给主体进行约束制衡;协调机制是建立在沟通合作机制之上的,对治理主体、治理范围、治理权利、各方利益进行协调与分配;保障机制主要通过法律、制度、规则的形式保障激励、合作、供给、协调等机制的运行。

3. 途径多元

多元治理途径是扩大城市休闲体育供给范围、满足更多人群需求的有效方法。具体如下:①政府部门之间打通壁垒,规划部门做好城市休闲体育活动空间的布

---

① 刘邦凡. 社会休闲与休闲治理[M]. 长春:吉林人民出版社,2014.
② 中共武汉市委,武汉市人民政府. 武汉2049[M]. 武汉:武汉出版社,2014.

局；体育部门做好活动赛事和日常休闲健身器材设施的配置；财政部门为城市居民的休闲健身拨款；教育部门开放系统内的场地和设施；城建部门和园林绿化部门提供市政基础设施和公园绿道公共服务等。通过法规的形式确定相关措施，做到行动上有法可依，使相关部门各司其职，形成强大的合力。②不断放宽基本公共服务投资的准入标准，加强公共服务融资平台建设，广泛吸引社会资本投入，进行合作建设。

成都在破解城市休闲体育场地设施供需矛盾方面，积极鼓励社会资本投入，走出了一条政府与企业合作的新路子，具体如下：成都鼓励民营企业参与公共体育健身场馆的建设和经营，引导民间资本整合现有公共文化健身场所，兴建和盘活运动休闲场所和设施。十二中体育馆是2009年由成都市武侯区投入1200万元新建竣工的，建成后学校决定与专业体育公司合作。四川新辰体育艺术学校投资450万元对该体育馆进行全方位改造，引入各种高档体育健身器材，馆内设置有乒乓球场、羽毛球场、篮球场、体操房、瑜伽房、体质监测中心及洗澡间、更衣室等功能区。场馆整体运营、安全管理、人员管理等一应事项均由该公司负责。该体育馆能够满足学校的正常体育活动需要，并对学校教职员工免费开放，在教学活动时间外及节假日面向公众开放，满足社区居民健身需要。该体育馆各项软、硬件设施都比成都市其他学校的体育馆要好，教师和学生能够享受更好的体育健身环境，同时解决了管理中遇到的经费、人力等问题。学校将体育馆经营利润的10%作为维修基金，解决协议期满后场馆、器械折旧的问题。

（二）供给侧改革：平衡公共服务的供给结构

近10年来，我国体育公共财政拨款呈现不断下降的趋势，这表明当前体育发展的瓶颈不是需求不足，而是供给不足[①]。尽管城市休闲体育公共服务得到不断改善、供给量持续增加、覆盖面不断扩大，但仍存在供给结构失衡的问题，表现为明显的供给主体失衡、供给区域失衡和供给客体失衡。参与访谈的专家（LF）谈及成都休闲体育设施场地供给时提到："位于中心城区的市体育中心，其中的足球场和田径场因开场费用和草皮维护问题而难以面向公众开放，外层空地也变成停车场或用于大型展销会，附近群众只能依靠周边的少量空地开展锻炼；游泳场到了夏季天天爆满，民营的乒羽球馆、健身会所也是人满为患。"新老城区体育设施分布不均，一些新建的中高档小区的体育设施配套较好，有的甚至配置到每个住宅单元，而老城区的人口密度大，运动设施非常紧张。在人口密集区，一个羽毛

---

① 李兵. 基于善治理论的体育公共服务供给侧改革研究[J]. 南京体育学院学报，2016，30（4）：54-60.

球场地、一张乒乓球桌，常常承载着附近上万名居民的健身需求，有的区域甚至没有健身的最基本条件。此外，由于信息不畅或分布不均，一些有锻炼需求的居民寻找场馆设施困难，同时一些场地却存在被闲置的现象。随着城市居民"有钱、有闲"，其休闲体育需求得到进阶提升，社会资本投资城市休闲体育的前景光明，且空间很大。供给侧结构性改革的目标是激活市场，实现休闲体育资源的优化配置，扩大有效供给，提高供给质量。由此可见，当下的城市休闲体育发展急需进行公共服务的供给侧改革，以达到休闲体育公共服务的供需平衡。

城市休闲体育公共服务如何进行供给侧改革？具体如下。

1. 主体协作

城市休闲体育公共服务的供给侧结构性改革强调政府、市场和社会组织之间的协作配合，通过多元主体的共同参与来保障公共服务的有效供给。一方面，政府需要调动市场和社会组织参与公共服务供给的积极性；另一方面，政府应完善公共服务合作供给目标的协商机制、合作过程的协调机制、合作责任的分担机制和责任追究机制，促使三方更好地为公众提供完善的、全方位的公共服务。参与访谈的专家（LP）认为："政府要在政策上鼓励扶持企业发展，逐渐推行'民进官退、民办官助'理念。为吸引社会资本进入休闲体育供给中，政府应给予一定的扶持资金来鼓励企业和社会组织开展休闲体育，几年后就把企业给培育起来了。潍坊的风筝节，前六年都是由政府扶持的，现在好起来了。杭州比较特殊，在政府、社会、营利企业之间的关系中，出现了企业倒逼政府的情况。电子竞技的势头势不可当，因为中国已经诞生了数字化时代的'原住民'，他们离不开电子竞技，倒推政府出台政策把电子竞技的危害降到最小、把市场做到最大。应成立一个介于政府和企业之间的公共机构，如成立全国的、亚洲的、国际的电子竞技协会或者联合会，一个独立的组织。"

2. 方式创新

通过对城市休闲体育公共服务供给方式的不断创新，带动城市休闲体育的全民运动。为进一步培养居民的休闲健身意识，激活休闲体育消费和休闲体育场馆设施的利用，建议政府向居民发放一定数量的"全民健身卡"，作为对居民参加健身的鼓励和经费补贴。资金可由市县两级财政按比例支出，允许各单位根据实际情况，以福利或奖励方式适当配套增加。居民凭卡到各付费运动场馆刷卡消费，并根据个人需要自费充值。这不仅可以发挥政府的"杠杆效应"，带动休闲体育产业链的运行，还能使居民的体质得到增强，同时减少医保支出。苏州等城市已推出阳光健身卡，并且将个人医保账户与阳光健身卡挂钩，规定凡在市区统筹范围内参加城镇职工医疗保险、医保个人账户往年结余金额超过 3000 元的人，均可申领阳光健身卡，并可按定额标准将医保个人账户往年结余的部分金额一次性划转记入阳光健身卡，用于健身消费。持卡会员去全民健身活动中心"消费"，还可以享受打折优惠。对体育部门来说，通过设立在健身场所内的查询终端，可以了解各健身场馆整体及各项目的参与人数、频次，某个卡号的用户的健身频率，体育单项消费情况等，从而更好地掌握居民日常健身的情况，这对于开展全民健身活动非常有帮助。

3. 精准供给

为切实满足城市居民的休闲体育需求，可针对不同群体实施精准化公共服务供给。随着公共服务与科技的不断融合，城市休闲体育公共服务必然由粗放式供给迈向精准化供给，以不断推进城市休闲体育供给结构的优化，实现休闲体育公共服务的供需动态平衡。要重点在"破""立""降"上下功夫[1]，"破"是指要大力破除城市休闲体育公共服务的无效供给；"立"是指要大力培育休闲体育发展的新动能，推动城市休闲体育产业的优化升级；"降"是指要大力降低休闲体育供给的经济成本。借助云计算等科技支撑，城市休闲体育公共服务的精准化将有可能变为现实。以前政府的管理信息繁杂、管理资源分散，往往导致公共服务的针对性和有效性严重不足，出现供需不对称、"供给真空"与"供给过剩"同时并存的现象[2]。在大数据时代，通过在线服务和点菜式服务，公共服务更具锚向性。通过大数据技术，对公共服务供需信息进行匹配，可使公共服务更具匹配性。

五、坚持市场主导，增强城市休闲体育发展活力

（一）市场培育：创造良好的城市休闲体育发展环境

我国一直以来都把体育看作公益性事业，忽视了体育在社会经济发展中作为支柱产业的潜力和作用。随着人们对美好生活的不断追求，人们的体育需求也不断升级，强烈的社会需求催生了体育产业。休闲体育是为了满足人们对生活更高追求而应运而生的体育新方式，既有事业的属性，又有产业的特性。在城市休闲

---

[1] 张丽敏. 五大举措深化供给侧结构性改革[N]. 中国经济时报，2018-01-15（002）.
[2] 邓念国. 公共服务如何实现精准化供给[N]. 学习时报，2015-12-07（005）.

体育发展中，属于事业性质的部分以政府为主导进行资源配置，为城市居民提供基本休闲体育公共服务，实现社会效益；属于产业性质的部分以市场为主导进行资源的优化配置，为城市居民提供多样化的有偿服务，实现经济效益[①]；属于混合性质（准公共产品）的部分由政府、市场和社会共同分担，各行其责、协作配合。为避免新修的体育场所沦为形象工程，成都市政协和成都市体育局提出，必须处理好事业与产业、全民健身与专业培养、制度规范与监督实施的关系，这些民生工程既不能因碍于运营成本而闲置，也不能成为企业赚钱的工具，建议在管理运营制度上尝试公建民管的办法，引入社会资金，实行区域性、时段性和针对性的收费制度。免费健身项目针对低端消费群体，只提供最基本的体育服务保障；其他中高端的休闲健身项目由休闲健身群体根据自己的实际需求买单。只有这样，才能彻底盘活全民健身事业，激活休闲体育市场空间。

在城市休闲体育发展中，为更多引入企业和社会资本进行经营，加强初期的市场培育至关重要。具体措施如下。

1. 改善市场投资环境

在政府指导下建立和完善市场体系，坚决破除休闲体育资源的行政或行业垄断，制定休闲体育服务规范和质量标准，制定公平开放透明的休闲体育市场规则，建立全国统一开放、竞争有序的休闲体育市场。民间资本投资休闲体育场馆设施在一定程度上缓解了当前公共休闲体育场地设施不足的供需矛盾，但在服务于民的同时，也遇到一些问题，如用地问题、政策扶持问题及经营成本问题。成都天翼羽毛球馆负责人介绍："我们民间资本经营体育设施，一方面是为居民服务，另一方面也有自身经营的压力。"

2. 引导休闲体育消费

目前城市居民的休闲体育消费观念和意识还不强，需要进一步增强与提升。应通过开展丰富多彩的休闲体育活动和举办精彩纷呈的休闲体育赛事，激发居民健身休闲消费需求；通过发挥体育明星和运动达人的示范作用，促进居民的休闲体育消费行为。为刺激休闲体育消费，可建立休闲体育消费个人或家庭奖励机制，在有条件的地区可试点发行"全民健身休闲卡"，与医保和社保打通，鼓励居民进行休闲体育消费。开发不同种类的休闲体育项目保险产品，并健全不同年龄群体的休闲健身保险产品。

---

① 朱寒笑. 中国城市体育休闲服务组织体系研究[D]. 北京：北京体育大学，2008.

3. 扶持中小微企业

成立各类休闲体育产业孵化平台，放宽市场准入，发挥政府购买服务等支持作用；通过信贷支持、税费减免、土地划拨等多种形式扶持中小微休闲体育企业发展；强化中小微企业的特色经营、精准产品、专业服务，使中小微企业之间形成差异化经营，避免恶性竞争。

（二）平台搭建：激活城市休闲体育产业的发展潜力

1. 完善政策保障

政策保障为城市休闲体育产业发展保驾护航。针对民间资本投资城市休闲体育面临的一些问题，政府需要不断完善相关政策，以鼓励城市休闲体育产业的发展。在税收政策方面，根据休闲体育建设行业的社会公益性质和微利经营的特点，提供一定程度的税收减免优惠，并制定合理的行业税收标准；在土地政策方面，适当将部分体育用地通过划拨等方法，提供给体育产业龙头企业用于建设开发和投资经营；在金融政策方面，对经过筛选的体育产业优质企业，通过政府的担保公司帮助这些企业融资，吸引资本参与改造和兴建健身场馆，解决企业资金的难题。

2. 打造服务平台

完善政府在休闲体育产业领域的服务和监督职能，削减休闲体育赛事和活动相关审批事项，积极为各类休闲体育赛事和活动的举办提供"一站式"服务。加快全国性休闲体育资源交易平台建设，推进赛事举办权、场馆经营权、无形资产开发权等资源公平、公正、公开流转。成立体育用品、休闲健身、体育旅游和体育文化等展示交流平台，进一步完善休闲体育政务发布平台和信息交互平台，加强事中、事后监督。

3. 促进产业融合发展

产业融合不仅是当前经济发展的热点，还成为产业发展的现实选择。休闲体育+旅游、休闲体育+文化、休闲体育+教育、休闲体育+养老……休闲体育产业逐渐成为体育产业的支柱产业，成为拉动内需的新增长极。随着大众对体育、休闲和旅游需求的日益增长，人们在闲暇时间更爱运动休闲，人们的需求层级已从"吃住行"到"游购娱"再到"运健休"。近些年持续火爆的马拉松赛就是体育、旅游、休闲的完美结合，参加马拉松赛的选手和观众在参与比赛之余，也为城市的餐饮、购物、交通、旅游、住宿等相关产业带来了丰厚的经济收益。成都双遗马拉松赛的口号是:"带上跑鞋去旅游"。每个城市都可充分利用区域独特的资源优势,打造各具特色的休闲体育旅游产业,形成集聚资源、吸引投资、拉动消费的良性循环,有效增加就业岗位和居民收入,促进当地经济社会的发展。

六、鼓励社会参与,建立有效的需求表达机制

（一）建立社会组织参与的激励与保障机制

除了"国家—社会"二元分析模式,西方学者还提出了"社会—经济—国家"的三元分析模式[①]。在三元分析框架下,社会运行主要由政府组织、市场经济组织（以企业为主体）和社会组织（以非营利机构为主体）三大部门组成。作为第三部门的社会组织是国家政府出现有效供给不足（"政府失灵"）和市场组织出现资源垄断（"市场失灵"）时的有效补充。社会组织不以权利为核心,不以营利为导向,而以追求公益为目标,能够兼顾均等与公平,实现最大限度的社会公平。城市休闲体育社会组织主要包括体育社团、体育民办非企业单位、体育基金会、自发性群众体育组织（图7-5）。

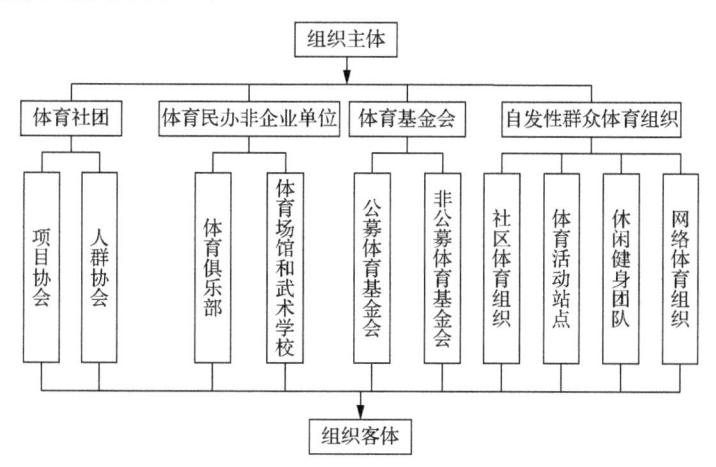

图7-5 城市休闲体育社会组织体系

体育社团主要是指中华体育总会下面的各级项目或人群协会。体育民办非企业单位主要是指企业、事业单位、社会团体、其他社会力量和公民个人利用非国有资产成立的,以开展体育活动为主要内容的体育俱乐部、体育场馆和武术学校

---

① 哈贝马斯. 公共领域的结构转型[M]. 曹卫东,王晓珏,刘北城,等译. 上海:学林出版社,1999.

等非营利社会组织。体育基金会是基金会的一种，包括公募体育基金会和非公募体育基金会。公募体育基金会主要面向社会公众开展公开募捐活动获得资金，以从事体育公益事业。截至 2016 年年底，我国有公募基金会有 1565 家，其中公募体育基金会有 26 家。全国性公募体育基金会有 3 家（中国关心下一代健康体育基金会、中国教师发展基金会和中华全国体育基金会），其余 23 家为地方性公募体育基金会。非公募体育基金会不得面向社会公众开展公开募捐活动，其资金来源主要是接受特定对象的捐赠资金及资金的增值，以此从事体育公益事业。截至 2016 年，我国非公募基金会有 3980 家，非公募体育基金会共有 20 家。其中全国性非公募体育基金会有 2 家（萨马兰奇体育发展基金会、桃源居公益事业发展基金会），另外 18 家为地方性非公募体育基金会。自发性群众体育组织是指群众以不同体育兴趣、爱好、目的聚合在一起的群体，开展丰富多样的体育活动，游离于社团的大门之外，不具有法律上的"合法性"。

如何对社会组织进行引导与激励？具体措施如下。

1. 资助培育

城市休闲体育社会组织具有政府和企业没有的优势，可以根据居民需要的变化及时做出调整[1]，并且非常贴近社区和居民的日常生活，提供的服务更能满足居民需求。虽然城市休闲体育社会组织不以谋利为目的，但资金是休闲体育活动开展的必要条件。因此，为鼓励社会组织积极开展城市休闲体育，在资金方面进行资助与扶持是必要的，如武汉市体育局制定并实施的《武汉市大型社会体育活动资助办法（试行）》。

2. 组织自治

对于自上而下成立的体育非营利组织，组织自治是其蓬勃发展的前提条件。我国长期以来的宏观环境使社会组织在创建和运行上存在官办与民办、上级与下级的矛盾[2]。对体育社会组织采取"双重管理"，在一定程度上限制约束了社会组织的自主性。在实现组织自治过程中，政府对体育社会组织进行了一系列改革，如体制脱钩改革、实体化改革、管办分离改革等，以实现体育社会组织的自我管理、自我发展。

---

[1] 李友梅，等. 城市社会治理[M]. 北京：社会科学文献出版社，2014.
[2] 朱寒笑. 中国城市体育休闲服务组织体系研究[D]. 北京：北京体育大学，2008.

3. 规范调控

对于自发性体育群众组织而言，由于组织数量庞大、组织活动松散，在发展中面临监督、评估和自律机制的缺失，并且存在没有固定场所、没有经费支持的困境。可尝试通过备案制对自发性体育群众组织进行引导与规范，对自发性体育群众组织的结构和总量进行宏观调控，有针对性地实施工作指导，更好地进行站点的培育、资助工作。

（二）构建社会公众需求表达的有效路径

需求表达是群众为满足自身需求而进行的诉求活动，畅通的公众需求表达渠道是在城市休闲体育发展中扩大公民参与的有效途径，不但可以有效解决城市休闲体育发展矛盾，而且可以促进城市社会和谐，形成良好社会风尚。对于政府而言，这不仅是一种善治能力，还是当前构建服务型政府、加快推进和谐社会建设的基本要求。目前，城市休闲体育发展中存在明显的有效供给不足、供需失衡的问题，究其原因，城市休闲体育供给更多是政府意志和市场营利的体现，缺乏社会公众的需求表达。因此，社会公众需求表达是解决城市休闲体育供需失衡最直接、最有效的途径。

如何畅通社会公众休闲体育需求表达的渠道？具体措施如下。

1. 构建需求表达的制度保障

在城市休闲体育发展中，社会公众话语权的缺失主要源于制度资源的匮乏和制度安排的不合理。要完善基层民主制度，落实社会公众表达自身需求的话语权，让不同的利益主体都有表达自己诉求的平等机会；完善立法和决策听证制度，落实决策参与权，充分听取社会各方面的意见，特别是对利益相关方有重大影响的人的意见，保证政策制定的公平公正；完善休闲体育公共服务信息公开制度，落实知情权，让社会公众及时了解与自己需求紧密相关的事情；完善监督制度，落实监督权，不断拓展城市居民的监督渠道，搭建社会公众参政议政的平台。只有从制度上保障落实社会公众的话语权、参与权、知情权和监督权，才能让不同的利益群体的利益诉求得到充分表达。

2. 拓宽需求表达的渠道和平台

只有了解城市居民的休闲体育需求，才能更有效地进行休闲体育供给。参与访谈的专家（YSM）提到："武汉市进行城市体育设施配置时，如果在地方上居民没有需求，他们就不会同意健身器材场地的进入，不会配合进行用地规划。还有体育设施进公园一直推进不顺畅，公园为了保持绿地面积，担心植入体育场地会毁绿。"因此，要通过搭建多种渠道和多方平台来获取公众需求，可通过网友在线交流、民意调查、平台热线、监督电话、社会听证会、领导信箱等方式广泛收集公众需求，最大限度地满足公众的休闲体育需求。此外，可以发挥体育组织工会、行业协会等社会组织的桥梁作用，将社会公众的需求传递给政府，还应健全大众媒体在传达公众休闲体育需求方面的作用。因此，让社会公众参与城市休闲体育发展，把休闲体育公共服务从"为民做主"变为"由民做主"势在必行。

参 考 文 献

中文文献

[1] 贾卫列，杨永岗，朱明双，等．生态文明建设概论[M]．北京：中央编译出版社，2013．
[2] 王春益．生态文明与美丽中国梦[M]．北京：社会科学文献出版社，2014．
[3] 陈家宽，李琴．生态文明——人类历史发展的必然选择[M]．重庆：重庆出版社，2014．
[4] 郭鲁芳．休闲学[M]．北京：清华大学出版社，2011．
[5] 胡小明．小康社会体育休闲娱乐理论的研究[J]．体育科学，2004，24（10）：8-12．
[6] 国家统计局．2021年国民经济和社会发展统计公报[R]．北京：国家统计局，2022．
[7] 仇保兴．国外城市化的主要教训[J]．城市规划，2004，28（4）：8-12．
[8] 樊阳程，邬亮，陈佳，等．生态文明建设国际案例集[M]．北京：中国林业出版社，2016．
[9] 卢风．"关心自己"与诗意的栖居[C]//中国自然辩证法研究会休闲哲学专业委员会．中国休闲研究学术报告2013．北京：旅游教育出版社，2014．
[10] 郭修金．休闲体育与休闲城市建设互动关系研究[J]．南京体育学院学报，2011，25（5）：28-31．
[11] 郭修金，单凤霞，陈德旭．生态文明视域下城市休闲体育发展研究——以上海、成都、杭州为例[J]．武汉体育学院学报，2016，50（4）：40-45．
[12] 周爱光．体育休闲本质的哲学思考——兼论体育休闲与休闲体育的关系[J]．体育学刊，2009（5）：5-9．
[13] 缪佳．德国休闲体育发展的基础、特征及启示[J]．上海体育学院报，2017，41（5）：24-27．
[14] 刘岩．德国《循环经济和废物处置法》对中国相关立法的启示[J]．环境科学与管理，2007（4）：25-28．
[15] 胡军．英国休闲体育政策的演进特点与启示[J]．成都体育学院学报，2012，38（1）：40-43．
[16] 李丽，杨小龙．英国体育公共服务财政保障经验及启示[J]．西安体育学院学报，2022，39（6）：544-551．
[17] 胡笑寒，毛雅萍．澳大利亚体育消费研究[J]．体育文化导刊，2010（2）：155-158．
[18] 于文谦，牛静．中美休闲体育的比较研究[J]．中国体育科技，2005，41（4）：32-35．
[19] 郑华．后奥运时代我国城市休闲体育空间发展趋势探讨[J]．体育与科学，2009，30（2）：18-21．
[20] 常乃军，乔玉成．社会转型视域下城市休闲体育生活空间的重构[J]．体育科学，2011，31（12）：14-20．
[21] 郭修金．休闲城市建设中休闲体育时空的调控设计与规划整合——以杭州、上海、成都为例[J]．上海体育学院学报，2013，37（2）：30-33．
[22] 毅刚，王孟．城市休闲体育发展空间研探[J]．体育文化导刊，2017（5）：1-10．
[23] 王茜，苏世亮．社会地理学视域下的城市休闲体育空间重构[J]．广州体育学院学报，2009，29（1）：65-69．
[24] 许凤，柏慧敏．城市不同社会阶层的休闲体育文化模式[J]．上海体育学院学报，2012，36

(6): 33-38.

[25] 熊欢. 论休闲体育对城市女性社会空间的建构与影响因素[J]. 北京体育大学学报, 2012, 35 (8): 11-16.

[26] 喻坚, 孙有智. 我国城市休闲体育的现状、问题与对策[J]. 山东体育学院学报, 2007, 23 (4): 29-31.

[27] 石振国, 孙冰川, 田雨普, 等. 我国五城市居民休闲体育现状的调查分析[J]. 武汉体育学院学报, 2007, 41 (4): 84-90.

[28] 约翰·凯利. 走向自由——休闲社会学新论[M]. 赵冉, 季斌, 译. 昆明: 云南人民出版社, 2000.

[29] 克里斯多夫·爱丁顿, 陈彼得. 休闲: 一种转变的力量[M]. 李一, 译. 杭州: 浙江大学出版社, 2009.

[30] 吕建海, 蔡宏生. 论休闲体育在构建和谐社会中的作用[J]. 体育与科学, 2006, 27 (3): 42-44.

[31] 陈岳东. 休闲体育的社会价值分析[J]. 体育与科学, 2008, 29 (4): 56-58.

[32] 肖焕禹. 休闲体育的演进、价值及其未来发展取向[J]. 上海体育学院学报, 2010, 34 (1): 6-11.

[33] 于联志. 休闲体育对促进城市家庭和谐稳定的作用研究[J]. 成都体育学院学报, 2010, 36 (10): 20-23.

[34] 焦敬伟, 郑丹衡. 休闲体育对上海城市发展的文化价值[J]. 体育文化导刊, 2014 (8): 186-189.

[35] 曹竟成, 杨培超, 王严严. 透视社会转型期休闲体育的价值与历史使命[J]. 南京体育学院学报, 2010, 24 (4): 71-73.

[36] 陈一星. 休闲体育与城市文化品位的研究[J]. 武汉体育学院学报, 2006, 40 (12): 27-30.

[37] 莫再美, 何江川, 李荣源. 休闲体育行为对老年人的社会化价值研究[J]. 广州体育学院学报, 2009, 29 (1): 74-77.

[38] 郭琴. 和谐社会与休闲体育之关系[J]. 上海体育学院学报, 2006, 30 (1): 49-55.

[39] 宋瑞, 杰弗瑞·戈德比. 寻找中国的休闲——跨越太平洋的对话[M]. 北京: 社会科学文献出版社, 2015.

[40] 邱亚君. 休闲体育行为发展阶段动机和限制因素研究[J]. 体育科学, 2009, 29 (6): 39-46.

[41] 刘芬. 基于社会分层理论的城市居民体育休闲行为探讨[J]. 体育与科学, 2012, 33 (5): 95-100.

[42] 张蕾. 转型期社会阶层视域下城市女性休闲体育行为差异比较——以成都市为个案[J]. 成都体育学院学报, 2016, 42 (4): 27-32.

[43] 杜会霞. 大学生休闲体育参与程度对身体意象的影响研究[J]. 沈阳体育学院学报, 2010, 29 (6): 76-81.

[44] 李睿恒, 张学雷. 城市中青年人群休闲体育活动与生活质量关系的实证研究[J]. 现代预防医学, 2010, 37 (4): 706-708.

[45] 张宝荣, 葛艳荣, 常彦君. 城市居民休闲体育活动与生活质量关系[J]. 中国公共卫生, 2008,

24（7）：869-870．

[46] 金青云．休闲体育参加者的休闲动机与主观幸福感的关系[J]．体育学刊，2011，18（5）：31-37．

[47] 杰弗瑞·戈德比．你生命中的休闲[M]．康筝，译．昆明：云南人民出版社，1994．

[48] 郑立新，张德荣．都市体验经济与休闲体育消费略论[J]．广州体育学院学报，2008，28（6）：60-62．

[49] 胡春旺，郭文革．我国城市休闲体育市场的消费阶层分析及发展对策[J]．北京体育大学学报，2004，27（11）：1461-1463．

[50] 凌平，童杰．杭州市休闲体育产业发展透视[J]．上海体育学院学报，2010，34（1）：29-33．

[51] 黄亮，徐明．成都市休闲体育产业发展研究[J]．成都体育学院学报，2013，39（4）：45-47．

[52] 钟菊华．四川省休闲体育产业与旅游产业融合模式研究[J]．西南师范大学学报（自然科学版），2015，40（8）：147-151．

[53] 单凤霞，郭修金．"五大发展理念"语境下城市休闲体育发展：机遇、困境与路径[J]．上海体育学院学报，2017，41（6）：59-65．

[54] 钟丽萍，范成文，刘亚云．基于城市群生成视角的都市休闲体育发展研究——以长株潭为例[J]．广州体育学院学报，2008，28（5）：79-82．

[55] 陈新生，楚继军．城市社区休闲体育公共服务的现状与对策[J]．西安体育学院学报，2011，18（1）：29-33．

[56] 袁方，王汉生．社会研究方法教程[M]．北京：北京大学出版社，1997．

[57] 马勇，周青．休闲学概论[M]．重庆：重庆大学出版社，2014．

[58] 约翰·凯里．解读休闲：身份与交际[M]．曹志建，李奉栖，译．重庆：重庆大学出版社，2011．

[59] 沈满红．生态文明的内涵及其地位[N]．浙江日报，2010-05-17（07）．

[60] 詹华宁．休闲体育内涵辨析[J]．体育学刊，2011，18（5）：38-42．

[61] 卢锋．休闲体育概念的辨析[J]．成都体育学院学报，2004，30（5）：32-34．

[62] 于涛．余暇体育？还是休闲体育？关于Leisure Sport概念和定义的批判性回顾[J]．天津体育学院学报，2000，15（1）：32-35．

[63] 休闲体育概论组编写．休闲体育概论[M]．北京：北京体育大学出版社，2013．

[64] 德内拉·梅多斯．系统之美：决策者的系统思考[M]．邱昭良，译．杭州：浙江人民出版社，2012．

[65] 蔡玉军，邵斌．城市公共体育空间结构现状模式研究——以上海市中心城区为例[J]．体育科学，2012，32（7）：9-17．

[66] 王茜．城市休闲体育空间结构合理性评价体系的构建[J]．体育科技文献通报，2015，23（3）：30．

[67] 滕瀚，方明．环境心理和行为研究[M]．北京：经济管理出版社，2017．

[68] 刘慧梅．城市化与运动休闲[M]．杭州：浙江大学出版社，2014．

[69] 邱亚君，许娇．女性休闲体育限制因素特点及其与行为的关系研究[J]．体育科学，2014（1）：75-82．

[70] 谢文蕙，邓卫．城市经济学[M]．北京：清华大学出版社，1996．
[71] 王国平．城市学总论[M]．北京：人民出版社，2013．
[72] 张光直．关于中国初期"城市"这个概念[J]．文物，1985（2）：61-67．
[73] 朱铁臻．城市现代化研究[M]．北京：红旗出版社，2002．
[74] 许学强，周一星，宁越敏．城市地理学[M]．北京：高等教育出版社，1997．
[75] 董增刚．城市学概论[M]．北京：北京大学出版社，2013．
[76] 刘易斯·芒福德．城市发展史——起源、演变和前景[M]．倪文彦，宋俊岭，译．北京：中国建筑工业出版社，1989．
[77] 李孝聪．中国城市的历史空间[M]．北京：北京大学出版社，2015．
[78] 何一民．中国城市史[M]．武汉：武汉大学出版社，2012．
[79] 汪德华．中国城市规划史[M]．南京：东南大学出版社，2014．
[80] 马惠娣．文化精神之域的休闲理论初探[J]．齐鲁学刊，1998（3）：99-107．
[81] 于光远．论普遍有闲的社会[M]．北京：中国经济出版社，2005．
[82] 卢长怀．中国古代休闲思想研究[D]．大连：东北财经大学，2011．
[83] 王德胜，陆庆祥．休闲评论第7辑休闲哲学与文化（1）[M]．杭州：浙江大学出版社，2014．
[84] 章辉．南宋休闲文化与美学意义[D]．杭州：浙江大学，2013．
[85] 张法．美学导论[M]．2版．北京：中国人民大学出版社，2004．
[86] 叶朗．中国美学通史[M]．南京：江苏人民出版社，2014．
[87] 田况．浣花亭记[M]．成都：巴蜀书社，1991．
[88] 朱希祥．当代文化的哲学阐释[M]．上海：华东师范大学出版社，2006．
[89] 刘邦凡．社会休闲与休闲治理[M]．长春：吉林人民出版社，2014．
[90] 季羡林．三十年河东三十年河西[M]．北京：当代中国出版社，2006．
[91] 傅筑夫．中国经济史论丛（上册）[M]．北京：三联书店出版社，1980．
[92] 武振玉．诗经（注释）[M]．长春：吉林文史出版社，2007．
[93] 林天孩，林小美，刘树洋．吴越文化与体育文化的互动关系研究[J]．体育文化导刊，2015（4）：202-205．
[94] 康保苓，江成器．杭州休闲文化的特色和发展趋势研究[J]．生态经济，2007（2）：454-458．
[95] 陈宁．杭州的传统文化及其现代转换[J]．中共杭州市委党校学报，2001（6）：24-27．
[96] 杨嫣，邓文慧．从西湖竹枝词看杭州传统民俗文化[J]．浙江工业大学学报，2010（1）：16-20．
[97] 欧阳修．欧阳修全集·居士集·送慧勤归余杭（卷2）[M]．北京：中国书店出版社，1986．
[98] 阳枋．字溪集·杂著·辩惑（卷9）[M]．沈阳：沈阳出版社，1999．
[99] 李维松．湘湖风俗[M]．杭州：杭州出版社，2014．
[100] 王生铁．荆楚文化放谈[J]．世纪行，2011（2）：14-24．
[101] 罗运环．论荆楚文化的基本精神及其特点[J]．武汉大学学报（人文科学版），2003，56（2）：194-197．
[102] 张正明．楚文化史[M]．上海：上海人民出版社，1978．
[103] 徐文武．楚国思想与学术研究[M]．武汉：湖北教育出版社，2012．
[104] 董柳莎．原始巫风对楚地乐舞的浸漫与影响[J]．民族艺术研究，2017（3）：225-232．

[105] 肖平．成都物语[M]．成都：成都时代出版社，2016．

[106] 王文才，王炎．蜀梼杌校笺·卷4[M]．成都：巴蜀书社，1999．

[107] 肖平．人文成都[M]．成都：四川出版集团（天地出版社），2013．

[108] 沈满红，谢慧明，余冬筠．生态文明建设：从概念到行动[M]．北京：中国环境出版社，2014．

[109] 钱易，何建坤，卢风．生态文明十五讲[M]．北京：科学出版社，2015．

[110] 宋杰鲲，张凯．新青岛市美丽城市评价研究[J]．经济与管理评论，2015（6）：155-161．

[111] 中国信息协会信用专业委员会．中国城市空气质量优良率分析报告2018[R]．北京：中国信息协会信用专业委员会，2018．

[112] 刘福森．我们需要一场医疗观念的革命——关于文化医学与物种医学的思考[J]．医学与哲学，2008，29（6）：7-11．

[113] 生态环境部．2022中国生态环境状况公报[R]．北京：生态环境部，2023．

[114] 中商产业研究院．2017—2022年中国城市公园规划建设市场调查与发展前景分析研究报告[R]．北京：中商产业研究院，2017．

[115] 国家体育总局等12部委．百万公里健身步道工程实施方案[R]．北京：国家体育总局等12部委，2018．

[116] 张永军．休闲体育消费：一种都市体验经济[J]．天津体育学院学报，2008，23（4）：297-301．

[117] 何文义．休闲体育新供给健康中国新动力[J]．小康，2017（32）：69-70．

[118] 李相如，钟秉枢．中国休闲体育发展报告（2015～2016）[M]．北京：社会科学文献出版社，2016．

[119] 休闲体育概论编写组．休闲体育概论[M]．北京：北京体育大学出版社，2014．

[120] 武汉市生态环境局．武汉市生态环境保护"十四五"规划（征求意见稿）[R]．武汉：武汉市生态环境局，2021．

[121] 佚名．残疾人出行困难，无障碍设施为何障碍重重?[N]．中国城市报，2018-01-18（24）．

[122] 杭州市体育局．杭州市体育局2017年工作总结[R]．杭州：杭州市体育局，2018．

[123] 成都市体育局．成都市体育发展"十三五"规划[R]．成都：成都市体育局，2017．

[124] 武汉市体育局．武汉体育事业"十三五"规划[R]．武汉：武汉市体育局，2016．

[125] 生态环境部．2020中国生态环境状况公报[R]．北京：生态环境部，2021．

[126] 国务院办公厅．国民旅游休闲纲要（2013—2020年）[R]．北京：国务院办公厅，2013．

[127] 国务院．国务院关于促进旅游业改革发展的若干意见[R]．北京：国务院，2014．

[128] 国家体育总局．体育发展"十三五"规划[R]．北京：国家体育总局，2016．

[129] 国务院．全民健身计划（2016—2020年）[R]．北京：国务院，2016．

[130] 国家体育总局．体育产业发展"十三五"规划[R]．北京：国家体育总局，2016．

[131] 国务院办公厅．国务院办公厅关于加快发展健身休闲产业的指导意见[R]．北京：国务院办公厅，2016．

[132] 国务院．"十三五"旅游业发展规划[R]．北京：国务院，2016．

[133] 国家旅游局，国家体育总局．国家旅游局 国家体育总局关于大力发展体育旅游的指导意见[R]．北京：国家旅游局，国家体育总局，2016．

[134] 国务院办公厅. 国务院办公厅关于加快发展体育竞赛表演产业的指导意见[R]. 北京：国务院办公厅，2018.

[135] 国务院办公厅. 国务院办公厅关于印发体育强国建设纲要的通知[R]. 北京：国务院办公厅，2019.

[136] 宋浩. 我国体育公共服务多元主体合作供给的困境与出路[J]. 广州体育学院学报，2018，38（6）：30-32.

[137] 史松涛. 国内外体育经费来源渠道的比较分析[J]. 未来与发展，2007（9）：58-61.

[138] 雷芸. 持续发展城市绿地系统规划理法研究[D]. 北京：北京林业大学，2009.

[139] 蒋牧宸. 基本公共服务供给机制探析[J]. 江西社会科学，2013（12）：194-197.

[140] 王佳欣. 中国旅游公共服务供给机制发展变迁研究[J]. 改革与战略，2017，33（6）：152-155.

[141] 国家体育总局，国家统计局. 2019年全国体育产业总规模与增加值数据公告[R]. 北京：国家体育总局，国家统计局，2020.

[142] 刘亮，吕万刚，付志华，等. 新时期我国体育体制的理性化重塑——研究路径回顾与分析框架探索[J]. 体育科学，2017，37（7）：3-9.

[143] 易剑东. 中国体育产业的现状、机遇与挑战[J]. 武汉体育学院学报，2016，50（7）：5-12.

[144] 马德浩. 从管理到治理：新时代体育治理体系与治理能力现代化建设的四个主要转变[J]. 武汉体育学院学报，2018，52（7）：5-11.

[145] 奥萨利文，等. 休闲与游憩：一个多层级的供递系统[M]. 张梦，译. 北京：中国旅游出版社，2010.

[146] 吴必虎. 旅游系统：对旅游活动与旅游科学的一种解释[J]. 旅游学刊，1998（1）：21-25.

[147] 华钢，楼嘉军. 城市休闲系统研究[J]. 旅游论坛，2009，2（3）：419-423.

[148] 焦培民，赵亚平. 系统实践哲学刍议[J]. 系统科学学报，2017（2）：13.

[149] 董健，李兆友. 系统论视野中的政府创新[J]. 系统科学学报，2019，27（2）：110-115.

[150] 吴敬琏，等. 供给侧改革：经济转型重塑中国布局[M]. 北京：中国文史出版社，2016.

[151] 李西源. 西部城乡公共产品供给研究——基于经济利益协调的视角[M]. 成都：西南财经大学出版社，2011.

[152] 樊丽明. 中国公共产品市场自愿供给分析[M]. 北京：人民出版社，2005.

[153] 冉凌宇. 马克思需要理论及其对贯彻以人民为中心思想的启示[J]. 重庆邮电大学学报（社会科学版），2019，31（1）：121-129.

[154] 肖亮. 城市休闲系统研究[D]. 天津：天津大学，2010.

[155] 埃德加·杰克逊. 休闲的制约[M]. 凌平，刘晓杰，刘慧梅，译. 杭州：浙江大学出版社，2009.

[156] 李道增. 环境行为学概论[M]. 北京：清华大学出版社，1999.

[157] 武汉市体育局. 武汉市体育设施空间布局规划（2014—2020年）[R]. 武汉：武汉市体育局，2017.

[158] 成都市体育局. 成都市人民政府关于加快发展体育产业促进体育消费的实施意见[R]. 成都：成都市体育局，2016.

[159] 成都市体育局. 成都市全民健身实施计划（2021—2025年）[R]. 成都：成都市体育局，

2022.

[160] 胡锦涛. 坚定不移沿着中国特色社会主义道路前进 为全面建成小康社会而奋斗——在中国共产党第十八次全国代表大会上的报告[J]. 前线, 2012 (12): 6-25.
[161] 姬振海. 生态文明论[M]. 北京: 人民出版社, 2007.
[162] 腾瀚, 方明. 环境心理和行为研究[M]. 北京: 经济管理出版社, 2017.
[163] 刘磊. 上海城市圈层结构研究[D]. 上海: 上海交通大学, 2008.
[164] 中国城市规划设计研究院. 城市发展规律——知与行[M]. 北京: 中国建筑工业出版社, 2016.
[165] 戴斌. 城市: 可以触摸的生活, 可以分享的文明[M]. 北京: 旅游教育出版社, 2014.
[166] 刘邦凡. 社会休闲与休闲治理[M]. 长春: 吉林人民出版社, 2014.
[167] 中共武汉市委, 武汉市人民政府. 武汉 2049[M]. 武汉: 武汉出版社, 2014.
[168] 李兵. 基于善治理论的体育公共服务供给侧改革研究[J]. 南京体育学院学报, 2016, 30 (4): 54-60.
[169] 张丽敏. 五大举措深化供给侧结构性改革[N]. 中国经济时报, 2018-01-15 (002).
[170] 邓念国. 公共服务如何实现精准化供给[N]. 学习时报, 2015-12-07 (005).
[171] 朱寒笑. 中国城市体育休闲服务组织体系研究[D]. 北京: 北京体育大学, 2008.
[172] 哈贝马斯. 公共领域的结构转型[M]. 曹卫东, 王晓珏, 刘北城, 等译. 上海: 学林出版社, 1999.
[173] 李友梅, 等. 城市社会治理[M]. 北京: 社会科学文献出版社, 2014.

英文文献

[1] DAVIS D, BELL. A look back at the London Smog of 1952 and the half century since[J].Environment health perspectives, 2002,110(12):A374-A375.
[2] CRAWFORD D W, JACKSON E L, GODBEY G. A hierarchical model of leisure constraints[J]. Leisure science,1991,13(4):309-320.
[3] HAROLD L V. Book review of entertainment industry economics: A guide for financial analysis [M].Cambridge: Press Syndicate of the University of Cambridge,1994.
[4] PIEPER J. Leisure: The basis of culture [M].New York: Pantheon Books,1952.
[5] BUCKLEY R. Adventure tourism products: Price,duration,size,skill,remoteness[J]. Tourism management,2007,28(6):1428-1433.
[6] CHALIP L. Towards social leverage of sport events [J].Journal of sport tourism, 2006, 11(2): 109-127.
[7] DAVID H. Living and working in Australia [M]. London:Survival Books, Ltd, 2001.
[8] WOBER K W. City tourism 2002 Austria [M]. Wien: Springer Verlag,2002.
[9] HUBBARD J, MANNELL R. Testing competing models of the leisure constraint negotiation process in a corporate employee recreation setting[J].Leisure sciences, 2001, 23 (3): 145-163.
[10] WIRTH. Urbanism as a way of life[J]. American journal of sociology, 1938(44): 1-24.
[11] SHANNON C S, ROBERTSON B J, MORRISON K S. Understanding constraints younger

youth face in engaging as volunteers[J].Journal of park and recreation administration, 2009, 27 (4): 17-37.
[12] RAYMORE L. Facilitators to leisure[J].Journal of leisure research, 2002, 34 (1): 37-51.
[13] KAY T, JACKSON E. Leisure despite constraints: The impact of leisure constraints on leisure participation [J].Journal of leisure research, 1991, 23 (4): 301-313.
[14] SHAW S, BONEN A, Mccabe J. Do more constraints mean less leisure? Examining the relationship between constraints and participation[J].Journal of leisure research, 1991, 23 (4): 286-300.
[15] JACKSON E L, CRAWFORD D W, GODBEY G. Negotiation of leisure constraints[J].Leisure sciences,1993,15(1):1-11.
[16] PORTEOUS J D. Environment&behavior: Planning and everyday urban life[M]. Reading Town: Addison Wesley Publishing Company,1977.
[17] HAROLD C. An introduction to urban historical geography [M]. London: E. Arnold, 1989.

附 录

附录一 调查问卷

我国城市居民参与休闲体育状况调查问卷

尊敬的居民朋友：

您好！休闲体育是居民健康文明的生活方式之一，为了提高城市居民的生活质量，城市休闲体育发展迫在眉睫。您填写的每个题目都将为城市休闲体育发展贡献一分力量，恳请您给予支持与帮助。本调查采用无记名方式，仅用于学术研究，请放心填写您的真实情况和感受（在"□"或"①②③④⑤"处打"√"，在"＿＿＿＿"处填写内容），以便我们获得准确的统计结果。在此向您表示衷心的感谢！

A 部分：居民个人基本信息

A01. 请填写您所在的城市：＿＿＿＿＿＿＿。

A02. 您的性别
□①男　　　　　　　□②女

A03. 您的年龄
□①18岁以下　　　　□②18～30岁　　　　□③31～44岁
□④45～59岁　　　　□⑤60～74岁　　　　□⑥75岁及以上

A04. 您的学历
□①小学及以下　　　□②初中　　　　　　□③高中/中专/技校
□④大专或本科　　　□⑤研究生及以上

A05. 您的职业
□①政府部门、事业单位人员　　□②企业工作人员
□③商业、服务业人员　　　　　□④自由职业人员
□⑤退休人员　　　　□⑥学生　　　　　　□⑦军人

□⑧无业、失业人员　　　　□⑨其他_____

A06.您的个人年均收入

□①3万元以下　　　　　　　　□②3万~8万元（含8万元）

□③8万~15万元（含15万元）　□④15万~30万元（含30万元）

□⑤30万~50万元（含50万元）　□⑥50万元以上

B部分：居民参与休闲体育活动的基本情况

B01.您闲暇时间的主要休闲方式有哪些？（最多可选3项）

□①体育锻炼　　□②看电视　　□③上网　　□④读书/阅报

□⑤看电影/唱歌　□⑥茶室聊天　□⑦闲逛　　□⑧打牌/打麻将

□⑨旅游

B02.您对休闲体育的认识是什么？（多选）

□①是在闲暇时间的一种娱乐放松的方式

□②花费高，是贵族运动

□③不了解，应该是一种体育锻炼方式

□④具有愉悦身心、调节情绪、丰富生活、提高生命质量的作用

□⑤对技能要求比较高，是少数人的活动

□⑥是一种极限运动

□⑦是休闲与体育的结合，是一种健康的休闲方式

B03.您平均每天参加休闲体育活动的时间是多少？

□①不确定　　　　　□②<0.5小时　　　　□③0.5~1小时

□④1~3小时　　　　□⑤3~5小时　　　　□⑥5小时以上

B04.您参加休闲体育活动的频次是多少？

□①经常参加（3次及以上/周）

□②偶尔参加（1~2次/周）

□③不确定

B05.您参加休闲体育活动的主要场所有哪些？（最多可选3项）

□①小区内空地、健身苑点　　□②社区健身中心

□③单位/学校体育场地　　　□④收费体育场馆/健身房

□⑤街道或建筑空地　　　　　□⑥健身步道/骑行道

□⑦绿地/公园/广场　　　　　□⑧其他场所_____

B06.您到休闲体育活动场所使用的交通工具是什么？
□①步行 □②自行车 □③电动车/摩托车
□④公共汽车 □⑤轨道交通 □⑥自驾车

B07.您到达最近的休闲体育活动场所需要的时间是多少？
□①5 分钟以内 □②6～15 分钟 □③16～30 分钟
□④31～45 分钟 □⑤46～60 分钟 □⑥60 分钟以上

B08.您参加休闲体育的主要活动方式是什么？
□①自己 □②朋友/同事一起 □③与家人一起
□④社区组织 □⑤单位组织 □⑥休闲健身相关协会组织
□⑦其他_____

B09.您所在社区有社会体育指导员吗？
□①有，并经常指导 □②有，偶尔进行指导
□③没有 □④不知道

B10.您所在社区有休闲体育相关组织吗？
□①有，并经常组织活动 □②有，偶尔组织活动
□③没有 □④不知道

B11.您主要参加哪些休闲体育活动？（多选）
□①健身走 □②跑步 □③球类
□④跳绳/踢毽 □⑤健美操/广场舞 □⑥游泳
□⑦武术/太极拳 □⑧骑行 □⑨登山/徒步旅游
□⑩瑜伽 □⑪钓鱼 □⑫电子竞技
□⑬骑马/打高尔夫球 □⑭其他_____

B12.您最近一年的休闲体育消费大约有多少？
□①100 元以下 □②101～500 元 □③501～1000 元
□④1001～1500 元 □⑤1501～3000 元 □⑥3000 元以上

B13.您参与休闲体育的动机有哪些？（多选）
□①为了身体健康 □②为了快乐 □③为了学习技能
□④为了调节情绪 □⑤为了锻炼意志 □⑥为了释放压力
□⑦为了形体保持或变得更好 □⑧为了刺激/挑战自我
□⑨为了交际 □⑩为了陪伴家人 □⑪为了逃离日常生活
□⑫其他_____

B14.下列哪些因素在您参加休闲体育过程中起到了比较大的促进作用？（多选）

□①家人/朋友的陪同与支持

□②报纸/电视/网络等媒体环境的宣传与引导

□③便利的交通

□④休闲健身场所免费开放

□⑤充足且方便到达的健身场所和设施

□⑥政策法规的引领

□⑦社会组织的活动组织和人员引导

□⑧传统休闲文化的潜移默化

□⑨已购买健康保险

□⑩安全的休闲体育环境

□⑪丰富的体育赛事/节庆活动

□⑫医生建议每天适度运动

□⑬城市良好的生态环境

□⑭其他_____

C 部分：居民休闲体育行为制约因素调查

您在多大程度上赞同下面各项是限制您参加休闲体育活动的原因？

选项/赞同程度	非常不赞同→非常赞同				
01. 我没有兴趣参加	1	2	3	4	5
02. 身体状况不适合参加	1	2	3	4	5
03. 工作负担重/身心疲劳	1	2	3	4	5
04. 缺乏技能	1	2	3	4	5
05. 缺乏伙伴	1	2	3	4	5
06. 缺乏家人的支持	1	2	3	4	5
07. 交通工具不便利	1	2	3	4	5
08. 缺乏时间	1	2	3	4	5
09. 离休闲健身场所远	1	2	3	4	5
10. 经济实力不足	1	2	3	4	5
11. 缺乏设施和场所	1	2	3	4	5
12. 参加休闲体育的地方太拥挤	1	2	3	4	5
13. 停车不方便	1	2	3	4	5
14. 空气质量不好	1	2	3	4	5

D 部分：居民对所在城市休闲体育环境满意度调查

D1. 您对您所居住城市现有的休闲体育场所、设施、服务和环境是否满意？

选项/满意度	非常不满意→非常满意				
01．小区公共休闲健身活动场地及相关设施（户外）	1	2	3	4	5
02．社区活动中心（室内，提供免费场地和设施）	1	2	3	4	5
03．绿地/广场/城市公园/郊野公园及其他开敞空间	1	2	3	4	5
04．散步/跑步/骑自行车专用道	1	2	3	4	5
05．各类景点景区/农家乐/主题公园等	1	2	3	4	5
06．商业街/Mall（综合购物中心）/城市综合体	1	2	3	4	5
07．健身综合馆/滑雪场/体育公园/体育中心综合体	1	2	3	4	5
08．羽毛球/乒乓球/台球/篮球/足球等一般球场/球馆	1	2	3	4	5
09．高尔夫/马术/击剑/网球/保龄球等球馆/场地	1	2	3	4	5
10．酒店/度假村/会所/康体俱乐部等	1	2	3	4	5
11．学校和单位开放体育馆/操场等	1	2	3	4	5
12．公共休闲健身信息	1	2	3	4	5
13．休闲体育社会组织	1	2	3	4	5
14．社会体育指导员	1	2	3	4	5
15．城市休闲健身活动/赛事的开展	1	2	3	4	5
16．当地特色休闲体育赛事/节庆品牌	1	2	3	4	5
17．各类公共性休闲体育资源的使用价格（如门票等）	1	2	3	4	5
18．城市户外环境（空气质量、植被绿化等）	1	2	3	4	5
19．公共交通条件及道路标识系统	1	2	3	4	5
20．无障碍设施	1	2	3	4	5
21．休闲健身设施和环境的安全性	1	2	3	4	5

D2. 您对城市休闲体育发展还有什么建议？

_____

本调查问卷到此结束，请检查有无遗漏，再次感谢您的帮助！

附录二 专家访谈提纲

（1）您认为城市的转型发展和当地传统文化对居民的休闲体育意识和休闲体育行为有影响吗？如果有影响，表现在哪些方面？

（2）您认为当前本市居民休闲体育行为的倾向有哪些？对城市居民休闲体育活动起到制约和促进作用的主要因素有哪些？

（3）您认为本市休闲体育设施场地建设（公园绿地、健身步道、健身器材场所、体育场馆等）情况如何？是否能够满足居民休闲体育需求？休闲体育资源环境、场地设施、空间供给等的规划设计应考虑哪些方面？

（4）您认为本市休闲体育公共服务供给水平如何？居民休闲体育"六个身边"（组织、设施、赛事、活动、指导、文化）工程的开展情况怎样？还存在哪些不足？

（5）您认为在本市休闲体育供给中，公共机构、社会组织和营利企业各自的角色和作用是什么？

（6）您认为本市的生态文明建设如何？生态文明建设对本市休闲体育发展有哪些促进作用？在生态文明背景下该如何发展城市休闲体育？

（7）您认为城市发展中生产、生活、生态如何协调发展？城市休闲体育对三者协调发展起到怎样的作用？